跨国移民与近代广东侨乡

袁 丁 著

中华书局

图书在版编目(CIP)数据

跨国移民与近代广东侨乡/袁丁著. —北京:中华书局,2019.9
(中大史学文丛)
ISBN 978-7-101-14070-5

Ⅰ.跨… Ⅱ.袁… Ⅲ.①华侨-史料-研究-广东-近代②侨乡-史料-研究-广东-近代 Ⅳ.D634

中国版本图书馆CIP数据核字(2019)第181469号

书　　名　跨国移民与近代广东侨乡
著　　者　袁　丁
丛 书 名　中大史学文丛
责任编辑　刘冬雪
出版发行　中华书局
　　　　　(北京市丰台区太平桥西里38号　100073)
　　　　　http://www.zhbc.com.cn
　　　　　E-mail:zhbc@zhbc.com.cn
印　　刷　北京市白帆印务有限公司
版　　次　2019年9月北京第1版
　　　　　2019年9月北京第1次印刷
规　　格　开本/920×1250毫米　1/32
　　　　　印张9½　插页2　字数213千字
印　　数　1-1500册
国际书号　ISBN 978-7-101-14070-5
定　　价　49.00元

《中大史学文丛》编辑说明

中山大学历史学科肇始于学校创立之日，近百年来，始终在中国学术界占有重要的一席之地。在中国现代学术史上影响深远的"中央研究院历史语言研究所"，即在中山大学筹设。1952年，岭南大学并入中山大学，历史系由此兼祧两校史学之学脉。傅斯年、顾颉刚、陈寅恪、岑仲勉、梁方仲、朱希祖、刘节、朱谦之、陈序经、罗香林、容肇祖、端木正、戴裔煊、梁钊韬、朱杰勤、金应熙、陈锡祺、蒋湘泽、何肇发等多位大师、名家，先后在历史系任教，为历史系奠定了丰厚的基础和优秀的传统。他们的学术事业，构成中国现代史学史上的精彩篇章，他们创设并发展的诸多学术领域，至今仍为历史系具有特色和优势的学术园地。其教泽绵长，历史系历代学人均受沾溉，濡染浸润，以研求学问为职志，以守护学风为己任。

近数十年来，历史系同仁奋发有为，在继承前辈学术传统基础上，依托新时期不断改善的治学条件，把握当代史学发展趋势，在学术道路上艰辛求索，在秦汉史、魏晋南北朝史、隋唐史与敦煌学、宋史、明清史、中国近现代史、中国社会经济史、中外关系史、历史人类学、东南亚史、国际关系史、世界古代中世纪史等学术领域，勤奋治学，作育英才，取得了丰硕的成果。历史系学者的研究既体现了深耕细作、发幽阐微的朴实学风，也突出了跨学科交叉的特色，以及对学术理念和方法执着追求的精神。近年,历史系之中国古代史、中国近现代史均曾被评为国家重点学科,世界史学科亦被评为广东省重点学科,显示了历史系学术实力整体上的提升。

在这一发展过程中,历史系教师出版、发表了众多学术成果。编辑出版这套《中大史学文丛》的目的,是将各位学者所发表的专题研究论文,按照各自的主题编辑成册,以集中展现他们多年治学的成就,供学界同行参考、指正。此次出版的是这套《文丛》的第一批,仅为历史系部分在职教师的研究成果。收入其中的论文均发表于改革开放时期,是在中国史学迅速发展并与国际史学界频繁交流的背景下所取得的学术成果。将这些成果结集出版,既可使各位学者得以借此机会对自己多年来的研究进行总结,也可以使我们回顾这一时期历史系学术发展的历程,以更好地筹划未来之大计。由于各位教师治学领域各异,故《文丛》并无统一的主题,但这样也许更能体现历史系作为一个学术集体的风貌。我们希望今后能继续编辑,以将其他同仁的学术作品渐次结集出版,持续地推进历史系的学术研究和学科建设工作。

《中大史学文丛》自 2015 年开始筹划。这一计划提出后,得到各位作者的积极回应。中华书局对我们这一计划给予大力协助和支持,近代史编辑室主任欧阳红女士进行了悉心策划和组织编辑的工作,各位责任编辑亦付出了大量的心血和汗水。在此一并致以深切的谢意!

《中大史学文丛》编委会

2016 年 6 月

目　录

序 言

从广义上说，人类的历史就是一部人类在地球空间不断迁徙的历史。从走出非洲到哥伦布大交换，再到今天的地球村，人类迁徙的距离、速度和广度持续增加，作用到人类生活的各个层面。人类迁徙不仅形塑了世界各国古代、近代和现代社会，也影响到未来的社会。从这个意义上说，研究移民史，就是研究人类自身发展变化的历史。

跨国迁徙对于人类社会的影响极大。这种迁徙对于迁出国和迁入国的人民和社会带来巨大的影响，对于跨国移民本身更是前所未有的体验。研究跨国移民，不仅可以理解国际移民自身的历史和现状，而且有助于了解国际移民的迁出地和迁入地的历史和现状。以当代中国为例，四十年来的改革开放，最初就有大量来自海外华侨华人的投资，从而解决了 1978 年以来中国经济发展和转变的一个至关重要的资金问题。因此，国内外学术界对于国际移民历史和现状的研究始终保有高度的热忱。

实际上，海外华侨华人就是跨国迁徙的中国移民及其后代。据史书记载，中国人至少从汉代开始已经有了跨国移民的实践。唐代以后，这类记载逐渐增加，反映出中国人的跨国迁徙活动日益增加。明清以降，特别是鸦片战争以后，中国人的海外移民日渐形成高潮，在东南亚、南北美洲和大洋洲出现大批特征明显的华侨社区，影响波及当地社会和中国东南沿海区域,特别是广东和福建侨乡,最终也影响了中国近代历史发展的进程。

在中国,"侨乡"一语通常指海外华侨华人的原乡,即祖籍地。一般来说,它们是海外华侨华人祖祖辈辈生长的家乡,也是华侨移居海外的出发地和国内亲属的聚居地。历史上,这些祖籍地多为中国南方沿海的乡村,特别是粤闽一带的沿海农村,但也可能是沿海大中城市。这些侨乡通常是海外华侨华人的乡音所在,从方言、物产、饮食、服饰,到建筑、民俗、信仰等等都与海外华侨华人息息相关,因此与海外华侨华人构成多重跨国网络,生生不息。这种原本意义上的侨乡是由本地居民的跨国迁徙而自然形成的,并非人为主观意志构建而来。其与海外的联系,也是在长期历史进程中,逐渐自然而然产生的,主要形成于1840年鸦片战争以来的近现代时期。近代以来,当海外华侨回归祖国时,他们往往定居原乡,操着乡音,住在用侨汇购建的房屋里,与家乡的亲友团聚,成为侨乡中的归侨,同周围的乡民和谐相处。近代时期,粤闽沿海侨乡逐渐形成与其他非侨乡区域不同的地方特色,包括发育异常的市场、不中不西的乡村建筑、土地占有的碎片化、壮劳力大多外出、海外侨汇大量注入、乡村走向市镇化、"两头家"的大量产生、侨报侨刊的出现、乡村民间信仰流向海外等等。

近代以来中国东南沿海侨乡特色的产生和发展,是跨国迁徙的海外华侨华人与留在内地的家族亲友长期双向互动的结果。这种互动,不仅让海外华侨华人能长期保持中国文化传统和中国人的主体意识,也使得海外华侨华人社会能长期保持其独立性和特殊性,从而形成一个个在迁徙国中的中国传统文化飞地。另一方面,东南沿海的粤闽侨乡也源于这种互动,在保持原有文化传统的同时,借由海外华侨华人源源不断注入的侨汇和投资,催生地方经济的繁荣和发展,带来引领时代的社会变迁,影响至今。近代以来,中国沿海侨乡的这种特殊现象,引起国际学术界的长期兴趣，也引发国内学术界的深入思考，从而产生巨量的研究课题和学术成果。

　　国家形成以后，随着政府职能的不断完善，人们的跨国迁徙不免受到当地政府施政的影响。在中国，汉唐至元，从中央到地方的各级政府对于国人的海外迁徙一般多持开放态度，没有过多的政府干预。但是在明清两代，禁海带来的对于跨国迁徙的严禁导致中国国际移民的非法化，从而产生严重的后果。因为正是在这个时期，欧洲人开始了全球扩张，在各王室和政府支持下，欧洲人的跨国迁徙不仅让新大陆成为欧洲人的囊中之物，而且把欧洲以外的广大区域变成欧洲的殖民地和半殖民地。欧洲人的全球扩张，既给中国的海外移民创造了移民的条件，又给移居海外的华侨华人在当地生存和发展设置了重重障碍。

　　从学术史的角度观察，1949 年以后，由于种种主客观原因，中国大陆的华侨华人研究主要是历史学方面的研究。因此，数十年来的中国大陆华侨华人研究的学术成果也主要体现在华侨华人历史方面，无论是学术专著还是学术论文都以历史学著述为主。从学科角度而言，这必然带来学科面狭窄的结果，从而难以被外界特别是学术管理层认可。因此华侨华人研究长期以来只能依存于历史学学科之下，成为历史学的一个分支，如世界史、中外关系史、专门史等等。目前，国内外对海外华侨华人研究的需求是综合性的，包括历史学、社会学、人类学、政治学、经济学、人口学、教育学、心理学、语言学、文学、哲学等各个方面，已经不仅仅是过去单一历史学科所能解决的问题。诸如当代海外华侨华人经济的发展、海外华侨华人参政的状况、海外华文教育和文化事业的变化、海外华文文学的持续与发展、海外华侨华人社团的前景、海外华侨华人与各国移民政策的关系、国内外侨务政策研究、海外华人人口的发展变化、海外华人宗教信仰的变迁等等问题都是这样。由此入手，有关华侨华人研究的学者自当拓展研究领域，力求将华侨华人研究建立在多学科综合的基础之上，以解决单一学科所不易解释的问题。

华侨华人研究应当包括诸学科的研究，即华侨华人历史的研究、华侨华人经济的研究、华侨华人文化的研究、华侨华人政治的研究、华侨华人社会的研究等各个方面。尤其重要的是，这些多学科研究并非单指研究对象的改变，而是指研究的方法和手段，特别是研究的理论架构方面必须有所变化，以改进长期以来国内华侨华人研究主要由历史学出身的学者所从事的现象，建立综合性的华侨华人研究。另一方面，要将海外华侨华人作为国际移民的一部分，放在世界大背景下进行研究，注意移出地和移入地两个方面以及两地之间的有机联系，从而开拓更广阔的研究空间。

从研究课题上，研究者应当改变单纯研究历史和单纯为政策做注解的现状，从学科发展的角度，开拓研究领域并创新研究方法，争取出一批有学术价值、能与国际接轨的成果。这就需要各个学者认真思考各自研究的课题，从学术角度出发，深入持久地探讨华侨华人研究领域的基本问题，提出独到而又深入的观点。尤其重要的是，应当开拓一些可以长期从事的课题和研究领域，而不是一次性的所谓"成果"。另外，还需要深入思考方法论方面的问题，从研究方法和手段方面寻求华侨华人研究的突破，不拘泥于现有的研究方法和手段，特别是历史学的研究方法和手段。

就课题选择而言，从学理角度分析，在中国大陆从事华侨华人的研究而又欲尽快在国际学术界形成影响，并在国内形成独立学科，必须在研究特色上下功夫。而华侨华人的出现作为一种移民现象，其移出地也就是祖籍地恰在中国大陆，这种背景决定了大陆学者可以侨乡研究和汉文史料为主要特色。

对于研究近代以来侨乡的发展和变化而言，当前需要采取社会学和人类学的方法，深入侨乡的基层社区，在当地用观察和体验的方式，系统地考察侨乡与海外的联系，以及这种联系给侨乡带来的变化。一方面，需要研究侨乡原有的历史传统与文化，尤其是所谓乡村社会的小传统，即俗文化性质的民间文化，包括民间宗教、民俗、民风、民情、宗族、家族、家庭、语言、村落、建筑、民间艺术等各个方面。另一方面，需要研究侨乡由海外移民带来的变化，这种变化包括经济、政治、社会、人口、思想、文化、宗教等各个层面。还要考察和比较侨乡与非侨乡的异同，如人口结构、经济结构、社会风俗、教育程度、语言文字、集会结社、观念意识和文化传统的持续与变迁，等等。

在相关研究方面，我们必须争取与其他专业领域的学者合作开展研究，弥补现实中学科单一的不足。从具体研究层面看，目前大陆华侨华人研究学者普遍缺乏理性探讨，满足于一般性理论，在实证研究和个案研究中极少引申出有普遍性意义的结论，导致整个华侨华人学科难以真正与现实中已有的历史学、社会学、经济学、政治学、人类学、人口学、教育学、文学、哲学等学科分离。显而易见，这种现象的产生，与华侨华人研究过去多半是由历史学者所从事的背景相关。因此，理论创新是华侨华人研究中亟待解决的问题之一，有关学者应当在这一方面多下功夫。从学科的角度看问题，历史学本身属于实证性研究为主的学科，长于细节的深入研究而理论创新能力相对偏低；与此成对比的是社会学、人类学、政治学、经济学、哲学等学科则长于理论建树。因此，有关学者应当在今后的研究中，多与其他研究领域的学者合作，在边缘和交叉学科上下功夫，取长补短，推进华侨华人研究的发展。从华侨华人研究的现状和发展看，这方面研究欲独立发展，必走综合和交叉学科之路，也必然成为一个边缘学科。故需要在其未定型之前，尽量吸收多种学科的学者参与，尤其是要在理论上有所建树。

理论创新是打造学术研究高地最重要的基础工作之一。从海外学术界的成功例子看，正是在理论上的创新和发展，才有华侨华人研究的推进。以莫里斯·弗里德曼为例，他在《新加坡的华人家庭和婚姻》、《中国东南的宗族组织》、《中国宗族和社会：福建和广东》等书中提出一系列理论思考，包括分化社会中的单系亲属组织和集权政治体系问题，特别是它们在汉人特定区域社会中的情况。他提出，福建和广东存在大范围单系亲属组织（宗族）在一定程度上取决于共同财产的维持，而贫穷的宗族人们则被迫大量向城镇和海外移民，等等。此外，施坚雅、李亦园等人的研究也有异曲同工的效果。华侨华人研究的发展需要学术界扎扎实实地在发掘资料和理论创新上下功夫，我们不仅应当在实证研究中回应和挑战各类相关理论，也应当在实际研究中不断提出和发展自己的理论，从而推进中国大陆的华侨华人研究的发展。

在 21 世纪的当下，中国人的跨国迁徙不仅没有减少，反而在迁徙的地域和数量上更有所扩大，足迹真正遍及全球，影响更是前所未有。由此带来的理论和实践的问题层出不穷，需要我们相关学者在各自研究中不断加以努力。

是为序。

袁丁

2018 年 12 月 12 日于广州

第一章　近代移民与侨务

一、晚清对华工出国中拐匪的态度及其演变

华工大规模出国,是晚清中外交涉的主要内容之一。由于相当多数的契约华工是被人诱骗到国外的,因此对诱骗拐卖华工的不法之徒的惩治一度引人注目,成为清政府侨政的一个重要组成部分。从法律及实践的角度考察清政府对此的态度及共演变,对了解清末侨务政策的转变,是颇有价值的。

清代的华侨出国,直到 1860 年为止都属于非法行为。各种法律、法令都严禁国人移居海外。清朝立国伊始,便以《明律》为范本从事立法。1647 年颁布《大清律》通行全国,其主要内容几乎尽抄明律。它规定:"凡官员兵民私自出海贸易,及迁移海岛居住耕种者,俱以通贼论处斩。"①清初与明初形势相似,统治者都面临着沿边沿海大量人民逃散的局面,而且清政府的形势更为严峻,需要应付平定南明与郑成功长期的抗清斗争。在双方数十年的武装对峙时期,清政府执行了严格的禁海政策,以严刑峻法阻止人民出洋,即无论其出于何种原因、从事何种职业均属禁止之列。

实际上,此时清政府闭关禁海的政策并非针对外国,而是针对海外反清活动的一种权宜之计。所以顺、康之际一再重申禁海之法,直到平定郑氏后才开洋禁,但依然"禁商船出贸南洋"②。在镇压了沿海反清复明活动后,清朝统治者仍对留住海外的中国人怀有疑惧,认为:"海外有吕宋、噶刺巴等处常留汉人,自明代以来有之,此即海贼之薮也。"③至于外国商船,则允许其自由往来,但出海时"不得夹带华人,违者治

---

① 孙泰辑:《大清律例全纂》,卷 20,乾隆九年刻本。
② 印光任:《澳门纪略》,卷上,台北:成文出版社,1968 年。
③ 《清实录·圣祖实录》,卷 270,北京:中华书局,1987 年。

罪"①。雍、乾时期,曾一度"开海",并大力招徕华侨回国,但收效甚微。

从法律角度上说,自由移民在清代已属非法,拐贩华人出国更不在话下。雍正时期,广东地方官便已明确指出,贩人出洋为奴属违法行为。② 道光时,暹罗国使团在华购买幼童八人,试图带回国,为地方官察觉而悉数扣下,并将护送使团的清朝官吏一律革职。③

尽管这样,咸丰以前的清朝法律对拐卖人口出洋一直缺乏明确规定。相比之下,国内法规有这样的规定:"(1677 年)改定方术诱取良人及略卖良人子女之律,内设方术诱取良人得略卖良人子女者,罪止论戍;为妻妾子孙者,罪止论徒。上以法轻不足蔽辜,救部定议。寻议:嗣后凡诱取典卖或为妻妾等事,不分所诱良贱,已卖未卖,为首者斩;为从者,旗人枷号,民人杖流。"④判罚不可谓不重。但这只涉及国内拐卖人口罪,没有提到贩人出国如何处置。因为清前期,无华工大量被拐贩出洋的背景,所以未形成专门法律条文,一切只能由各有关官员自行处理,或重罚或轻判,缺乏统一规定。

19 世纪初开始,随着西方殖民者逐步扩大对东方的侵略和掠夺,特别是由于各西方资本主义国家在奴隶制度受到普遍反对,而不得不逐渐宣布废除之时,为取得廉价劳动力以开发殖民地,西方侵略者开始转向印度和中国掠取苦力。据英国东印度公司档案记载,早在 1785 年英国人就在广州拐贩华工到英属马来亚。1804 年以后,又将华工拐卖至拉美的英属特立尼达。⑤ 这种现象渐渐为清朝地方官员所察觉。

---

① 《澳门纪略》,卷上。

② 《澳门纪略》,卷上。

③ 《清实录·宣宗实录》,卷 50、52,北京:中华书局,1987 年。

④ 《皇朝文献通考》,卷 196,杭州:浙江古籍出版社,1988 年。

⑤ Hosea Ballou Morse, *The Chronicles of the East India Company Trading to China*,1634-1834, Oxford:Oxford Press, 1926, Vol. 2, p427;Vol. 3, pp. 17-18.

1805年初，英船瓦尔玛·卡索尔号在中国招工后刚刚离去，就被粤海关监督所察觉，地方官准备按违法私招内地人口出洋罪审理怡和行商买办等有关人员，后来为重金贿赂收买而将此案撤销。

同早期的鸦片贸易类似，鸦片战争前招工出洋，在清朝法律中属违法行为，本应受到中国政府的严厉禁止与惩罚，但事实却并非如此。1805年，英属槟榔屿副总督曾建议，为避免同清政府就招工事发生冲突，东印度公司应把出洋华工集结于澳门，然后使用葡萄牙船只转送英属马来亚等地。东印度公司则不以为然，认为中国官员不会认真执行禁止华人出洋的法律，"但是，倘若有某些丑闻公开张扬出去，难免会使某些小官为了掩蔽真相、保全自己而谴责、打击这种买卖。假如不发生这种事，移民预料会像鸦片贸易一样在澳门继续下去"①。事实正如他们所料，清朝官员对拐贩华工出国事不闻不问，即使偶尔查禁，也是为了敲诈勒索、中饱私囊，根本不考虑华工的死活。可以说，外国人在华招工出洋，尤其是在鸦片战争前非法拐卖华工出国得以进行，正是由于清政府的极度腐败和各级官吏的贪赃枉法提供了条件。

拐贩人口出洋之风日盛，终于惊动了清朝最高统治者。1839年，奉命到广东查禁鸦片的钦差大臣林则徐上奏说：据传常有外国船只在华收买少男少女，"少者数十及数百不等，多者竟至千余"。道光帝立即下令调查。② 不久，林则徐报告："每岁冬间，夷船回国，间有无业贫民，私相推引，受雇出洋……又查另有一二夷船惯搭穷民出洋谋生，不要船饭钱文，候带到各夷埠，有人雇佣，则一年雇资俱听该船主取去，满一年后乃按月给予本人工资。当其在船之时，皆以木盆盛饭，呼此等搭船华

---

① H. B. Morse，上引书。

② 陈翰笙：《华工出国史料汇编》，第1辑第1册，北京：中华书局，1985年，第5页。

民一同就食,其呼声与内地呼猪相似,故人目此船为买猪患。"①林则徐对海外华工状况知之甚少,又听说"十余年前连值荒年,去者曾以千百计,近年则甚属稀少"②,觉得时过境迁,事态并不严重。道光帝接奏折后,对此亦无表示,因他与林则徐一样,当时最关切的是禁绝鸦片问题。

实际上,林则徐并不了解事实的全部真相。在 19 世纪 20—30 年代,华工出国并不"稀少"。英人戴维逊目睹了这个时期华人移入新加坡的情形,说每年运来的华人为 600—800 人,其中 90%除了随身穿的衣服外,一无所有。③ 另一名英国人也报道,在 19 世纪的前 30 年,每年约有 3000 名华工来到加里曼丹岛西海岸。④ 除此之外,每年到达槟榔屿的华工约 200—300 人,到达马六甲的华工为 300 人。仅仅以上数地,每年移入华工已近 2 万人之多。另外,还有大量华工被运去巴西、特立尼达、菲律宾,甚至是拿破仑流放地圣赫勒拿岛。

1840 年的鸦片战争,打开了中国的大门。西方资本主义列强用战争手段,从清政府手里勒索到一系列殖民特权,使中外关系开始发生本质的变化,苦力掠劫也逐渐从隐蔽转向公开。

在外国政府的大力支持下,从 40 年代起,外国投机商及一些不法之徒倚仗不平等条约取得的特权地位,在中国雇佣大批流氓匪棍深入内地,用各种拐骗绑架手段掠取华工出国。而清政府各级官员慑于列强淫威,对此听之任之。1852 年 5 月,英国驻香港总督包令报告外交大臣说:"中国法律禁止其臣民离开本土移居外洋。但是人口过多的压力,年复一年地使劳工外流不断增长⋯⋯中国当局是如此无力干预或

---

① 《林则徐集·奏稿》,北京:中华书局,1965 年,第 678—681 页。

② 《林则徐集·奏稿》,第 678—681 页。

③ Gunther Barth, *Bitter Strength*, Massachusetts:Harvard University Press, p54.

④ G. Barth,上引书。

不愿干预，以致在厦门，收买苦力的大巴拉坑（指囚禁苦力的'猪仔馆'）差不多就设在紧靠海关的地方。"①同年，英国驻广州领事也报告说："中国当局没有在任何方面对移民出洋进行干涉，一切有关移民出洋的行动都是公开进行的。"②在澳门的美国驻华使馆也向国务卿报告："中国人离开自己的国土是违反中国法律的，除了由于受贿官吏的放纵任其通行之外，是无人出国的。"③40—50年代，华人出洋方面由于清政府的不闻不问，基本上处于无政府状态。一时，国门大开，任人往来。

由巨额利润所驱使，洋商及其所雇佣的拐子手不择手段地在中国沿海招诱华工，甚至公开抢掠绑架。在广州、厦门、上海的大街上，人贩子甚至在光天化日之下以欠债或犯罪为借口强行绑架劳工。④使各地人心惶惶，谈虎色变，最终起而反抗。1852年11月，厦门群众抓获一个为英商拐骗华工的人贩子，送交该市参将衙门处置。然而，清朝官吏却在英商恐吓之下将此人送回。更有甚者，该英商听说还有其所雇佣的拐匪被拘押在参将衙门后，又再次大闹公堂，进而与清兵发生冲突。消息传出，厦门人民愤而集会游行，要求洋商交出拐犯。这时英舰水兵竟向人群开枪，造成严重伤亡。清朝在厦门的地方官员对这一事件的态度，首先是对拐卖华工不闻不问，继而在英人压力下放出被群众擒获的拐犯，在流血冲突后居然表示"赞同"侵略者血腥屠杀中国人⑤，丝毫不敢得罪洋人，反而以高压手段对付群众的反抗。

1852年初发生美国苦力船罗伯特·包恩号华工暴动事件，震动了

① British Parliamentary Papers：China, Vol. 3, pp. 11-15. (下简称 B. P. P)
② 上引书，第11-21页。
③ Jules David, The American Diplomatic and Public Papers：The Unite States and China, Series I, Vol. 17, pp. 6-7.
④ B. P. P, Vol. 4, p105.
⑤ B. P. P, Vol. 3, pp. 34-102.

清廷。在中美长达数年的交涉中,两广总督徐广缙与广东巡抚柏贵最终发现"此案实属卖猪仔事件",因而坚决拒绝美国处决被捕的 17 名苦力的无理要求①,并于 1854 年由署闽浙总督有凤向清帝奏报此事。徐广缙和柏贵与厦门地方官的态度显然不同,他们公开表示要"严缉一切拐犯匪首归案严办"②,反映出面对日趋严重的局势,一部分清朝官吏对拐卖华工出洋的态度开始转变。

1854 年 3 月,广东巡抚柏贵宣布严禁拐带华人出国:"现有歹徒四出捕捉或拐架幼童幼女,秘藏暗室,勒索赎金,或贪图厚利,诱骗良民出洋,无得归者。此类歹徒,唯利是图,不惜对无辜之人施加惨无人道之伤害,实属目无法纪……现值广东妖氛已靖,今后一切皆须恢复旧观。本抚爱民如子,嫉恶如仇,除分别饬令所属具道,暗差引线,务将拐犯拿获,从严讯办外,特此布告周知。"③这是近代第一个公开宣布严惩拐卖华人出洋的清政府文告。就清朝法律而言,它是明文禁止人民出洋谋生的。未经官府允准而自行出国,要冒杀头之罪。对此,西方列强也十分清楚。但由于第一次鸦片战争的失败,清朝各级官吏均害怕得罪洋人,不敢对外商明目张胆的违犯法律行为加以干预,惟恐带来更大事端。直到 1856 年 7 月,厦门道台仍对苦力贸易讳莫如深,在美使伯驾一再追问时,还说清政府正面临重大困难,对此应暂时搁置,不要去惊动上司云云。④ 相形之下,广东地方官的行动比较坚决。但他们也只是专门针对为洋商服务的内地歹徒,至于外国招工贩子和船只,清朝官员们绝不过问。

继广东之后,江浙一带地方官采取了进一步行动。1857 年 1 月,

①　J. David,上引书,pp. 233-242.

②　J. David,上引书,p312.

③　J. David,上引书,pp. 31-32.

④　J. David,上引书,pp. 37-43.

苏松太道薛焕照令美英等驻沪领事,要求他们制止洋商运华工出国。他说:"据悉,若干洋商准备大量收集中国民人,送上洋船运往外国……本道身为地方要员,职责所在,对此弊害自应加以防止。理合咨请阁下转知贵国民人:诱骗本国民人离其国土乃非法行为,违反了彼等居住中国所根据之条约。"①薛焕主动与西方驻华领事交涉苦力贸易并重申清朝法律的行动,表明沿海部分地方官对外国商人公然大肆贩卖苦力出洋忍无可忍,因为这已危及他们自身的统治秩序。值得注意的是,薛焕与柏贵不同,他更多地从儒家传统观念出发,强调苦力出国后"家室无人供养,成为众人负累",与当年英人的预料不谋而合。早在 1852 年,英国驻上海领事阿礼国便说过,由于清朝官员的默许,即使大规模运送华工出国也不会受干涉,"除非发生大批留在国内的眷属亲人出洋而贫困无以为生的问题"②。阿礼国深知,清朝官员更关心国内社会秩序的安定和封建礼教的维系,而不是苦力在国外的命运。

1856 年底,英国挑起第二次鸦片战争。在英政府指派来华谈判代表的训令中,就列举了合法招工的要求。由于中国法律仍严禁华民出国,而且洋商在华拐卖苦力日益导致中国人民的反抗,使西方列强决定采取行动。为更方便和更安全地从中国掠夺劳动力到海外,英法等国都希望能使招工出洋合法化,为此不惜诉诸武力。

1857 年 12 月,英法联军占领广州,两广总督叶名琛被俘,广东巡抚柏贵等投降,并在侵略者卵翼下建立了地方傀儡政权。从此,英法侵略者统治广州近四年之久,巡抚衙门发布任何命令须经英法联军批准。在英法联军占领期间,广州成为西方苦力贩子拐掠华工的中心,他们雇用大批拐贩,用诱骗甚至绑架手法大规模掠取华工,激起广东人民的反

---

① J. David,上引书,p46.
② B. P. P, Vol. 3, pp. 26-28.

抗。1859 年初,广州各商业团体联名向英国领事阿礼国投递禀帖,要求他出面制止拐骗人口的暴行。为此,阿礼国不安地报告英国驻华公使兼港督包令:"在本口岸,与苦力贸易有关的欺诈和暴力行为,最近一个时期,达到如此猖狂的地步,以致居民普遍感到惊惶。随之而来的是群情激昂,大有起而闹事之势。"①因此,在各团体联名请求下,次日(即4 月 7 日),英法联军司令便发布告示,严禁拐掠人口。

1859 年 4 月 9 日,在英法侵略者压力之下,广东巡抚柏贵发布告示宣布允许人民"任便与外人立约出洋",同时严禁拐匪掠卖人口出国,以"审明正法"相戒。事实上,南海、番禺两知县已于 4 月 6 日在侵略者指令下,发了类似告示。其告示称,招工者如与华工"各自甘愿共同协议,自毋庸阻其随外人出洋"②。这显然是越权行为,但柏贵并未追究,而且步其后尘,在未按惯例向清廷请示报告情况下,就擅自废除清朝禁止民人任便出洋的法律,使西方在华招工合法化。

合法化招工是西方殖民者多年来梦寐以求的目标。柏贵出告示前,英法联军头目之一巴夏礼就曾对柏贵说过:"单靠中国通常的方式严令禁止,没有触及根源,是不能杜绝弊端的。根本原因在于来华招工的外国人,找不到合法而又体面可靠的途径,招募他们所需要的劳动力。"他还告诉英国公使:"柏贵不能不意识到,这次准许中国人民出洋,在中国法律和惯例上是新的创举。但是他大概也看到时代的变革需要这么办。"③

对广东地方当局的行为,侵略者一片喝彩之声。阿礼国宣称:"中国禁止人民出洋的法律,无论怎样过时,或怎样不生效力,它仍然是拐贩猪仔这一极端邪恶制度所以存在的表面原因和借口……从今以后,

---

① B. P. P, Vol. 4, pp. 105-110.
② B. P. P, Vol. 4, pp. 108-120.
③ B. P. P, Vol. 4, pp. 108-120.

外国人就可以按照最令人满意、最无可非议的条件招工出洋;他们需要多少劳工,就可以为他们供应多少了。"包令则对柏贵等广东地方官秉承侵略者旨意,在招工合法化问题上擅自作主的行动极为赞赏。英国驻华公使卜鲁斯也毫不掩饰地说:"我在这件事中,看到联军统领衙门委员会的行动,对于中国官吏产生有影响的强有力证明。"①说穿了,侵略者之所以如此高兴,是因为看到经过两次鸦片战争之后,清朝官员终于在西方殖民者的淫威下甘做奴仆。

事实上,拐卖华工的行为并不仅仅由于清朝法律严禁华人出国所导致。尽管广东地方当局已公开允许华工出洋,并宣布严禁拐骗行为,但拐卖苦力事件层出不穷。就在柏贵发布告两个月后,英国驻黄埔副领事便报告:"拐骗绑架行为仍然毫无阻拦地在这里顺利进行。我相信,拐骗猪仔的买卖有增无减。"②值得注意的是,美国、西班牙、法国等国,从此渐渐取代英国成为拐贩华工的主力,其各自派到中国的外交及领事官员,则成为从事苦力贸易的不法商人的保护伞。

1859年5月柏贵死后,两广总督劳崇光应英法联军统领衙门要求,正式承认外国在广东招工出洋的"合法"性,并派人协助英国招工委员在广州开办招工公所。10月,劳崇光为此发布告示:"出洋承工有裨贫民生计,愿者自可令其与洋人立约前往;匪徒拐骗干犯法纪,伤天害理,亟应加以根绝。""至于拐匪,应及早悔过自新,痛改前非。若胆敢故违,执意为非,则定行缉拿,尽法严惩,决不宽贷。"③

劳崇光对苦力贸易的态度耐人寻味。一方面,在英法联军胁迫下,他不能不接受既成事实,对前任巡抚的合法化招工告示予以确认;另一方面,他又严厉打击拐卖华工的不法之徒,力图将招工出洋限制在官方

---

① B. P. P, Vol. 4, pp. 108-120.

② B. P. P, Vol. 4, pp. 113-114.

③ B. P. P, Vol. 4, pp. 120-121.

管理范围之内,以保护"内地良民"。在查禁拐匪一事上,劳氏表现积极并且为此不惜得罪外国人。

1859 年 11 月,劳崇光派兵搜剿黄埔一带拐匪,拿获拐匪 29 名,并决定处死其中 23 名主犯。后因英法联军统领衙门的干涉而只将其中 18 人斩首。随后,劳崇光再次发布告示,宣布"拐匪略卖内地人口出洋者,一经拿获审实,概行就地斩立决"①,并派官兵常驻黄埔,以便使严禁拐骗苦力的法令能有效实施。

应当指出,劳崇光对于招工出洋违反了清朝法律这一点相当清楚。1859 年 7 月,由于上海和宁波发生招工出洋引起当地群众愤慨,从而引起大规模反抗的事件,钦差大臣何桂清代表朝廷宣布禁止在华招工出洋。据英国公使卜鲁斯说,劳崇光已从何桂清那里收到禁止华人出洋的指示,然而尽管如此,劳氏仍"声明将信守前此协议的办法,准予外人招工出洋"。他之所以有恃无恐,胆敢公然违抗清廷的法令,是因为当时广州仍处于英法联军占领之下,清帝鞭长莫及。卜鲁斯还提道:"(劳崇光)由于获得联军统帅部的支持和同情而胆壮起来,一面推动自愿而无条件的移民出洋,一面又采取最严厉的措施,镇压拐匪的行动。"卜鲁斯认为,劳崇光这样做的目的"可以使广州地方当局能向北京政府解释,他们只是因为不得不屈从环境的压力和民众要求,才背离大清帝国的传统法律的"②。

劳崇光的两面政策集中表现在 1859 年末至 1860 年初就美国船拐运华工一事与美国驻华官员的交涉上。1859 年 12 月,广东地方官员在黄埔一带的美国船上,查到一批被拐卖待运出国的华工,但美国领事拒不允许中国官员将这批苦力带回讯问。劳崇光接报后,连续发七份

---

①　B. P. P, Vol. 4, p148.

②　B. P. P, Vol. 4, pp. 153-155.

札文至美领,要求他协助扣船调查。美国领事假惺惺地答称:"本领事深愿协助贵总督,制止拐骗猪仔恶弊……如有美国人与中国人勾结,为此不法之事,定必从严惩办也。"还说"现在本国船只之上,并无不愿出洋之人,亦无人受迫上船。"①在劳崇光一再坚持下,美领被迫同意将美国船米心扎号所载 578 名华工送到广州审理。但与此同时,他又放纵该船船长连夜用小船将 200 余名华工运走。劳崇光随即转而与美国驻华公使华若翰进行交涉,最初美国公使百般狡赖,企图为美国苦力船开脱罪责,最后不得不做出让步,将各埠华工运回广州。美方的让步,是鉴于几个月前刚刚发生数起华工在出洋途中暴动的事件,而且担心类似上海的群众大规模反抗会在广州重演,以至危及西方人在华安全。1860 年 1 月,劳崇光就停泊在黄埔收买苦力的几艘外国船拐卖华工一事,向英法联军统领衙门通告说:"此事如不于现在查究办理,深恐不久即有被拐猪仔之家人亲友大声疾呼,鼓噪生事,届时即欲查究办理亦难措手矣。"统领衙门旋即致函各国驻广州领事称:"英法联军现在驻广州的兵力足以保护外国人,使他们一时不致感受到拐贩人的活动所激起的严重后果。但是倘若在联军撤走之前不能想出妥善办法,制止上面所述的那些拐贩人口弊害,则武力保障一旦撤除,拐贩人口出洋所积下的怨仇,就难免爆发成为对外侨团体的普遍敌视。"②对西方来说,一方面害怕业已激起公愤的拐贩苦力活动引发全面的群众反抗事件,另一方面又担心失去已在广东得到的合法化招工权益。所以在这次交涉中,美国等西方国家先后让步,满足了劳崇光的意愿。

尽管如此,拐卖苦力出洋的活动并未从此中止。劳崇光因而一再照会美国公使及各国领事,重申禁令,并要求广东各海关在口岸严加管理。

① B. P. P, Vol. 4,p80.
② B. P. P, Vol. 4,pp. 201-202.

1860 年 2 月,劳崇光再次发布告示,严禁拐骗华工出国。但唯利是图的苦力贩子和拐匪置若罔闻,仍旧大肆从事拐贩活动。3 月,劳氏又宣布:"不畏死之徒倘仍纠聚为非,无论在何时何处私设馆舍拐卖良民,定必捕拿,尽法从严惩治,决不宽贷。"①从 1859 年 10 月到 1860 年 3 月不足半年时间里,身为两广最高行政长官的劳崇光连续发布了四个内容相近的布告,但拐贩之风却屡禁不止。正像卜鲁斯在 1860 年 2 月底所说的:"两广总督手下找不到有能力和决心,并且能够坚持原则的官吏,来对付与贩卖苦力有利益关系的外国商人和船主们恃强横行施展诡计。中国官吏易于为金钱所收买,或者屈服于压力。"②如此查禁,其效果可想而知。

与此相比,何桂清等人在上海一带的行动较为坚决。1859 年 7 月,署苏松太道吴煦照会英国驻沪领事,宣布严禁外国人拐骗中国人口出洋。8 月,法国船在上海为西属菲律宾招雇华工,吴煦亲自查询船上华工 204 人并当场释放,事后又照会法国领事说此事"各出情愿,原非拐骗强拉可比",但仍属违例,因"通商和约内,原无准雇华民出洋之条"③。更早一些,1857 年 11 月,苏松太道薛焕就曾照会美国领事,指出:"诱骗本国民人离其国土乃非法行为",美领不得不表示同意。④1859 年 3 月至 4 月,法国商人在领事支持下到江浙一带,企图诱骗华民出洋,遭到吴煦的反对。法商转而游说清朝官员,企图以太平天国俘虏充当出洋苦力,说他们"较寻常百姓不同,若上宪曲为体恤,准其出洋谋生,亦大皇帝法外之仁"⑤。法总领事并为此散发传单,为法商助力。

---

① B. P. P, Vol. 4, pp. 240-241.

② B. P. P, Vol. 4, pp. 231-232.

③ 太平天国历史博物馆:《吴煦档案选编》,第 4 辑,南京:江苏人民出版社,1983 年,第 347 页。

④ J. David,上引书,pp. 46-48.

⑤ 太平天国历史博物馆:《吴煦档案选编》,第 5 辑,南京:江苏人民出版社,1984 年,第 10—20 页。

何桂清、吴煦等地方官虽认为太平天国"从逆之人不计其数",杀不胜杀,未尝不可准其出洋,但顾及清帝正怀疑各地方官勾结洋人,"似此举止,岂非勾结实据"①? 所以未答应法国的要求,重申华人严禁出国。

1859 年,法、美、西班牙等国利用拐匪在上海一带拐骗和绑架华人出洋,激起公愤,民众不断同外国人发生流血冲突。海关总税务司英人李泰国和若干英国水手也被人打死打伤。英、美、法等领事以此为借口,在洋泾浜一带集结军队,准备屠杀当地人民。苏松太道吴煦看到群情激愤,形势危急,立即下令禁止群众在反掠卖人口斗争中与洋人正面冲突;同时又赶赴英、美、法三国领事馆,"喻以彼先肇衅,众怒难撄,速宜提回商船,归我民人,一面撤炮收兵,冀安无事"②。英、美、法等迫于形势,同意追回苦力船,并将船上华工释放。与此同时,吴煦等派兵四处搜查,在宝山县捕获若干拐匪,并将其斩首示众。吴煦认为:"各国通商和约,只准贩运华物出口,并无准雇华民出洋之例。是洋商雇人出口,本系显违和约,而拔本塞源,首在严禁以后雇人出洋,则匪徒拉人无可销售,亦可不禁而自禁。"他并且照会各国领事"令其永禁雇用华民,凡新旧通商各日,均须一律遵办"③。通过上述一系列行动,吴煦等地方官清楚地表明了严禁贩卖苦力出洋的态度和决心。

上海民众反对拐骗华工的斗争,使西方侵略者惶惶不安;而何桂清、吴煦等清朝官员严禁华人出洋的态度,更使西方苦力贩子和官员们大为不满。英国公使卜鲁斯就借口英人被上海群众打死打伤,拒绝与清政府互换《天津条约》。1860 年 2 月,卜鲁斯向英政府报告:"两广总督劳崇光虽然承认了移民出洋,并且表示愿意协助我们管理,但是钦差大臣何桂清则已经用老腔调要求我们完全禁止招工出洋。何桂清的要

---

① 《吴煦档案选编》,第 5 辑,第 21—25 页。
② 《吴煦档案选编》,第 5 辑,第 79—86 页。
③ 《吴煦档案选编》,第 5 辑,第 94—96 页。

求,恐怕是忠实地代表了北京朝廷的心意。"①事实正如他所说,在 1859
年 8 月咸丰皇帝的上谕中已十分清楚。咸丰还下令"访拿代夷拐骗之
匪徒,就地正法"②。1859 年 9 月,何桂清在奏折中说:"惟推究始祸之
由,尤以禁止外夷雇人为第一要义。"③也为清帝所认可。因此,何桂清
照会各国公使:"查中国民人例禁私赴外洋,即各国商人来至各口通商,
只准贩运货物;各国和约,亦无雇人出洋之条……请烦谕知各口领事,
永禁私雇华民出洋。"④这清楚表明:虽然 1859 年 4 月广东地方当局在
英法威逼下承认了招工出洋合法化,但直到 1860 年 10 月英法强迫清
政府签订《北京条约》之前,清朝严禁华人出洋的国策仍未改变。

　　1860 年 4 月,河南道御史杨荣绪将广东拐卖华工盛行的情况报告
咸丰帝,认为广东地方官员对此应负主要责任。咸丰得知后十分震惊,
说:"匪徒掳人转卖外夷,例禁綦严。该夷人招买人口,若无内地匪徒贪
利,从中转贩,岂能满载出洋。地方官果能严禁,亦不至如此肆行无
忌。"遂下令新任广东巡抚耆龄查明情况,从严惩办拐匪,"并查明出示
听卖之地方官,从严参办。毋稍徇隐"⑤。6 月,耆龄上奏,说已令各地
官员率人"随时查拿禁止,如有匪徒拐卖人口出洋,一经拿获,即行正
法;并不准愚民自行赴馆卖身,违者从重惩办。倘该地方官查禁不力,
奴才即当指名参奏"⑥。尽管清帝及许多地方官一再重申禁止华工出
国,但在英法联军占领下的广州,这些禁令纯属一纸空文,确认招工合
法化的两广总督劳崇光和南海、番禺两县县官也并未受到惩办,大量华

①　B. P. P, Vol. 4, pp. 231-232.
②　《华工出国史料汇编》,第 1 辑第 1 册,第 20—21 页。
③　《华工出国史料汇编》,第 1 辑第 1 册,第 21—22 页。
④　朱士嘉:《美国迫害华工史料》,北京:中华书局,1958 年,第 17 页。
⑤　贾桢等:《筹办夷务始末(咸丰朝)》,卷 50,北京:中华书局,1979 年。
⑥　《筹办夷务始末(咸丰朝)》,卷 52。

工仍源源不断被运往海外。只是在广东以外的其余省份,清朝法令才能真正生效,但也仅仅是短暂的回光返照而已。

综上所述,早期的华人出国属于清代法律中的非法行为,无论招工头还是出国华人,一旦被捕都可能带来杀身之祸,所以其大都秘密行事。19世纪初到鸦片战争前,西方国家在从事鸦片贸易的同时,也开始在中国从事苦力贸易。这种违法行为,由于清朝吏治败坏、官员贪赃枉法而未能引起清廷重视,处于一种放任自流状态。

1840年鸦片战争后,西方列强开始在华公开拐卖华工出国,而清政府各级官吏却不敢过问。1852年以后,由于拐贩华人事件急剧增加,并不断引起大规模社会动荡,使清政府开始认真对待,再三重申法律,严禁华人出洋。第二次鸦片战争时,英法侵略者用武力迫使广东地方政府同意招工出洋合法化,从而在传统国策上打开了一个缺口。尽管如此,就全国范围而言,清朝法禁依然如故,西方殖民者除了用武力再次迫使清中央政府屈服外,别无他法。①

二、同光年间清政府对遣使设领态度的转变

晚清时期,清政府对华侨的政策发生了急剧变化。其中,光绪初年开始的对外派遣使领人员借以保护海外华侨,是其政策转变的显著标志。本文着重探讨清政府对外遣使设领的背景,分析清政府政策转变的动机和影响,借此说明其转变所带来的意义。

常设使馆制度是近代欧洲国际关系的产物。15世纪以来,首先是在意大利出现常设使馆,随后又渐及西欧。1648年《威斯特伐利亚和约》签订后,它成为普遍推广的外交方式。从国际角度而言,每个主权国家都享有使节权,其是否行使自身的使节权,则由各国依具体情况自

---

① 1860年北京条约后的情形另文论述。

行决定,使节权的内容包括国家派遣和接受外交代表的权利。①

秦统一中国后,直至清中叶,中国历代封建王朝都本着"普天之下,莫非王土;率土之滨,莫非王臣"的传统观念,来与周边国家及其他国家交往,由于长达两千多年的时间里,中国基本上都保持着东方封建大国的身份,历来把外国视作"藩属"或"蛮夷"。作为地大物博、人口众多的封建农业大国,一向自给自足,对外贸易在整个经济生活中并不占主导地位。因此,历代王朝本身既不遣使驻外,以保护商务及侨民利益,也未能发展出主权平等的外交观念,不承认近代意义上的外交使节。反映在国家制度上,政府机构只设礼部、理藩院兼管对外事务,也不派常驻使节至国外。

清代乾隆年间英国马嘎尔尼使团来华事件,集中表现了近代东西方外交观念的隔膜和冲突。在使团递交的国书中,英国要求准许派员常驻北京,以便照管本国商务。对此,乾隆帝答道:"此与天朝体制不合,断不可行。向来西洋各国,有愿来朝当差之人,原准其来京。但既来之后,即遵用天朝服色,安置堂内,永远不准复回本国,此系天朝定制,想尔国王亦所知悉。今尔国王欲求派一尔国之人,住居京城,既不能若来京当差之西洋人在京居住,不归本国;又不可听其往来常通信息,实为无益之事……设天朝欲差人常住尔国,亦岂尔国所能遵行?况西洋诸国甚多,非止尔一国,若俱似尔国恳请派人留京,岂能一一听许?是此事断断难行,岂能因尔国王一人之请,以致更张天朝百余年法度?"又说:"天朝统驭万国,一视同仁。"②作为封建经济发达的东方大国,清王朝建立在自给自足的自然经济基础上,并不希望与外国扩大通商。

---

① 周廷生:《国际法》,下册,北京:商务印书馆,1976年,第522—529页。

② 故宫博物院:《掌故丛编》,第8辑,北京:掌故丛编社,1928年;梁廷枏:《粤海关志》,卷2、3。

"天朝物产丰盈，无所不有，原不藉外夷货物以通有无。特因天朝所产茶叶、瓷器、丝绸，为西洋各国及尔国必需之物，是以加恩体恤，在澳门开设洋行，俾得日用有资，并沾余润。"①这种看法，具有相当的代表性。在统治者的主观意识上，中外关系需要显示出"天朝"的尊严和"化育四夷"的圣德，要符合封建宗法观念的上下尊卑体统。清政府从来不承认有能和"天朝"平等的国家的存在，因而也就无法接受近代国际法中国与国之间相互平等的原则。这样，直到19世纪上半叶，中国始终未能同外国建立近代意义上的外交关系。

1840年的鸦片战争，打破了中国闭关自守的状况，西方列强用武力迫使清政府接受一系列不平等条约，打开了中国的大门，彻底改变了中国传统的对外关系。1858年一系列天津条约的签订，确立了中国近代外交关系的基础，各条约均载明各有关国家得派使节驻华，中国亦有对等之权。《中英天津条约》中赫然写道："英国自主之邦，与中国平等。"②在历史上这是破天荒的第一次，然而这个相互平等的宣言仅仅是表面上的，从实质上说，清政府作为半殖民地的国家根本不可能与西方列强平等交往。

事实上，早在1844年法国代表剌萼尼在与耆英进行订约谈判时，就曾经表示，西洋诸国若欲结好，须互相交换使者，他建议中法互派使节常驻对方京城，但为耆英断然拒绝。③ 直到中美天津条约谈判期间，清朝谈判代表谭廷襄还公开说："敌国习惯，向不遣使国外。"④对美方遣使的建议予以回绝。第二次鸦片战争后，清政府被迫允许外国公使

---

① 《掌故丛编》，第3辑；《清实录·高宗实录》，卷1435，北京：中华书局，1987年。

② 王铁崖：《中外旧约章汇编》，第1册，北京：三联书店，1957年，第96页。

③ 文庆等：《筹办夷务始末（道光朝）》，卷72，北京：中华书局，1964年。

④ William Alexander Parsons Martin, *A Cycle of Cathay*, Edinburgh：Oliphant, Anderson & Ferrier, 1897, p160.

驻京,但对派遣中国使节常驻国外,则根据未加考虑。

中外关系形式上的改变,可以通过订立不平等条约加以改变。但从根本上说,其实质上的改变,需要清统治者改变其传统对外观念。正因如此,西方各国驻华公使、领事,以及在华办事、任职的各种人员,不断地以各种形式向清朝当政者灌输西方近代外交和国际法思想,力图以此影响清政府的外交政策。

英国人赫德代办总税务司事务后,不断向总理衙门鼓吹遣使驻外的好处。1862年,他为总理衙门译出亨利·惠顿《国际法原理》一书有关使节权的章节,力劝清政府遣使至西方各国。1864年,美国驻华公使蒲安臣将同文馆总教习丁韪良所译惠顿《国际法原理》一书送给总理衙门,以便后者“参酌援引”。恭亲王奕訢等读后,认为“其中亦间有可采之处”,便以《万国公法》之名刊行,并由总理衙门转发各口岸参考。①这说明清政府中执掌大权的洋务派在与西方多年交往后,感到必须破除传统上只能“用夏变夷”而不能“用夷变夏”的观念,转而采用西方近代形式上平等的国际关系准则处理外交事务。通过这一类西方外交及国际法著述,清朝统治者开始对近代外交有了比较全面的了解,从而可以在对外交涉中运用一些国际法原则,为本国利益服务。

1865年底,赫德呈给清总理衙门一篇题为《局外旁观论》的文章,全面评述了中国的内政外交。其中,他力劝中国驻使海外:“派委大臣驻札外国,于中国大有益处。在京所住之大臣,若请办有理之事,中国自应照办,若请办理无理之事,中国若无大臣驻其本国,难以不照办。”②1866年,英国驻华使馆参赞威妥玛亦撰《新议论略》致总理衙门,说:“中华全取其益者,即如委代国大臣驻札各国京都一节,英国读

① 《筹办夷务始末(同治朝)》,卷27,北京:中华书局,2008年。
② 《筹办夷务始末(同治朝)》,卷40、41、45、50。

告,非止一次。或问外国有何裨益,实无其益;若问中国有无益处:益实多矣。"①

赫德、威妥玛等人的议论,代表了当时侵华各西方列强的观点。他们希望清政府信守与西方各国签订的不平等条约,以半殖民地国家身份加入国际社会。为此,清统治者必须接受西方的价值观,以近代西方制订的国际关系准则处理对外事务。他们这些观点,的确影响到了清政府执掌外交事务的洋务派大员。恭亲王奕䜣等人在办理对外交涉实践中,尤其是战败的教训中,开始懂得以弱国地位参与国际交往不得不无条件承担条约义务,即使是屈辱的不平等条约。否则,会带来更大的后患。此外,洋务派官员们也逐渐认识到遣使出洋,可以深入了解外国实情,有利于对外交涉。但也有一些封疆大吏予以反对,如江西巡抚刘坤一、浙江巡抚马新贻等,他们都认为到国外开设使领馆有害无益。②

1867年10月,总理衙门致书各省督抚,就中外修约问题征询意见。其中谈到派遣驻外使节一事,说各国驻华公使不断请求清政府开设驻各国使馆,但"本衙门以各国至中华通商传教,有事可办,故当遣使;我中国并无赴外国应办之事,无须遣使驳之"。但近十余年,西方各国已洞悉中国虚实,而清政府对外国情形知之甚少,对外交涉中常处被动;况且遇上某些好大喜功、专横跋扈的外国驻华使节,也无法向其派遣国质询或交涉,因此需要派驻使节于外国。③

这番话解释了由于清统治者向来不鼓励臣民出外经商、务工、传教,并且把已在海外谋生的侨民视作"弃民",根本不考虑对其加以保护,所以"无赴外国应办之事"。应当指出,就国际法而言,常驻外交使

---

① 《筹办夷务始末(同治朝)》,卷40、41、45、50。
② 《筹办夷务始末(同治朝)》,卷40、41、45、50。
③ 《筹办夷务始末(同治朝)》,卷40、41、45、50。

节的职能有三大类:保护、谈判、观察,即代表派遣国,保护本国及其侨民的利益,同驻在国政府进行谈判,向派遣国政府报告一切对它重要的事项,以及促进两国之间的一般友好关系。① 在西人的不断"开导"下,通过多次交涉的实践,总理衙门终于对使节的谈判、观察两大职责有所认识,但仍忽视了当时已倍感重要和急迫的护侨一项。

相比之下,沿海省份一些地方官员却有先见之明。

1866 年,广东巡抚蒋益澧便上奏说:"(欧美各国)凡商贾经营数万里外,彼国特设官维持而调护之,是以上下之情通而内外之气聚。内地闽粤等省,赴外洋经商者人非不多,如新加坡约有内地十余万人,新老金山约有内地二十余万人,槟榔屿、伽拉巴约有内地数万人。和约中原载彼此遣使通好,若得忠义使臣前往各处联络羁维,居恒固可窥彼腹心,缓急亦可藉资指臂。"②在晚清高级官员中,蒋益澧是第一位主张积极使节权(对外派驻使节)的人。更难能可贵的是,他抱着自强求富的动机,力主仿效西方"无事以官吏为经,以商人为纬;有事则以攻战为纲,以资财为目",从而积极主张对海外华侨予以扶持和保护。客观来讲,蒋益澧身为广东地方官,较多地了解海外侨情,对西方驻华公使领事的活动也比较熟悉,所以能够率先提出这种有相当见地的观点,只不过当时并未受到重视,也未被最高统治者所采纳。

1867 年底,在各省督抚答复总理衙门关于遣使问题时,曾国藩、左宗棠、李鸿章、沈葆桢等洋务派头面人物都对驻使海外表示积极态度,极大地影响了清廷的决策。不过他们对驻外使节的认识都是从观察、谈判两种职能出发加以考虑的,只字未提护侨之事。而福建巡抚李福泰以及一些较低级的官员如苏州布政使丁日昌、吏部主事梁鸣谦等则

---

① ［德］拉萨·奥本海:《奥本海国际法》,第 2 册,北京:商务印书馆,1981 年,第 242—243 页。

② 《筹办夷务始末(同治朝)》,卷 1、8、43、51—56。

注意到了海外华侨。① 其中,丁日昌更明确地建议清政府对外派驻领事以管理和保护华侨。他说:"查闽粤之人,其赴外洋经商佣工者,于暹罗约有三余万人,吕宋约有二三万人,加拉巴约有二万余人,新加坡约有十数万人,槟榔屿约有八九万人,新老金山约有二三十万人。若中国精选忠勇才干官员,如彼国之领事,至该处妥学经理,凡海外贸易,皆官为之扶持维系,商之害官为厘剔,商之利官不与闻。则中国出洋之人,必系意故乡,不忍为外国之用,而中国之气日振。乃令该员于该处华人,访其有奇技异能,能制造船械及驾驶轮船,并精习洋枪兵法之人,给资遣回中国,以收指臂之用。现在新加坡俄国所有领事,即中国番禺人胡姓,新加坡十数万华人,皆听胡姓令指挥。计外国通商码头,如胡姓之类,定亦不少,我中国使臣若能联络鼓舞,定可欣然效命。盖中国多得一助,即外国多树一敌,况本系中国之民,而中国自用之,有不如水之赴壑者乎。"②

丁日昌这番话的确振聋发聩。它说明在这个时候洋务派官员对西方已有相当深入的了解,对近代领事制度和国外华侨的处境已有较为清醒的认识。他从富国强兵的立场出发,要求清政府对海外华侨加以扶持和保护,并具体提出借用当地侨领作为驻外领事的方案,以解决"一时乏人堪膺此选"(总理衙门语)的矛盾。是否开设驻外使馆的讨论居然引出设领的建议,超出了总理衙门的预料。虽然建议来自重臣李鸿章的旧幕僚,亦未能被采纳。况且,当时清政府不愿起用海外侨商作为领事官员,因为它正激烈反对外国以商人兼任驻华领事。1861 年,清政府在同德国签订有关条约时,就提出不准商人充任驻中国领事。③

---

① 《筹办夷务始末(同治朝)》,卷 1、8、43、51—56。
② 《筹办夷务始末(同治朝)》,卷 1、8、43、51—56。
③ 《筹办夷务始末(同治朝)》,卷 1、8、43、51—56。

1862 年恭亲王奕䜣在一篇奏折中说："各国领事常有派商人兼充者，其中流弊不少。从前各国换约，臣等均以此事谆谆与辩，令将不准派商人作领事官一层载人条约之内，各国俱不愿明载条约，惟另递照会声明。"[1]但依据国际法惯例，领事分成职业领事和非职业领事即名誉领事两类，后者常常是从接受国当地居民中选出，甚至可以是外国人，当然不排除商人在内。[2] 因此，西方国家对清政府的要求一般不予理会，或者表面答应，阳奉阴违，引起多次交涉。而清政府既然反对外国以商人出任驻华领事，此时当然不便任用海外华商作为驻外领事，以免授人以柄。

同治年间的遣使大讨论中，虽然有不少地方督抚大员表示反对意见，但由于洋务派首领曾、左、李等人的极力推动，加上西方列强的劝诱和压力，总理衙门最终决定在国外开设使馆，只是在人选问题上颇费周折。当时，传统观念仍深深地影响着大多数清朝官吏，他们多不屑于从事外交。曾有人问大学士阎敬铭道："今世正士，谁善外交?"阎竟答："焉有正士而屑为此者!"[3]对于出使国外，大小官员都视为畏途。[4] 李鸿章对此颇有感慨："使才本难其选，欲稍有名望者更难。总署再四催索，敝处亦无以应。人莫不求官，而不求出使;其愿使者，又恐不甚可靠也。"[5]即使是郭嵩焘、刘锡鸿这两位中国历史上首批驻外使节，也不愿出使国外。[6]

---

① 《筹办夷务始末(同治朝)》，卷 1、8、43、51—56。

② ［美］L. T. 李:《领事法和领事实践》，北京:商务印书馆，1957 年，第 15—20 页。

③ 闵尔昌:《碑传集补》，卷 13，台北:明文书局，1985 年。

④ 《李文忠公全集·奏稿》，卷 2，台北:文海出版社，1980 年。

⑤ 《李文忠公全集·朋僚函稿》，卷 66。

⑥ 郭嵩焘:《养知书屋文集》，卷 13，台北:文海出版社，1968 年;《李文忠公全集·译署函稿》，卷 8。按 1876 年郭嵩焘出使英国，为中国驻使第一人。

1869 年以后，随着招工合法化带来的一系列问题，特别是古巴、秘鲁华工在当地受虐情形公之于众以后，西方诸国更趁机力劝清廷遣使出洋。

1869 年，美国驻华公使劳文罗斯向恭亲王奕䜣转交了一份秘鲁华工的呈诉，揭露了华工在秘鲁被残酷虐待的事实。劳文罗斯在附带的备忘录中，表示确信这些指控基本属实。① 1870 年美国公使镂斐迪就秘鲁华工事照会总理衙门，说："中国无派驻秘鲁之官，以致华工有冤莫诉。""一为今之计，贵国莫如派员驻扎有华人所在之有约各国，则或受屈抑，可以径达，不必纡回旋绕，而始能陈衷曲也。"②本来，1869 年劳文罗斯已表示"愿为调停其间"，但总理衙门只是一方面要求美国驻秘公使设法"俾愿留者不致再遭凌虐，愿归者得以及早还乡"③，美国方面当然不愿意这样做。另一方面，总理衙门又通知西方各国驻华公使：由于秘鲁凌虐华工，此后严禁"无约各国"在华招工，也不准华工前往"无约各国"。④ 但这样根本不能解决在秘鲁的华工受虐问题，最多只能阻止后来者而已。所以，镂斐迪再次提起此事，并且扩大到"有华人所在之有约各国"包括美国在内，要求清政府派驻使节，把保护华工扩大到保护所有海外华侨。尽管如此，总理衙门仍然对此不予置评，束之高阁。直到光绪初年，由于马嘉理案，清政府被迫派使团到英国"道歉"，随后才将该使团改为常驻英国使团，从而建立历史上第一个中国驻外使馆，屈辱的《中英烟台条约》竟成为中国建立驻外使馆的催生剂，这正是半殖民地国家的特有现象。

---

① W. Stewart, *Chinese Bondage in Peru: A History of the Chinese Coolie in Peru*, 1849-1874, Durham: Duke University Press, 1951, pp. 141-143. 华工禀文撰于 1868 年 12 月，见《华工出国史料汇编》，第 1 辑第 3 册，第 965—969 页。

② 《华工出国史料汇编》，第 1 辑第 3 册，第 966—972 页。

③ 《华工出国史料汇编》，第 1 辑第 3 册，第 966—972 页。

④ 《华工出国史料汇编》，第 1 辑第 3 册，第 966—972 页。

值得注意的是,曾国藩、李鸿章等当时握有军政大权的洋务派首领,不仅在同治年间积极推动清政府对外遣使的决策,而且 1870 年前后,各自提出在日本设置领事的建议。李鸿章认为,西洋诸国远在万里之外,且华人经商者甚少,不必急于派员常驻,而日本长崎等地,江浙和福建籍华商极多,距离又近,应派设领事"管束我国商民,藉以侦探彼族动静,而设法联络牵制之"①。曾国藩也说:"似须仿照领事之例,中国派员驻扎日本,约束内地商民。"②显然,他们都有防备海外华侨的戒心,首先考虑的是如何"管束"华侨,而不是保护和扶持华侨在当地的工商业。与丁日昌的认识相比,显然差得多。

尽管有曾国藩、李鸿章两位"重臣"大声疾呼,总理衙门在设领问题上也和遣使一样迟疑不决。不久,古巴华工事件又起,清朝官员才又一次发觉没有驻外使领馆的不便。

1871 年,西班牙获准在华招工前往古巴。不久,美国驻华公使照会清政府,告知西班牙所招华工在古巴、秘鲁等地深受虐待。1872 年 1 月 26 日,美国驻厦门领事会同英、法、荷、德等国领事,联名照会清厦门地方官,要求他严禁西班牙贩运华工至古巴。③ 于是,清政府要求西班牙当局停止在华招工赴古巴。但西班牙驻华公使抓住中国尚无驻当地使领人员的弱点,拒不承认有虐待华工的事实,反而声称:"此凌虐工人之事,本大臣亦甚不愿。如有不按章办理之人,贵衙门指定何官、何商在何处海口,本大臣可保本国治其不按章之罪。"又说:"中国若能派领事官在马尼拉、夏湾拿居住,该工人如受凌虐,可以控诉该领事官照会该地方官妥办。本大臣亦愿将此事办理妥协,贵衙门若能指定何处、何

---

① 《筹办夷务始末(同治朝)》,卷 79、80。
② 《筹办夷务始末(同治朝)》,卷 79、80。
③ 《华工出国史料汇编》,第 1 辑第 2 册,第 541—565、868 页。

人凌虐工人,确有实据,本大臣定当查明,重治其罪,以明事非本国所愿。"①这番话的确将了清政府一军。清总理衙门试图邀各国驻华公使"公断",不料他们却不予合作,而是建议清政府自行派人前往调查、交涉。② 这次交涉事件给总理衙门一个很大刺激。

与派遣公使不同,清朝官员在提议派设领事驻外时,首先考虑的是处理当地华商与华工的事务。尤其是在秘鲁和古巴华工受虐情形真相大白后,建议设领的官员们更明确了保护华工这一动机。1873 年初,总理衙门也在致五国驻华公使照会中说:"各国之例,彼国人至此国者,即归此国官管束。而各国人至中国者,遇有交涉案件,中国人照中国律例归中国官办理,各国人照各国律例归各国官办理,条约所载大抵如此。以中外刑办不同,向来办事亦均如此。今日国(指西班牙)既待华工有如此情形,日后中国必设领事官于古巴地方,自宜按照条约,遇有华工案件,一经会议,确有过失,应由中国官自行惩治。"③

1873 年,李鸿章在与秘鲁政府代表谈判建交及华工问题时,秘鲁方面即提出,中方如欲保护华工,可以派领事驻扎秘鲁。李鸿章答称:"秘鲁华工遭受虐待者极多,清政府官员无人愿去当地任领事,以免孤掌难鸣。"④李氏此语并非拒绝设置中国领事,只是打算先派驻公使,以便配合行事。光绪元年七月,李鸿章便正式上奏,要求尽快派遣正副使前往秘鲁。他说:"该国虽素无教化,然我苟有使臣在彼,执定条约与之断断相持,则华工有呼吁之门,自可渐免欺凌之弊。"而且,除秘鲁外,他还注意到了其余地方的华侨:"华民在东西南洋各岛人数不下百万,春间王大臣等议办海防,本有招致各岛华人之议。但平时既无相为维系

---

① 《华工出国史料汇编》,第 1 辑第 2 册,第 541—565、868 页。
② 《华工出国史料汇编》,第 1 辑第 2 册,第 541—565、868 页。
③ 《华工出国史料汇编》,第 1 辑第 2 册,第 541—565、868 页。
④ 《李文忠公全集·译署函稿》,卷 2。

之心,则有事何以动其尊亲之念? 今若于秘鲁、古巴各岛,分别遣使设官,拯其危急。从此海外华民皆知朝廷于绝岛穷荒,尚不恶一夫失所,忠义之心,不禁油然而动,有裨大局,诚非浅鲜。"①11 月,恭亲王奕䜣等奏请派陈兰彬、容闳等出使美国、西班牙、秘鲁。他们认为,如不派使节常驻当地,而任由西班牙、秘鲁等国虐待华工,"不独无以对中国被虐人民,且令各国见之,亦将谓中国漠视民命,未免启其轻视之心。臣等参考各国情形,必须照约于各国就地设领事等官,方能保护华工。既欲设领事等官,必先简派大臣出使彼国,方能呼应"②。

　　直到这个时候,清政府才真正明确遣使设领与保护华侨的关系,也才真正明白近代外交中公使与领事的关系。从国际法角度说,大使、公使等使馆人员属于派遣国任命的外交官,他们不仅在其本国与驻在国的整个国际关系上代表他的本国,而且在他的本国与其他各国的整个国际关系上也代表他的本国。而领事则是各国为各种目的,但主要是为本国商务和航海等利益,而派驻外国的代理人。领事并非外交代表,通常也和其本国与驻在国之间的交往无关,也不享受外交特权。从严格意义上说,领事无权代表派遣国与驻在国中央机构打交道,只能向地方政府当局提出交涉。而公使等外交官本身,也负有保护本国侨民的职责。③ 清政府正是在西方列强软硬兼施的影响和压力下,在多次外交失败中,逐渐明白过来的。一直到 1875 年 5 月,奥匈帝国驻沪领事还曾进言:"我们了解,保证在国外的公民应有的权利,以及在必要的情况下给他们必要的保护,这是一个政府应有的责任。""但是,只有通过驻在国外的代表机构才能行使此种保护权,这一点皇帝陛下似乎不应忽视。如果陛下的中国政府决定在外国设立自己的代表机构,我将欣

---

① 《华工出国史料汇编》,第 1 辑第 3 册,第 1076—1079 页。
② 《华工出国史料汇编》,第 1 辑第 3 册,第 1076—1079 页。
③ 《奥本海国际法》,第 2 册,第 242—277 页。

喜欢迎。"①奥匈领事就古巴华工问题的这一表态，对总理衙门决策不无影响。

综上所述，从1860年代以前对遣使设领的漠视，到以后逐渐了解驻外使领职能，并积极采取行动，以遣使设领保护海外华侨，清政府的认识有了巨大转变。这种观念上的变化，正是侨务政策变化的基础。从此以后，清政府对海外华侨华人的政策，从消极转向积极，渐次开展了许多护侨的活动。在这一观念变化过程中，洋务派官员曾国藩、李鸿章、左宗棠、丁日昌等发挥了积极作用，促进了这一转变，值得加以肯定。

三、光绪初年中荷关于华侨国籍的交涉

华侨国籍问题曾经构成清末中荷交涉的主要内容，其争执可谓久远。1909年至1911年间，中荷两国相继颁布了各自的国籍法，并在此基础上签订了中荷领事条约，表面上结束了这一纷争，但实际上却导致近代大批拥有双重国籍的印尼华侨（人）的出现，影响至为深远。本文试图从鲜为人知的光绪初年中荷交涉入手，分析华侨国籍之争的由来与发展。

依照国际法原则，一国对于侨居在外国的本国国民有权予以保护；而具体在国外实施这种保护的本国代表是外交使团和领事人员。显然，为保护本国侨民利益，需要对外派遣领事及外交官员。

19世纪下半叶，西方列强为更快地将中国纳入资本主义国际体系，以便进一步控制清王朝，不断敦促中国政府向国外遣使设领。1858年，在中美《天津条约》谈判时，美国代表杜邦曾向清廷代表、直隶总督谭廷襄提出，中国应派领事赴美保护和照料侨民。但后者竟以"敝国大

---

① 《华工出国史料汇编》，第1辑第2册，第917页。

皇帝抚有万民,何暇顾及此区区飘流海外之浪民"和"敝国习惯,向不遣使海外"①为辞加以拒绝。

咸丰十年签订的《中俄北京条约》,是中国首次在国际条约中提出对外设领。该条约第 8 条规定:"中国若欲在俄罗斯京城或别处设立领事馆,亦听中国之便。"②然而,清政府并未认真对待这项条款。在谈判过程中,俄国使节于咸丰九年六月在"补续和约条目详解"中释该款时,只提俄方增设领事要求,并未涉及清方设领;而清政府在答复中,对此亦无解释。③ 在订约之后数十年内,清朝总理衙门也没有提出任何在俄国建立领事馆的动议,使该条文被束之高阁。对于清政府这种态度,恭亲王奕䜣曾加以解释说:"西洋诸国自立约后,遣使互驻,交相往来,各处皆然,而中国并无此举。叠据各国使臣,来请奏派前往。本衙门以各国至中国通商传教,有事可办,故当遣使;我中华并无赴外国应办之事,无须遣使。"④实质上,这是对海外华侨漠视的表现。

1868 年中美天津续约(即《蒲安臣条约》)订立后,清政府的立场开始有所转变,对华侨政策的态度由放任不管逐渐转向加以保护。《蒲安臣条约》第 3 条明文规定:"大清国大皇帝可于大美国通商各口岸,任便派领事前往驻扎。"⑤清政府赴美使团成员志刚解释说,此条"系指金山地方,中国人已有十数万众。中国若不设官,一恐其滋事,无人弹压;一恐其久无统属,悉变为外国下等之人"⑥。尤其是《蒲安臣条约》第 6 条的规定,首次明确了中国的血统主义国籍法原则,为日后对外交涉提供

　　①　William Alexander Parsons Martin, *Cycle of China*, p160,转引自李长傅:《中国殖民史》,上海:上海书店,1984 年,第 293 页。

　　②　《中外旧约章汇编》,第 1 册,第 151 页。

　　③　《筹办夷务始末(咸丰朝)》,卷 39。

　　④　《筹办夷务始末(同治朝)》,卷 50。

　　⑤　《中外旧约章汇编》,第 1 册,第 262 页。

　　⑥　志刚:《初使泰西记》,卷 1,长沙:岳麓书社,1985 年。

了依据。

1869 年,中英草签《中英新定条约》(英方称《阿礼国协约》),其中第 2 款写道:"中国允,凡通商各口,英国均可派领事官驻扎。英国允,凡英国及英国属地各口,中国均可派官驻扎。"①这是继中俄《北京条约》和中美《蒲安臣条约》后又一个互设领事的中外条约,表明清政府在保护华侨问题上又向前迈进了一步。但当次年英政府拒绝批准该约时,清政府却并不坚决,表现颇为消极。

在遣使设领问题上,洋务派首领曾国藩、李鸿章、左宗棠等起到积极推动作用。1870 年,李鸿章上奏,要求在日本派驻领事,以保护当地华侨,得到清朝最高统治者的首肯。② 不久,曾国藩也有类似奏折。③但实际上,陆续向欧美(及其殖民地)和日本派驻公使领事,还是光绪元年以后的事。至于荷属南洋群岛(今印度尼西亚),则为清人所忽略。直到光绪五年,驻英公使曾纪泽还认为:"查阿非利加洲,归美国管辖之地颇多,流寓华民亦必不少,若处处皆请添设领事,不惟经费难筹,亦且无事生扰。英国属境,皆有豪吏健将以镇压之,吾华领事不能干预政务,木强负气者将启口舌之争,柔懦无能者适招轻侮之渐,有损无益,不如已也。前据温宗彦来禀,欲于葛罗巴岛(即印尼)添设领事,纪泽即以此意答之。且小洲孤屿,与新加坡、西贡等处地当冲道,流寓十数万人、数十万人者,情形究竟有间。"④显然,这番议论是出于对当地侨情不甚了解的缘故。

这种情形在光绪八年终于有所改变。

光绪八年,噶罗巴华商致函广西候补知府李甸清,说该埠"为南洋

---

① 《中外旧约章汇编》,第 1 册,第 308 页。
② 《筹办夷务始末(同治朝)》,卷 79。
③ 《筹办夷务始末(同治朝)》,卷 80。
④ 曾纪泽:《曾纪泽遗集》,长沙:岳麓书社,1983 年,第 165 页。

一大都会,与新嘉坡、暹罗相为犄角,地广众庶,物产丰饶,华民在此贸易者约有数十万"①。此语引起李某的重视,他随即转告南洋大臣左宗棠,称:"华人生聚于斯,贸易于斯者,又不止加于日本、金山、秘鲁、西班牙等处十倍。其寄居四五代,置田宅、长子孙者,既成土著,即往来商贾,亦令造册稽查。间有将该处生长之华民编为西籍,将册寄回西京,虽日后回华,仍归西官管辖,中国官员不必过问之说。未审总理衙门有无成议。如果准行,则冒籍滋事之人,沿海皆是;即憧憧往来之商贾亦必习与性成,以夷狄之伪为伪矣。其为害可胜言哉……窃恐南洋数百万众亦复非中华有矣。"②

左宗棠接此报告,觉察到问题的严重性,于是致函驻德(兼驻荷、意、奥)公使李凤苞,要求后者与曾纪泽等设法处理。③

以上可以看出,李、左等清朝官员的动机在于防止海外华侨被当地政府编入外籍。更进一步说,是担心海外华侨一旦加入外国国籍,在他们回国时易引起中外纠纷,也可能被利用来反清。由于西方列强在中国享有领事裁判权,入外籍的华侨回中国后,清政府也不能对之进行有效管理。对此,清朝官员颇为敏感。光绪六年,李鸿章在一封信中就曾提道:"至华民原隶俄籍,中国待如俄人一节,漫无限制,其弊不可胜言。来示谓如香港、新加坡、旧金山等埠,隶英美籍者援以为请,无以处之,洵为确论。此层必宜酌改,断难含混。"④这在当时是一种具有代表性的观点。直到光绪三十一年和三十二年间,驻日公使杨枢、驻德公使刘

---

① 刘锡鸿等编撰:《驻德使馆档案钞》,台北:台湾学生书局,1966 年,第265—271 页。

② 《驻德使馆档案钞》,第265—271 页。

③ 《驻德使馆档案钞》,第265—271 页。

④ 《庸庵文别集》,卷 6,《代李伯相复张观察书》,上海:上海古籍出版社,1985 年。

士训和粤督岑春煊要求制定国籍法时，仍是以此作为最重要原因。①

李凤苞接左宗棠咨文时，对其说法将信将疑，答道："查该守原禀所称，噶罗巴地方华民贸易者，约有数十万人。倘系实在情形，自应派设领事，俾资镇抚。案既经贵爵大臣札饬新加坡领事官左秉隆就近查复，应请候复到后再行咨呈总理衙门核示办理。"②

左秉隆旋即赴爪哇展开调查，并报告："查噶罗巴一城，为爪亚全岛之都会，亦即荷属南洋各岛之都会。华人流寓其地者，七万有余，多衣洋衣，隶荷籍。""华人往巴贸易，须有荷国领事执照方许留住。既在彼处留住一年，即行勒令入籍。"③在深入查访之后，左秉隆不但得出荷属爪哇有大批华侨寓居的结论，并且指出苏门答腊、加里曼丹、苏拉威西诸岛也有类似情形，故需广泛设置领事保护当地华侨。他还建议选派华侨商人充当领事，以解决经费不足的困难。同时，左氏也预料到设领将是一场旷日持久的外交谈判，会遇到重重阻碍："今中国拟在该处设立领事，所谓窒碍者，约有三端，一恐入籍之人沾染洋人习气太深，难于约束；一恐马腰等官把持公事，从中牴牾；一恐荷兰心怀疑忌，不愿接纳。"④

这个报告，消除了李凤苞的疑虑。是年九月，他咨文总理衙门，提出："诚如李守所禀，杜渐防微，实不容缓。如能酌设领事，虽未能遽收招来镇抚之效，而既可持平办论，以悚迫重抑郁，密探舆情，以激发其忠义，俾内向之民不致永沦异类，诚为当务之急。"另一方面，他也强调设领的困难："查左秉隆所陈，窒碍者三端、有益者三端。颇为中肯。惟各

① 宫中档·朱批奏折（外交类），第 409 号之四、之五，中国第一历史档案馆藏。《大清法规大全》，卷 2，北京政学社宣统元年石印本。

② 《驻德使馆档案钞》，第 272—293 页。

③ 《驻德使馆档案钞》，第 272—293 页。

④ 《驻德使馆档案钞》，第 272—293 页。

埠均设领事，因非一时所能骤举商人兼充，又恐开互相派设之端。""前月本大臣与和国（指荷兰）外部大臣论及此事，外部大臣谓，中国倘实欲派设领事，亦须议立专条。"①

不久，总理衙门行文李凤苞，决定暂时搁置此议。其文说："本衙门查噶罗巴设立领事，自为保护华人起见。惟重洋远隔，在他国之地，治中国之民，必须荷兰国情愿照设，又无他端窒碍，方可拟行。今既有窒碍各情，所有该守请于噶罗巴设立领事之处，应暂缓议；仍由贵大臣酌夺彼此主客情形，随时相机行止。"②此事遂不了了之。

综上所述，光绪年设领于荷属南洋群岛的提议，源于荷兰殖民当局强迫当地华人入籍。然而，这个动议在双方仅进行过初步接触后，便因清政府的自动退却而宣告放弃。在这一过程中，洋务派首领之一的左宗棠和李凤苞、左秉隆等驻外使节积极要求对荷属南洋群岛设领，以保护华侨，维护中国的主权。但因总理衙门的消极态度，其主张未能实现。另一方面，总理衙门之所以持这样的态度，不仅由于担心荷兰提出要求补偿的反建议，以及对设领种种困难的顾忌，更重要的是考虑到当时中国所面临的形势。光绪八九年间，北面，日本借朝鲜壬午兵变之机扩大事态，企图进一步侵占朝鲜；南面，法国以驱逐刘永福军为名，派兵攻陷河内，中国被迫增兵出关，中法之间战云密布。在此形势下，总理衙门唯恐树敌过多，决定暂时退却，将设领要求暂时"冻结"，这是可以理解的。

光绪十二年，中法战争甫经结束，一些清朝官员重新提出在南洋一带设置领事的问题，从而使中荷关于华侨国籍的冲突第一次公开化。

---

① 《驻德使馆档案钞》，第 272—293 页。
② 《驻德使馆档案钞》，第 272—293 页。

光绪十二年二月，两广总督张之洞与驻美公使张荫桓联合上奏，要求派员查访南洋各岛华侨情形，以便筹建领事馆。他们说："臣等悉心筹议，南洋各岛设官不外保民、集捐二事，而以保民为首要。"①但他们的最初设想，是在菲律宾、澳大利亚和马来半岛设领，兼及印尼、泰国和越南。由于这些地方分属英、法、西、荷殖民地，总理衙门为此征询各国意见。英法等国先后表示同意，而荷兰却极力反对，其根据即国籍的归属。

四月一日，清朝驻德荷公使许景澄照会荷兰外交大臣，通知对方，中国将派员"前往南洋各岛，访查华民商民"②。但荷兰在四月二十九日复照中，公然加以拒绝。荷兰照会云："本部堂当即会同属部大臣查明，此事本国碍难允许，缘和兰（即荷兰）南洋属地居住之华人，多与土人婚配，所生之子，即不得视为中国之民。在本国之意，此等华人皆系和兰子民……今贵国派员访查商务，系干预本国属地公事，碍难允行，不胜惋惜之至。"③

荷兰的拒绝是蛮横无理的。首先，当地华侨有"土生"与"新客"的不同，前者系当地出生；后者则出生于中国，新近移居南洋。鸦片战争以后，大批华人（包括华工）源源不断地移入荷属南洋群岛，其中出生于中国内地者构成当地华人社会的一部分，对此荷方却有意避而不谈。从张之洞等人的奏折来看，调查南洋华工是主要目的之一，荷兰政府亦一并拒绝。其实，即使依荷兰照会原意，华工与"新客"当不列所谓"荷兰子民"之内。其次，该照会之意，荷兰主张的是出生地主义及母系血统主义国籍原则，这不仅与中国传统的父系血统主义国籍观念相悖，也同荷兰民法中关于国籍的条文相矛盾，根本没有法律依据。

---

① 《张文襄公奏稿》，卷11，台北：文海出版社，1970年。
② 《驻德使馆档案钞》，第655—657页。
③ 《驻德使馆档案钞》，第655—657页。

接此照会后,许景澄立即电告总理衙门,五月二十五日,总理衙门复电:"查岛英法允,和不应阻。且恐英法闻之,亦有异议。或姑言游历,徐商办法亦可。惟以华人为和民,若不置办,将谓默允。"①表示了清政府力争华侨国籍的决心。

六月一日,许景澄照会荷兰外交大臣,对荷方观点表示保留:"来文所称在和兰属岛居住之华人,多系本地妇人所生,应皆作为和民一节,中国另有看法。惟现在所商之事,与此事不相干涉,故暂勿论。"②他避实就虚,强调派员系考察中国与当地贸易情形,以争取荷兰政府的同意。在六月二日致总理衙门电中,许氏说得很明白:"和外部复,属岛华人应作和民,不允华员访查。此说我不可认,理应驳辩。若为访查无阻计,可改游历例与商。"③为防止荷兰借机阻挠,清使决定以退为进,先将国籍之事搁置,以便查岛委员顺利成行。

六月十六日,荷兰在无法拒绝的情况下终于同意清政府派员进入荷属南洋群岛调查。④

第一步目标达到后,七月二十六日,许景澄致信荷兰外交部,正式提出中国对荷属殖民地华侨国籍的主张:"奉国家之谕,应将本大臣六月初一日文内声明暂弗议复一节,告明缘由。称为贵大臣陈之。来函称,居住华民多系本地妇人所生,即作和兰子民。中国国家不能如此看法。查欧洲诸国通例,本国国民在他国娶妇,其妇应从本夫之籍,所生子女应从父籍,与贵大臣所言不能符合。且中国与美国所定续约第6条载:中国人在美国者,不能即时作为美国人民。是中国人民侨寓外国,在中国业有办通章程,不能另有变更。所有贵国属地之华民,为本

---

① 王彦威等:《清季外交史料》,卷67,台北:文海出版社,1988年。

② 《驻德使馆档案钞》,第658页。

③ 《清季外交史料》,卷67。

④ 《驻德使馆档案钞》,第660—661页。

地妇人所生,概作和兰子民,中国国家不能允认,特此陈明。"①

这个照会是晚清最出色的外交文件之一。它从三方面反驳了荷方观点,即继有国籍的妻从夫籍原则、原始国籍的血统主义原则和中美《蒲安臣条约》的规定。

19世纪,因婚姻而改变女子的原始国籍是个普遍现象,为当时的国际法所公认。在国内立法中,率先引入妻从夫籍国籍原则的是1804年的《拿破仑法典》。该法典第12条规定:"外国妇女与法国人结婚者,依从其夫的地位。"第19条又规定:"法国妇女与外国人结婚者,依从其夫的地位。"②这是完全对等的条款,并不偏向本国一方。随着拿破仑的东征西讨,法国民法的影响遍及欧洲大陆,这一原则便在大陆法系诸国中流行开来。1830年,荷兰民法(1838年10月1日生效)也采纳了这个原则。以后,妻从夫籍原则逐渐影响到英美法系国家。1870年,英国通过一个法律,规定英国女子与外国男子结婚时,丧失英国国籍。以后,美国亦步其后尘。从本质上说,妻从夫籍原则与父系血统主义原则都是在立法中歧视妇女的表现。但在当时却为绝大多数国家(包括荷兰在内)所采用,成为国籍法中的普遍原则。所以,中国公使据此反击荷方,论据十分充足。

另一方面,在赋予原始国籍时,英美法系国家向来采用出生地主义,而大陆法系各国则历来遵循父系血统主义原则。后者只需父亲是本国人,子女就当然取得本国原始国籍,而不问母亲的国籍,也不论子女的出生地。由于荷兰民法亦实行父系血统主义原则,因此,在这方面争论中,清使显然处于有利地位。

---

① 《驻德使馆档案钞》,第662页。
② 李浩培等译:《法国民法典:拿破仑法典》,北京:商务印书馆,1979年,第2—3页。

此外,清廷列举的《蒲安臣条约》是其最有力的论据。该约第 6 条规定:"美国人民前往中国,或经历各处,或常行居住,中国总须按照相待最优之国所得经历、常住之利益,俾美国人一体均沾。中国人至美国,或经历各处,或常往居住,美国亦必按照相待最优之国所得经历、常住之利益,俾中国人一体均沾。惟美国人在中国者,不得因有此条,即时作为中国人民;中国人在美国者,亦不得因有此条,即时作为美国人民。"①这是中国首次在中外条约中阐述自己的血统主义国籍原则,虽然还很不完全。而且,当时参与其事的志刚等人毫无此方面认识,在其《初使泰西记》中,竟无一语道及。美国之所以同意写入此款,是因为不愿予华人以入籍权,宁肯让他们保留中国国籍。1882 年,美国通过排华法,规定已在美居住的中国人,无权申请加入美籍。② 此法案清楚地表明了美国的态度。然而,无论美国出于什么目的,《蒲安臣条约》事实上给清政府主张血统主义国籍原则提供了国际条约的依据。

总之,"7·26"照会阐明了清廷对华侨国籍的三大原则:继有籍中的妻从夫籍原则;原始国籍中的父系血统主义原则;继有国籍中的有限出籍原则。此时,对出籍权尚无明确规定,但《蒲安臣条约》第 5 条有"切念民人前往各国,或愿常住入籍,或随时往来,总听其自便,不得禁阻为是"。比照该条约第 6 条,可见清政府的态度是:(1)未禁止出籍(第 5 条);(2)出籍需一定条件,不因移居国外而自动出籍(第 6 条);(3)妇女随夫出籍。这些原则加上血统主义以后构成了 1909 年"大清国籍法"的主要内容。

在清政府的有力反击下,荷兰政府不得不作出让步。十一月四日,

---

① 《中外旧约章汇编》,第 1 册,第 262 页。

② Yen Ching-Hwang, *Coolies and Mandarins：China's Protection of Overseas Chinese during the Late Ching Period*, Singapore：University of Singapore Press，1985，pp. 217-221.

荷兰外交大臣复照:"查本部西丙六月初一日照会所谓华人籍贯,原非寻常讲解籍贯之义。缘与属地居民种族不一,按照和律均不隶和籍,如此看法则是本部初意,非论籍贯之事,亦不论入籍之事,不过声明属地华人,既在该处居住,即视为该处属民。所谓属民者,系守和国法律,归和官管辖,应在和国官法保护之中。此乃和国南洋属地通行办法,并无偏枯之处,未便更张也。"①

上述照会有两方面含义:一方面,它第一次向清政府披露了荷兰殖民地国籍与荷兰国籍的区别。荷兰出于殖民主义立场,历来不允许殖民地的被统治民族与宗主国的荷兰人享有同等权利。1854年,荷兰当局曾颁布条例,把荷属南洋群岛居民分成四个等级:欧洲人、法律上与欧洲人同等待遇的人、原住民、法律上和原住民属同等待遇的人,而华人列为最末等。② 但从严格的法律意义上说,荷兰因当时尚无国籍的单行法规(荷兰国籍法于1892年颁布),而民法中关于荷兰国籍的规定一向不适用于殖民地。所以,在双方均无关于国籍的成文法情况下,清政府援引各国惯例,尤其是援引双边国际条约(《蒲安臣条约》)加以反驳时,荷方无法应对,只能从原有立场上略作退却。另一方面,荷兰的让步只是一种"搁置",并未作实质性退让。在中方声明了关于华侨国籍的原则后,荷兰照会居然既不讨论原始国籍,也不讨论继有国籍,有意回避双方之间的关键性争端,同时又保留了日后交涉的依据。很明显,"11·4"照会中关于所谓"属民"的解释,隐含着以后荷兰国籍法关于殖民地国籍的内容。

依据国际法,"一个外国人,除非他是属于享受所谓治外法权一类的人,于进入一个国家时就立即受该国家的属地最高权的约束,虽然他

---

① 《驻德使馆档案钞》,第663页。

② 温广益等:《印度尼西亚华侨史》,北京:海洋出版社,1985年,第300页。

也同时仍然从属于他的本国的属人最高权。因此,他是在他所居住的国家管辖权之下的,并且就他在该国领土上所作的一切行为,对该国负责"①。简而言之,即使荷兰"属民"定义不包含国籍的含义,即南洋华侨不改变原始国籍,他们作为居住国外的侨民,遵守当地法律,由当地政府管理,也是理所当然的。对此,清政府官员有较明确的认识。光绪八年,曾纪泽在致总署函中写道:"查西洋各国章程,凡民寄居某国,即归某国律法刑章办理。至其与中国、日本及与各国回部相交,则西人犯法必领事官按西法惩办,不归地方官管辖,此系交涉之变例,为欧美两洲各国之所无。检查续增条约第8款,虽有各办各国之人一语。然上文指明领事官与地方官云云,则仍系在中国地方犯事。可知各条约中似未载有华人寄居俄国属地者彼此各办各民之条,然则西人在华犯事归领事官惩办,而华民在西国属地犯事者不能归华官惩办,俄国亦与英法德各国相同也。"②这番话可谓深谙国际法之真谛。

接荷兰复照后,许景澄即再次声明中国的立场,要求对方予以确认。他说:"查各国通例,凡此国之人居住彼国,虽守彼国法律,归彼国管辖,仍为此国之民,诚如来文所论。华人虽守贵国法律,归和国管辖,仍不失为华籍。总之,华民在贵国属地者,既与各国客民视同一律,并照客民一律相待,中国国家当不致有他议也。"③对此,荷兰并没有提出异议。清政府从而取得了中荷关于华侨国籍交涉第一回合的外交胜利。

光绪初年的中荷华侨国籍之争,起源于荷兰殖民当局强制南洋华侨入籍。国籍是指一个人作为一个特定国家的成员而隶属于这个国家的一种法律上的身份。在涉及外国移民入籍时,各有关国家的属地最

---

① 《奥本海国际法》,第3册,第169页。
② 《曾纪泽遗集》,第197—198页。
③ 《驻德使馆档案钞》,第665页。

高权与别国的属人最高权常常发生冲突,而导致双重国籍居民的出现。光绪初年的中荷交涉,即体现了双方属人最高权与属地最高权的冲突。由于清政府成功地运用了国际法原则和灵活的谈判策略,因而达到了目的。然而,这次交涉的成功只是暂时和表面性的,因为荷兰当局并未从此改辕易辙。光绪十三年三月二日,清政府派往南洋的查岛委员王荣和、余镰在禀文中就谈到,荷兰"迫令华人入彼国籍,以保庶富,更为我国之隐忧。职等收阅华众公禀,其情形大略相同"①。随着南洋华人社会进一步发展和清政府对海外华侨逐渐加强联系和保护,荷印政府鉴于此次交涉的失败,更处心积虑地企图颁布成文法强制华侨入籍。这预示着中荷之间关于华侨国籍的一场新的外交战又将到来。

四、《大清国籍条例》:中国第一部国籍法的产生

海外华侨的国籍问题是清末侨政的焦点之一。从拒不承认海外华侨的侨民身份,到宣统元年颁布成文国籍法——《大清国籍条例》,从而为保护海外华侨提供法律依据。清政府的侨务政策经历了长期转变过程。

1840 年鸦片战争以前,历代清政府大都厉行海禁政策,严厉镇压私自出国的人民,"一经拿获,即行正法"②,并公开对外宣称:"人已出洋,已非我民,我亦不管"③。实际上夺了海外华人的中国国籍,自动放弃对他们的管辖权和保护权。

鸦片战争后,西方各国为尽快将中国纳入资本主义世界体系,以便进一步控制清政府,不断向清朝官吏灌输近代外交观念。但自 1840 年

---

① 《驻德使馆档案钞》,第 674 页。参见朱批奏折,张之洞奏(光绪十三年十月二十四日)。
② 薛福成:《庸庵全集·出使奏疏》,卷下,无锡,薛氏印,清光绪年石印本。
③ 《清季外交史料》,卷 166、71。

到 1860 年中叶的 20 多年间,清政府对海外侨民的处境仍然视若无睹,不愿因此引起更多的外交纠纷。特别是深受儒学传统影响的清朝官僚,有一种视海外华侨为"叛民"的强烈意识。况且,19 世纪中叶,清王朝内忧外患纷至沓来,自顾不暇,更无力保护国外侨民。对此,英籍总税务司赫德在呈总理衙门文中说得十分清楚:"盖外国人在中国居住,其一切均归外国官员办理,中国毫无管理之权。而中国民人在外国居住。其一切均归该国管理,而中国于彼亦毫无管理之权。"①也就是说,尽管外国人在华可享有领事裁判权,而中国人一旦出国,清政府就无权过问。事实上,就国际法而言,一国对于侨居国外的本国国民有权予以保护,并非毫无权利。赫德这番话,是企图用西方殖民者的强盗逻辑,"开导"那些顽固不化的清朝官吏,使他们明白清政府同西方国家的关系并非平等国交,而是一种主仆关系。

清政府内部最先认识到海外华侨作用的,是一部分与"洋务"息息相关的沿海地方官员。同治五年七月,广东巡抚蒋益澧上奏,提议派员保护新加坡、澳大利亚、美国、马来亚、印尼等地的闽粤籍华商。② 次年,江苏布政使丁日昌更明确提出设置驻外领事以保护国外华商和华工。③ 这些提议,得到了洋务派首领曾国藩、李鸿章等人的支持,从而使清王朝华侨政策开始由放任自流走向积极保护。

1868 年,中美批准天津续约,即《蒲安臣条约》。其中,明文规定:"大清国大皇帝,可于大美国通商各口岸,任便派领事前往驻扎。"④清政府赴美使团成员之一的志刚就此解释道:因为"金山地方,中国人已有十数万众。中国若不设官,一恐其滋事,无人弹压;一恐其久无统属,

---

① 《华工出国史料汇编》,第 1 辑第 1 册,第 18 页。
② 《筹办夷务始末(同治朝)》,卷 43。
③ 《筹办夷务始末(同治朝)》,卷 55。
④ 《中外旧约章汇编》,第 1 册,第 262 页。

悉变为外国下等之人"①。说明清政府的"国籍"意识已开始明确,尤其是《蒲安臣条约》第 6 款的规定,首次明确了中国血统主义国籍法原则,为日后对外交涉提供了有力的依据。②

清朝驻外使节对推动侨务政策的转变起了重大作用。光绪初年,清政府开始对外派驻使领,这些驻外使节由于有亲身经历,对各地华人社会有相当的了解,因此敦促清朝最高统治者保护华侨。这其中,郭嵩焘是一个有代表性的人物。1876 年,他即将出使英国时还认为,派遣驻外使领不必操之过急,"将来海道开通,中国商人能赴各国设立行栈,有可经理之事,渐次选派大员,充当公使驻扎,自不可少"③。但当他在赴英途中,路经东南亚,才发现华侨在当地经商和做工的很多,与他原来的想象完全不同。于是,郭氏很快建议在南洋设领保护华侨,并付诸实施。此后,清政府逐步在国外开设使领馆,着手保护海外侨民,表明其对海外华侨的国籍已无异议,但尚未打算加以立法,也没有预料到还会因此产生一系列外交冲突。

1882—1886 年间,中国与荷兰政府就印尼华侨的国籍归属问题展开激烈交锋。虽然清政府取得了这次交涉的成功④,但随之而来的问题越来越多,使清朝官僚们日益重视华侨国籍问题,并要求中央政府加以解决。

1887 年,两广总督张之洞上奏,称:"粤民侨寓澳门人数众多,良莠互异。南、番、香、顺等县,商民往来省、澳者,何止数万……西例,凡生长于某国之地,即以隶籍为某国之民,领取属民票据,恃为护身之符。

① 《初使泰西记》,卷 1。

② 《中外旧约章汇编》,第 1 册,第 262 页。

③ 《郭嵩焘奏稿》,长沙:岳麓书社,1983 年,第 361 页。

④ 参见拙文《光绪初年中荷关于华侨国籍的交涉》,《华侨华人历史研究》1988 年第 3 期。

遇有犯事,地方官不能以华法治之。"①作为沿海地方官,张之洞对华侨国籍问题有较深入的了解,除了荷属印尼群岛外,他注意到英属、葡属殖民地的华侨加入外国国籍的情形,提醒清廷加以解决。这时,其所忧虑的仍是华侨一旦入外籍,其回国后会引发中外纠纷。由于不平等条约中关于领事裁判权的规定,一旦海外华人加入外籍,即使他们重返中国,清朝官吏也不能对之实施有效管理。所以,清朝官员对此颇为敏感。早在1880年,李鸿章就说:"华民愿隶俄籍,中国待如俄人一节,漫无限制,其弊不可胜言。暗示谓如香港、新加坡、旧金山等埠,隶英、美籍者援以为请,无以处之,洵为确论。此属必宜酌改,断难含混。"②这在当时是有相当代表性的看法。

1890—1891年间,中英两国之间也曾就华侨国籍归属问题展开争论。事情起因是祖籍福建的商人蔡得喜从国外返回海澄县老家定居,英国领事令其按英国商人身份向英政府纳税,理由是蔡某出生于新加坡,应属英国国籍。对此,厦门地方官员严词拒绝,认为蔡某"未经出籍",故仍为中国国籍。英国驻华公使华尔身闻讯后,前往清朝总理衙门要求与中国政府谈判有关华人入英籍的章程。总理衙门推说历次中英条约无此规定,拒绝加以讨论。③ 与此同时,清朝驻英公使薛福成也派参赞与英国外交部交涉,了结此事。这方面,薛福成的眼光相当敏锐。1891年初,他在日记中写道:"英使华尔身,前到总理衙门求定华民入英籍章程。谓须分三等:一、生长中华,寄居英境,呈请入英籍者;二、生长英国,呈请入英籍者;三、其祖父即住英境年久,其子孙呈请入英籍者。此三等人如来中国,必先在英请领执照,到口岸呈英领事请

---

① 《清季外交史料》,卷166、71。

② 《庸庵文别集》,卷6,《代李伯相复张观察书》。

③ 薛福成:《出使英法义比四国日记》,长沙:岳麓书社,1985年,第300页。

验,知照关道,便同英民一样看待。但其住华,却分三样:第一等,须立在华限期,逾限则仍为华民,归华管束;第二等,年限可稍宽,逾限不回英,亦仍归华管束;第三等,居英已一、二代,则不能立限期,缘此等与英民一样也。告以昔年与英前使阿礼国,曾定华民入英籍章程,迄今英未照行。至华人入英籍,其父兄仍系华籍,应如何办法;或华人有罪逃入英籍,或华人已入英籍,其原有之中国田产,不得争论;此数层皆须想到。此事为条约所无,仍须抱定前议章程,斟酌办理。"①在这种想法支配下,他建议中央政府对英方的提议不予理会。其致总理衙门的信说:"窃谓华使此说,直可置之不理,彼亦无从置喙。今日海外各国属地,寄寓华民不下三百万,其坟墓眷口均在中国,不愿竟化为异类,亦正斯民不忘本之意,万无拒之之理。倘一国强令入籍,则各国必相仿效。英属地之待华民,除新金山外,均尚不至十分苛刻。若法属之西贡、日斯巴尼亚之小吕宋,其虐待华人情状,殆不可言。如悉令就地入籍,则绝百万华人隔隔内向之心,恐各国闻之,益滋轻侮,不独以后保护二字无可复言,且非吾民所愿,办理必多窒碍"。②

实际上,英方建议的对华人入籍的分类,分别是继有国籍(归化民)、由出生地主义而获得的原始国籍、由血统主义兼采出生地主义原则而取得的原始国籍,而以最后一类作为当然英籍,不能更改。奇怪的是,在英方建议中,第一类和第二类入籍者,在回华一定期限后可自动出籍而恢复中国国籍。这个建议成为日后中荷国籍谈判的一个思路。

薛福成在交涉英国殖民地的华侨国籍问题时,提醒中枢显要防止出现连锁反应,以致各国群起效尤,使数百万海外华侨转成外籍。如果那样,各国将更加欺凌华人,而中国则无法加以保护。鉴于后果严重,

---

① 《出使英法义比四国日记》,第 300 页。
② 薛福成:《庸庵全集·出使公牍》,卷 3。

总理衙门自然寸步不让。同时，与荷兰不同，由于英国政府并不打算"令英属地华民悉入英籍"，所以一经中方反对，很快便将此事束之高阁。

1890年底，薛福成也上疏指出：荷兰与西班牙当局，在印尼、菲律宾等地"侵侮华民，或迫之入籍"①，并要求清政府尽快在上述地方开设领事馆以保护华侨。

光绪末年，海外华人入外籍者日益增多，使越来越多的清朝官员感到忧虑。1901年，驻荷公使吕海寰报告："和（荷）兰南洋各局开埠最早，华工之往彼谋生者亦最多。而噶罗巴一岛，尤为荟萃之区，其属有三十余府，寄居之华民，不下六十万人。""据和（荷）外部大臣照复声称……'现藩部所查该处寓居华人共七十四万余人，且大半已入和（荷）籍。查雅瓦地方所有华民入和（荷）籍者，较之不如和（入荷）籍者，多至十倍'。"②这种情形使清朝官员忧心忡忡。巡视南洋的刘士骥向驻德公使报告："窃维有国之大患，一曰失土地，二曰失人民。有土而归他人之领据，则土非其土，有民而入异国之属籍，则民非其民。二者之患，尤以失民为甚。"③把华人入外籍与丧失领土相提并论，而且认为后者危害大于前者。

当然，加入外籍的华人并不都是像荷属印尼、西属菲律宾那样出自当地官员强迫，不少人是为了提防回国时遇到麻烦，尤其担心回华后受当地清朝官吏敲诈勒索，而加入外籍，借助西方人的"保护"。

1904年，驻日公使杨枢报告外务部说："外洋各埠华商，近年改入洋籍者逐渐增多。访查其故，或因积有资财，恐被本籍绅民寻事勒索；或因往来货物，恐被各处关卡藉端留难，遂改入洋籍以冀外人保护。此

① 《华工出国史料汇编》，第1辑第1册，第278页。
② 《华工出国史料汇编》，第1辑第1册，第282页。
③ 《华工出国史料汇编》，第1辑第1册，第460页。

等风气实于国体、民情、商务均有关碍。"①与此相呼应,1907 年底,闽浙总督松寿上奏说,福建漳州、泉州一带出现大批加入日本、英国、法国、西班牙籍的华人,且多是本地居民。② 1906 年 9 月,驻德公使杨属致函外务部云:"华人侨居荷领者,殆不下百万,皆闽粤两省人。""闽人因内地官绅欺压洋客,积学习俗,类多轻去其乡,掉头不顾,相率而入荷籍……惟在外埠受荷官之苛虐,类于法之安南,而甚于美之旧金山等埠,华人处水深火热之中,无所控告,前此已有迫而入英籍者。""自日战胜俄后,态荷官畏日如虎,华商欲托庇其宇下恃作护符者,竟纷纷入日籍。"③内地官员的报告与驻外使节所见相印证,可见确有其事。虽然针对这种现象,外务部、商部以及驻外使领人员、沿海地方官吏不断呼吁并采取一些行动保护华侨,特别是内地归侨侨眷,但多治标不治本,尤其是荷属印尼、法属越南等地的华侨,受到当局日益增长的强迫入籍的压力,更迫切要求清政府迅速采取有效对策。

值得注意的是,制定成文法以管理华人国籍的想法有来自西方国家的影响。1906 年 8 月,中美之间围绕着美籍华人黄庆的财产案发生争执。美国驻华公使柔克义向清外务部询问,中国法律中有没有关于华人出入国籍的条文。外务部立即转询修订法律大臣沈家本,后者答称:"中国数千年来闭关自守,从未与外国交通,故向无国籍之说。即海通以后,凡民户之移徙外洋者,其如何管理,亦并未辑有专条。现在民法尚未成立,一切咸无依据。"④这个答复使清朝官员甚感狼狈。沈家本补充道:"本大臣以国籍出入,中国律例既无明文,当即饬令馆员调查

---

① 外务部档·侨务招工类,卷 2459,中国第一历史档案馆藏。
② 宫中档·朱批奏折(外交类),卷 409 之五,中国第一历史档案馆藏。
③ 外务部档·侨务招工类,卷 1299,中国第一历史档案馆藏。
④ 外务部档·侨务招工类,卷 3334,中国第一历史档案馆藏。

东西各国成法，妥为议订。唯事关重要，非旦夕所能定议。"①

宪政编查馆的清朝大员们虽然开始着手制订国籍法，但由于缺乏经验，又无先例，此事迟迟没有进展。到了1907年底，闽浙总督松寿索性直接向皇帝呼吁，要求尽快立法。他在奏折中说："中国自立约互市以来，华民间入外籍，类皆侨寓他国，安家立业，借入籍以求特权。"但是现在发展到不仅海外华人，连内地人也纷纷加入外籍。他们平时居住在中国内地城乡，一旦有事则托外国驻华领事保护，把内政事务变成对外交涉。"若不早筹限制，实属大碍国权。"因此他请求光绪帝令外务部和内政部"参考中西法律，明定国籍条例，迅速通行遵守。务期严出籍之限制，重管辖之全权"②。显而易见，其着眼点不是海外侨民的保护，而是防止内地人民任意脱离中国国籍，托庇于西方殖民者。

光绪三十三年十二月，驻华公使刘士训也上奏光绪皇帝，要求尽早制定国籍法。他历数原因四条：一是制止各地租界中，华人居民投靠外国领事"保护"，侵害主权的行为；二是防范已入外籍的华人在中国内地拥有不动产，从而破坏中外条约中禁止外国人在华拥有产业的规定；三是借以防止内地人冒充外籍逃避兵役，并使海外华侨得以参与预备立宪后的选举；四是避免海外华侨被当地政府强迫入籍。刘士训特别提到荷属印尼，说荷兰曾以出生地主义作为当地华人原始国籍的依据，并以此拒绝中国在荷属殖民地设置领事馆。他认为，这是立法最重要和最迫切的原因，因为这关系到逾百万华侨的归属问题。③ 由此可见，刘士训的观点更全面，而且主要从护侨角度出发思考问题。1908年起，围绕着荷属印尼华侨国籍问题，中荷之间展开了新一轮的外交斗争，与

---

① 外务部档·侨务招工类，卷3334，中国第一历史档案馆藏。
② 外务部档·侨务招工类，卷4514，中国第一历史档案馆藏。
③ 宫中档·朱批奏折（外交类），卷409之六，中国第一历史档案馆藏。

前次不同,这一回双方均试图以国内立法作为谈判基础,因此对颁布成文法的国籍条例非常关注。是年 10 月,巴达维亚(今雅加达)中华商会致函清农工商部,告知荷兰当局准备颁布条例,以出生地为原则,划定华人原始国籍,要求清政府速筹对策。① 11 月,驻荷公使陆徵祥在致洒水中华总商会函中给予答复:"一国国民,必有一国之国籍。国籍之出入,必有法律以规定之。故各国国民,虽迁徙自由,亦恒不愿轻弃其乡,与轻弃其籍。""近闻彼国令中欲定新律,拟将南洋各侨久居彼岛不归本国者,分别收入殖地民籍。此虽不专指华侨而言,而我侨实居多数,即与我有密切关系。我国宪政编查馆暨修律大臣,本在商订国籍法,谅不日必可颁行。"②

尽管接此答复,但当地华人仍十分不安,于 12 月 8 日召开大会商讨对策,同时分别致电清农工商部、外务部、驻荷公使、南洋大臣和两广总督等:"侨情惶恐,集洒(水)会议。除遵札开导大众,并遵王参赞谕办国籍调查事外,吁请速设领事,速颁国籍法,并采血统主义,并拒绝和(荷)人运动,设法制之于先,保侨局、全国体。"③荷属印尼各地华人商务总会又联名致函外务部、农工商部以及驻荷公使,要求"速设领事以资保护也"。还说:"国籍法必请采取血统主义者,盖以血统为重,无论去国几百年,距国几万里,凡为其国人之血系,即皆永为本国之民。此尤不但关系和属华侨,即统世界人口计,华人最占多数;统中华全国计,外人之侨居中间者,万万不能当中国人侨居他国之数,且入我籍者尤少其人。采此主义,则所有本国人皆受范围于其内,此外绝少不利之处,实于国家大有关系。故请速颁国籍法,而国籍法必采血统主义也。"④

①　外务部档·侨务招工类,卷 3131,中国第一历史档案馆藏。
②　外务部档·侨务招工类,卷 3128,中国第一历史档案馆藏。
③　外务部档·侨务招工类,卷 3128,中国第一历史档案馆藏。
④　外务部档·侨务招工类,卷 3128,中国第一历史档案馆藏。

各地商会代表还议决十项对策,其中包括"临时和平抵制"及"暂停贸易"等。① 当时,清驻荷使馆参赞王广圻正在南洋一带调查侨情,也参加了这些集会,并在今后报告国内,敦促清政府加快立法及设领行动。②

值得注意的是,海外华侨提出的血统主义国籍法原则与清政府的观点不谋而合,反映出海内外华人的普遍心态以及海外华侨对祖国强烈的认同意识。传统的宗法观念,在国籍归属上表现得极为明显,而且为大多数海外华人所接受。20 世纪初,中国人固有的宗族和乡土观念,并未因移居国外而淡薄。因此,荷兰当局强迫印尼华人入籍的措施,受到当地华人的激烈反对,其抵制措施尚有 1905 年抵制美货运动的余波影响。

在驻外使领人员、地方封疆大吏特别是南洋华侨的积极推动下,清朝中央各部,如外务部、农工商部,以及主持修订法律的宪政编查馆,逐渐改变过去被动应付的习惯,主动陈奏清廷,要求迅速颁布国籍法。

宣统元年(1909)二月八日,农工商部大臣上奏说:"(荷兰)初由国会议准华侨入籍之案,近复拟订新律,凡久居彼属者,皆收入殖地民籍。华侨自闻此议,函电纷驰,互相奔告,联络各埠商民,开会集议,共筹对待之策。现据呈称,请速定国籍法,以资抵制等情到部。臣等伏思,一国之国民,必有一国之国籍。国籍之出入,必有法律以定之。中国户籍之法,历代具有成规,今制尤为完善。徒以时处闭关,条文未备,抵详此省与彼省界限之饮分,未计我国与他国范围之各异。臣部前据侨商电察,业经咨商修订法律大臣从速厘订。本月,该大臣具奏筹办事宜清单,内载已拟订国籍条例,并译各国国籍法、入籍法异同考等语。第虑

---

①　外务部档·侨务招工类,卷 3128,中国第一历史档案馆藏。
②　外务部档·侨务招工类,卷 3128,中国第一历史档案馆藏。

告成尚需时日，万一和（荷）国拟订新律，克期实行，是时华侨虽群起力争，无国力以为后援，则众情易涣。部臣驻使虽多方磋议，无法律以为依据，则胜算难操。臣等深维职守，目击时艰，若坐视海外百万侨民，转瞬即隶他邦版籍，上何以副朝廷委任之重，下何以免商民责望之严……拟请旨饬下修订法律大臣，将国籍法一门，迅速提前拟订，克期奏请钦定颁行，以利外交，而维国势。"①由于荷兰当局加快了立法行动，清朝官员们感到必须赶在前面以争取主动。就这样，国籍法在拖延数年之后，突然间以异乎寻常的速度颁布实行。

宣统元年闰二月七日，清政府正式颁布《大清国籍条例》，这是中国历史上第一部成文的国籍法。从这时开始，海外华侨的国籍归属有了法律依据。

从《大清国籍条例》条文来看，它是典型的血统主义原则国籍法，并且是以父系血统主义为赋予原始国籍、继有国籍的基本原则，这是清政府历来的主张。至于出籍，则加以严格限制，并采取偏利内国一方的父系血统主义和妻从夫籍原则。负责制定法律的宪政编查馆在奏折中解释道："国以得民为本，民以著籍为本。自来言户籍者，不过稽其众寡，辨其老幼，以令贡赋，以起职复而已。国籍之法则操纵出入之间，上系国权之得失，下关民众之从违。方今列国并争，日以辟土殖民互相雄长，而中国独以人民繁庶，贸迁耕垦遍于重瀛，衡量彼我之情，扬搉轻重之际，固不必以招徕归附为先，而要当以怀保流移为贵，此则今日立法之本义也。"又说："各国通例，必先定一法律以保护己国人民与限制他国人民，此但准乎本国情势之所宜，而固不能期他国之尽相合也。今原奏拟订国籍条例四章，以固有籍、入籍、出籍、复籍为纲，而独采折衷主义中注重血脉系之办法，条理分明，取裁允当，所拟施行细则亦系参照

_____

① 外务部档·侨务招工类，卷 3128，中国第一历史档案馆藏。

历年交涉情形,藉免抵牾起见。"①清政府的目的,在于控制出籍即脱离中国国籍,所以对出籍限制极严,而对归化入籍也规定极多的资格限制,包括资产、年龄、在华居住年限等等。依据这部法律,清政府力图使海外华侨世代保持中国国籍,同时又能控制国内沿海地区及通商口岸租界内的中国居民不随意加入外籍,托庇于外国的领事裁判权之下。至于外国人加入中国籍,则明显呈不欢迎态度,而且规定归化入籍者不得充任军职、高级官吏、议员等。② 在《大清国籍条例》施行细则中还规定:"本条例施行以前,中国人有因生长久居、外国者,如其人仍愿属中国国籍,一体视为仍属中国国籍。"③这显然是针对荷、英等国采取出生地主义决定原始国籍做法的,意在追溯既往,为解决历史遗留问题提供法律依据。另外又规定:"凡照本条例出籍者,不得仍在内地居住,违者驱逐出境。"④对照前引松寿、刘士训等人的奏折,其用意十分明显。

　　清政府公布国籍法,原先设想是在外交上争取主动,以解决东南亚特别是荷属印尼的华侨国籍问题。但是,荷兰政府并不接受,反而于1910 年颁布《关于荷兰属民地位的法令》,以出生地主义为原则赋予原始国籍,使荷属印尼出生的华人一律成为荷兰属民。⑤ 由于该法令与清政府国籍法互相抵触,从而导致荷属印尼华侨的双重国籍现象的出现。针对荷兰的法令,清外务部提出抗议,说:"各国通例,除人民自愿入籍外,断无以法制强迫入籍之事。华侨在和(荷)属相安已久,和(荷)亦久已认为中国人民,乃今忽颁新律,勒限入籍,实违公理。"⑥荷兰政

---

① 《大清法规大全》,卷 2。

② 《大清法规大全》,卷 2。

③ 《大清法规大全》,卷 2。

④ 《大清法规大全》,卷 2。

⑤ 暨南大学南洋美洲文化事业部:《南洋研究》1931 年第 3 卷第 4 期,第43—44 页。

⑥ 《清宣统朝外交史料》,卷 15,台北:文海出版社,1988 年。

府则寸步不让。

依照国际法原则，一个国家所准许的入籍效果，不仅应由该国政府予以承认，而且也应由有关国家的司法和行政当局予以承认。荷属殖民地都是人口移入国，为使外来移民尽可能成为其国民，其立法除原始国籍的赋予上采取出生地主义外，还引入了强制入籍的方法。其法令规定，凡生于荷属印尼以外，其父母为荷兰国籍，于成婚或满 18 岁后在荷属殖民地居住，便为荷兰国籍。① 这种方法历来为国际法所反对，清政府当然也不接受。

1909—1911 年间，中荷之间就中国在印尼设领问题谈判时，由于双方在华侨国籍归属上坚持各自的立场，最终双方达成一个独特的协议：华人在荷属地，依荷兰法律决定其国籍，即为荷籍，华人一旦回中国，则可以恢复中国国籍。至此，中荷关于印尼华侨国籍的交涉，以荷方获胜而告终。

从法的角度上说，国籍随着国家的产生而产生，其存在与国家的存在一样长久。但是，国籍作为比较详细的立法的客体，出现在 18 世纪末 19 世纪初的西方国家，它与封建制度的消亡、资产阶级国家的产生和资本主义世界秩序的建立同步出现。一般来说，落后、闭塞的封建国家在国籍上的立法，是在先进的资本主义工业国影响下作出的。尤其是像近代中国这样落后保守的东方封建大国，历史上长期对海外侨民状况不闻不问，既无管理，更无保护，也就根本谈不上国籍法。只是在西方殖民者侵入中国后，近代法律观念及其国际法观念才逐渐为人们所了解。从而使清政府改变对海外华侨的政策，从放弃转向保护，并最终颁布中国历史上第一部国籍法——《大清国籍条例》，试图以血统主

---

① 暨南大学南洋美洲文化事业部：《南洋研究》1931 年第 3 卷第 4 期，第 43—44 页。

义原则的国籍,使海外华侨世世代代保持中国国籍。清政府坚持血统主义的国籍原则,在当时符合大多数海外华侨的愿望,成为他们联系祖国的纽带。而清政府通过立法,取得代表海外华侨的权利,从而为华侨在海外受迫害和虐待时寻求中国政府的保护提供了法律依据。

然而,近代中国是半封建半殖民地的弱国,无力对其海外侨民实施真正的保护,在外交上也始终处于软弱的地位,中荷之间关于国籍法的冲突便清楚地说明了这一点。

五、1901—1905 年间中美关于华工禁约的交涉

长期以来,国内外史学界对清末侨务政策的评价甚低。20 世纪初,出于反对清政府统治的需要,孙中山为首的革命党人曾大力宣传清政府拒不保护海外华侨的说法,以争取后者对革命党的支持。这种说法也为后来一些史学工作者所沿袭,使人们对清末侨务政策始终给予很低的评价。事实上,自 1860 年第二次鸦片战争以后,清政府对华侨的政策便发生了很大的转变,从过去的敌视、放弃的态度,转向扶持和保护华侨,其侨务政策逐渐演变成为外交政策中一个重要方面,在中外交涉中占有相当大的比重。本文试图从 20 世纪初中美关于华工禁约的交涉,特别是 1905 年抵制美货运动前后清政府对美交涉的过程来说明这一问题。

1901 年,美国国会就次年即将期满的排华法案《格里法案》进行辩论,准备再次以国内立法形式限禁华工。对此,三藩市华侨联名致函两广总督陶模,说近十余年来,赴美华人数量比过去减少了一半,如不乘排华法案期满之际力争,则不需数年,华人将在美绝迹。他们在信中着重提到在美华侨多系粤籍,在当地经商及做工获利不少,一旦被逐回国则难以为生。陶模收此信后,感到问题严重,遂告清外务部及驻美公使:"所察粤民赖此为生者甚众,必宜设法力请弛禁,以广粤民生计,自

系实在情形"①,要求力争废约。驻美公使伍廷芳也报告外务部:"华工在美为数实数不少,若无海外托足之地,则谋生愈难。不能不全力与争,期于商民有益。"②于是,中美开始新一轮谈判,交涉美国华侨问题,焦点即美国排华法案。

1902 年 8 月,中南美洲华侨又上书粤督,历数美国迫害华人情形,并告知美国正拟议禁止华人过境赴中美、南美各国。在信中,他们指出,数十年来已有几十万华人定居中南美,一旦美国立法阻止华人过境前往别国,则当地华人将生活无着。③

清末侨务政策及其有关护侨措施有一特点,即常常是由海外华侨所提出,而且愈近清亡,清政府愈重视海外华侨的呼声。与过去将海外华侨视作"叛民"或"弃民"不同,这时期的清政府注意采纳华侨的意见和建议作为办事的参考,并渐渐以民意作为与西方列强交涉的筹码。

1902 年 3 月,伍廷芳致电外务部,建议清政府以所谓"民意"压美方让步,并说:"目前体察情形,惟有互立酬报之条,妥筹抵制之法。查欧美各国,无论大小强弱,两国立约皆有酬报一条。中国从前只允美立例禁工,其后并商人亦时多阻滞,实于商务有碍。现在在沪议立商约,似可明告以华商至美稽留苛待,殊失体面。如美再不变计,则我亦仿照办,凡美商入境亦须稽留,照美例严为盘查。庶使美议绅闻而知警。"④

伍廷芳的建议只是外交谈判的一种手段,其用意是以美方不可接受的条件迫其让步,实际上并未真正考虑加以实现。尽管如此,他在海外华侨的推动下,为废除美国排华法案大力奔走呼号,对清政府决策产生巨大影响。尤其难能可贵的是他在八国联军之役后,对美毫不妥协,

① 外务部档·侨务招工类,卷 3312,中国第一历史档案馆藏。
② 外务部档·侨务招工类,卷 3319,中国第一历史档案馆藏。
③ 外务部档·侨务招工类,卷 3320,中国第一历史档案馆藏。
④ 外务部档·侨务招工类,卷 3320,中国第一历史档案馆藏。

多次严正交涉,并以抵制之说力劝朝廷,还引用国际法告知清廷,此种抵制不会"致有失和用兵之事"①,以打消后者的顾虑。

然而,美国政府不顾清政府一再抗议,于 1902 年悍然批准实施新排华法案,无限延长禁止华工赴美的期限,并将禁限区域扩大到美国本土以外各属地。美虽利用国内立法方式再续禁约,但据 1894 年《中美会订限制来美华工保护寓美华人条款》,若不重新谈判新约,则美方法案无国际法效力,对清政府无约束力。故中美双方都希望重开谈判:中方试图修改排华禁约,美方则企图将国内排华法案引入双边条约中。

1903 年清新任驻美公使梁诚抵美。到任后不久,他便着手展开调查,并报告国内。他认为:美国排华原因一是因华人从不入美籍,无参政权,所以受美各政党排挤。加上力量分散,彼此又不团结,不能同美国内倡导排华的势力抗争。二是华工多属下层,沾染上许多恶习,如吸毒、赌博、械斗、拐卖人口等,授人以柄。因此,他主张舍华工而全力保华商,以便为清政府振兴实业的政策助力。

清商部接梁诚信后,提出 1894 年条约"语气浑含,遂为美政府种种苛例之依据"。但又担心废除旧约后,美国更无所顾忌,所以建议"明定界限,宜禁下等之工,而上等之工不与也;宜禁受雇美人之工,而自行制造之工不与也;宜禁未入美境之工,而业经在美之工不与也"。"否则华工绝则华商亦无自存,举数十万之侨氓一网打尽,彼蚩蚩者回中国后,失其本业,势必别滋事端,后患且不可收拾矣。"②

在 1903 年中美交涉中,旅美华侨对清政府施加了很大影响。

1903 年底,三藩市数百华商联名上书清政府,详述美排华情形,要求修改旧约。并说,中国近年来国际贸易逆差每年约 4000 至 5000 万

① 外务部档·侨务招工类,卷 3319,中国第一历史档案馆藏。
② 外务部档·侨务招工类,卷 3311,中国第一历史档案馆藏。

元,而旅美华侨每年寄往中国的侨汇即达 1500 万元,另外华商又每年采购中国货物约值 1000 万元入美,二者对改善清政府财政有重大意义。信中还说:因美国禁限华工,许多国家也相率效尤,"率此以往,则茫茫大地,竟无复我华人托足之区。数年之后,诸路皆绝,则我国每年损失殆不下五六千万"①。20 世纪初,清政府因国库支绌,极力争取侨资侨汇,美国华侨的信给当权者留下深刻印象。

1903 年 1 月 10 日,梁诚复信三藩市华商说:废约不难,但"约废之后,彼族自颁禁例,势必益加严密,本大臣固不敢惜笔舌之劳,日事驳斥。苟驳者自驳,而禁者自禁,尔商民等能一日安居此土乎"②?梁诚对单方面废除条约的后果有先见之明,所以并不赞成,而寄望以谈判修改旧约,用条约义务约束美国政府,避免其更肆无忌惮地反华排华。但美国在排华问题上早已背弃国际法和公认的国际关系准则,因此,梁诚的想法只是一厢情愿而已。

11 月 28 日,清政府商部行文外务部,转述美各地华侨要求废除限禁华工条约的意图,并说:"此事关系商情,极为重大,必须极早筹商,免致迟误",建议"声明此约届满不再展行,如美国仍欲限禁华工,必须将各项苛例豁除,重订两国互益之约,以昭公道"。③

12 月 8 日,清政府照会美驻华公使,声明 1894 年条约期满后不再延续,并要求重新谈判新约。④

关于清政府单方面宣布废约的决定,梁诚在会见美国务卿海约翰时有一番对话,解释了清政府的观点:

梁诚说:"限禁华工一事,我国督抚以及上流人士固不谓然,我外务

---

① 外务部档・侨务招工类,卷 3320,中国第一历史档案馆藏。
② 外务部档・侨务招工类,卷 3320,中国第一历史档案馆藏。
③ 外务部档・侨务招工类,卷 3320,中国第一历史档案馆藏。
④ 外务部档・侨务招工类,卷 3312,中国第一历史档案馆藏。

部尤为注意。我国百姓知识日增,亦不以受人苛待、损其权利为可忍受,时时向当道及本大臣处察诉。虽各国有限禁外人入境之权,惟此种禁限独施于华工,大欠公道……况近十年部定禁章,种种苛扰,多与我国允限之意相背,若请续行此约,我国实难照允。"

海约翰说:"若此约而无之,则议院严定禁例,无所范围,必更甚于有约。此层却不可不虑。"

梁诚说:"现行例章已属万分苛扰,即使无约,亦未必能再为已甚。"①

由此可见,清政府鉴于海外华侨的强烈抗议,感到一味退让,民心、利源和面子都将失去,故下决心废约,面对美方的虚声恫吓,梁诚寸步不让,而且还将民意着重提出来,以表示清政府对华侨的重视。美政府对清方的断然行动十分意外。1904 年 4 月,美驻华公使照会清外务部,要求清政府收回成命,并威胁说,若废旧约,则国会将不同意重开谈判,而"两国既无此成约,难保不生有未便之端"②。但清政府不为所动,复照称:"此约未改,贵国苛例日繁,在美华人不堪其虐,数十万人屡次呼吁,本部何能漠视? 所有收回前所致停止该约之言,实难办到。贵大臣恐无成约,或生未便之端,但华人在美受虐已至极处,似不能较现在情形为甚。"③

1903 至 1904 年间,在关于华工禁约的存废问题上,清政府表现出前所未有的强硬态度。面对美方威逼利诱,清政府始终坚持自己的立场,并首次主动提出废除旧的中美条约,与 1888 年谈判时美方拒绝修改而废约的情形截然不同。在海外华侨大声疾呼下,清政府显示出积极护侨的态度,其中驻美公使和商部都起了很大作用。

中方宣布废约后,美政府被迫接受既成事实,双方开始重新谈判。

① 外务部档·侨务招工类,卷 3320,中国第一历史档案馆藏。
② 外务部档·侨务招工类,卷 3312,中国第一历史档案馆藏。
③ 外务部档·侨务招工类,卷 3312,中国第一历史档案馆藏。

1904 年 8 月,梁诚照会海约翰阐述中方立场,并提出新约草案。双方随即展开激烈交锋,主要争端是华工的定义以及是否允许华工进入夏威夷、菲律宾等美国属岛。11 月,海约翰复照否定中方草案,拒绝允许华工进入美国属地,并把华工定义延伸到除官员、教师、学生、商人、旅游者外的所有华人。对此,梁诚提出强烈抗议,并指出:"按照公法,报施之事为独立自主国应有之权。""按之报施之道,凡美国银行家、经纪人、办货代理人、商务游历人、司计人、写字人等皆一概禁入中国。而凡轮船公司之东家经理人、代理人,铁路之承工人、代理人,工程司、建造司精巧工师,矿务之办事人、运动人、精业家、保险公司及其他商务公司之代理人、报馆撰述人、医生、牧师、传教士亦皆不许入中国矣。"①

由于梁诚态度强硬,美国政府决定借派新任驻华公使之机,将修约谈判移至北京,以绕过梁诚,直接向清外务部施加压力,以迫其就范。

作为中国驻美外交代表,梁诚在护侨问题上态度鲜明,意志坚定,因而深得华侨赞许。1904 年 11 月,梁诚致函檀香山中华会馆,表明自己的观点:"该约十年期满,或修或续,或竟全废,主权原自我操,外人不能强勉。本大臣初意及我政府本旨,原以此约损我国威,辱我侨庶,害我工利,累我商务,亟应将全约废去,以顺舆情。""此次修改系挽回已失利权,补救历年积弊,如入虎口而索已投之食,如扑火燎原而救未烬之薪。"②梁诚的态度,赢得了广大华侨的信任。所以当得知美国新任公使即将赴华与清外务部直接交涉时,华侨唯恐一向软弱无能的清政府妥协退让,遂纷纷致电清廷,要求照旧由梁诚主持谈判。一时间,海外华侨电报如雪片般飞来,他们不仅向清政府请愿,而且也转向国内民众呼吁。国内群众对美国长期反华排华早已不满,此时一触即发,终于在

---

① 外务部档•侨务招工类,卷 3314,中国第一历史档案馆藏。
② 外务部档•侨务招工类,卷 3319,中国第一历史档案馆藏。

1905 年 5 月爆发一场席卷全国的抗议美国排华的群众性爱国运动——抵制美货运动。

以大规模抵制美货的群众运动作为反击手段迫使美国政府改变排华政策,这不仅出乎美国的意外,也完全不在清政府的预料之中。清廷在突发事件下,接受驻美公使梁诚和两广总督岑春煊等人的建议,借用海内外华人之力抵制美国排华政策,试图达到迫美让步的目的。

在此次中美交涉中,梁诚的态度对清政府有很大影响。

抵制美货运动初起之时,梁诚即致函外务部:"各商民久罹禁限之苦,忽得抵制之术,无不欢欣踊跃,转相慰藉。"他不仅同情和支持抵制运动,而且一再建议清朝当权者借用这场运动对美施加压力,而不要加以镇压。他说:"此事系民间举动,本与政府无涉,且舆情固结,实不便加以官威,使其解散。"①1905 年 6 月,他再次致函外务部说:"华人联合抵制,万口一词,义愤正张,势难禁遏。""目前修约之事似可稍从缓议。若商会抵制办法果能坚持到底,彼为大局所迫,不得不转而求我也。"②直到 11 月清廷发出禁止抵制的上谕已有数月后,梁诚仍对美国务卿说:"工禁苛严,拒约抵制,华民原有不得已之苦。而且此等举动,国民固自有权,尤非压力所禁阻。"③

从梁诚等人为代表的一批较开明的晚清官员,在逐渐接受"西学"影响后,民主思想已萌芽。在戊戌变法和义和团运动之后,清朝统治者推行"新政",允许一定程度的言论自由,使社会各阶层对外交和侨务有了发言权,出现"民智渐开"景象。从 19 世纪末开始,海外华侨在经济上对清政府愈来愈显示出重要性,他们也愈来愈直接地向清政府提出建议或呼吁求助,使清朝官员日益重视其利益和要求。这个时期,西方

① 外务部档·侨务招工类,卷 3324,中国第一历史档案馆藏。
② 外务部档·侨务招工类,卷 3318,中国第一历史档案馆藏。
③ 外务部档·侨务招工类,卷 3323,中国第一历史档案馆藏。

传入的近代国际法和国际关系准则日渐为中国官员所了解,从而在实际中得以适用,"民情"、"民意"也成为清政府反击西方列强压力的一种工具。这样又反过来坚定了群众的信念,强化了群众运动的作用,推动反美爱国运动的高涨。

广东地方官对抵制运动的态度就很说明问题。

1905 年 5 月,上海商务总会发起抵制美货运动后,广东各地立即响应,运动很快便进入高潮。5 月 16 日,粤督岑春煊应上海广肇公所之请致电外务部,指出广东旅美华侨甚多,禁约与广东关系极大,应设法力争。6 月,他又与巡抚张人骏联名致电外务部说:"此事上关国体,下为商民生命所系,乞力向美使拒阻,并电驻美梁使合力坚持,冀将此苛约设法挽回,大局幸甚,粤民幸甚。"①

岑春煊在抵制美货运动中是持积极支持态度的地方大员之一。由于他所处的地位,对广东人占多数的旅美华侨处境有较深入了解。同时,广东抵制运动声势浩大,持续时间亦长,海外华侨又不断来电来函呼吁及声援,使之不能不面对现实,积极表态支持。

岑春煊在运动初起便表示同情和支持,因此引起美国方面的强烈不满。

6 月,美驻穗总领事雷优礼照会岑氏,要求其立即出面制止广州及全省各地反美集会活动,但却遭到岑春煊断然拒绝。他答称:"商贾贸易与民间购货皆有自由之权,其不用美货而不能强迫之使必用者,亦由商民之购用美货而不能强迫之使不用,同此一理。至中国商会聚议,发明不用美货,系为保全国民公益,出于人心之不得不然。""此则人心所属,断非压力所能禁止。"②岑春煊这种公开支持抵制运动的态度使美

---

① 《外务部部档》,转引自张存武:《光绪三十一年中美工约风潮》,台北:中研院近代史研究所,1965 年,第 67 页。

② 外务部档·侨务招工类,卷 3323,中国第一历史档案馆藏。

国政府极为不安,除令驻穗总领事不断交涉抗议外,还通过驻华公使柔克义向清廷直接施压。6月底,清外务部在美方压力下致电岑春煊,要求他劝导商民照常与美营业。岑氏反问:"民间不销美货与政府何干?地方官竭力劝谕,即为睦谊之道,何得指为背约?"并转告外务部:广东各地民心团结,群情激愤,若强行压制,后果将难以想象。唯有美国废除排华法才能真正解决问题。他发布告示一方面宣布禁止人们采取过激行动,另一方面又宣布:"本部堂不能强迫尔等商民必购某国之货,必与某国人交易;即以自由而沦,尔商民等亦不得强迫他人必不购某国之货,必不与某国人交易。此乃大公至正之理,环球各国无不相同。"①在将此告示照会美领时,他还说商民为保护公益而开会集议是完全合法的,美国国内对排华的活动也同样未加禁止。岑春煊这种明显偏向抵制运动的态度,影响了广东各地官员,使广东拒约运动更趋高涨,抵制行动遍及城乡,使美方日益感到不安。美驻穗总领事连续向岑递交抗议照会,要求严禁反美活动。

1905年8月,岑春煊再发告示,称抵制运动因美国苛禁华工而起,事出有因。美国国会须在12月开会议改禁约,故希望商民照常贸易,停止抵制活动,届时再筹对策。并照会美领:"抵拒美约之议,实因激于义愤而起,中外同心,不独粤东一省为然。而旅美华工尤以粤人为名,故众情更为迫切。在各商民自结团体,谋得公益,与一切排外仇教之举迥不相同。若以压力强加禁止,不特抵抗愈坚,转恐激而生事。"②

在整个抵制美货运动中,岑春煊多次表态称运动合理合法,并要求美方做出让步。就其主观愿望而言,他看到运动起因是美国苛禁华工,所以表示同情;从客观上说,广东系美洲华侨主要来源地,拒约运动声

---

① 《外务部部档》,转引自张存武:《光绪三十一年中美工约风潮》,第67页。
② 《清季外交史料》,卷190。

势浩大,地方官唯恐强行镇压将失去民心,导致严重后果。正因为如此,当8月清廷敕令地方"劝谕"商民停止抵制活动时,岑氏仍敷衍了事。用美国驻华公使的话说,他根本是"毫不经心"①。

1905年7月至8月,美驻华官员一方面不断向清政府施压,另一方面又宣称美方愿谈判修约,以诱使清政府作让步。于是,清廷指令广东当局压制拒约运动。但岑春煊却不以为然,奏称:"此次招制美约,实由阖省商民逼于义愤而成,地方官只能尽力设法逐渐消弭。""若更操切从事,则激而生变,祸患更不胜防。"②

岑春煊在拒约运动中的态度使美方颇感意外。抵制运动在天津初起,他即下令解散有关组织,采取高压手段严厉镇压,还致电外务部:"今以禁工一节,各埠华商纷纷反对,于目前中美邦交殊多窒碍,而时会且不相宜。应由外务部分电沿江海各省,速速谕禁各埠华商,万勿再倡此议,窒碍大局。"③相比之下,岑春煊则对拒约运动表示同情和支持。他反复申明运动系民间自发运动,与清政府无关;又用贸易自由作辩解,以防止激起民变为由,再三劝清廷不要强行镇压。11月8日美公使在致清外务部照会中说:"粤督照会内'至于商民欲购何国之货及与何人交易,人人皆有自由之权,断非势力所能强迫'等语,足见其系不能弹压此仇美举动。""因该督实能有压禁此事之权,乃不力禁,则系其故意不为也。"④应当说,这些看法不无道理。

除梁诚、岑春煊外,清朝官员中对抵制运动表示同情和支持者尚有不少。运动初期御史张学华便上奏要求力争改约,"以慰群情而全国体"。他说:"中国穷民谋食于外洋者,不下百数十万,而尤以美洲为最

①　外务部档·侨务招工类,卷3322,中国第一历史档案馆藏。
②　外务部档·侨务招工类,卷3322,中国第一历史档案馆藏。
③　《外务部部档》,转引自张存武:《光绪三十一年中美工约风潮》,第67页。
④　外务部档·侨务招工类,卷3322,中国第一历史档案馆藏。

……华民侨美数十万人,近已递减,然每年工银汇归本国者,尚及千万。即如广东近年搜括几尽,尚赖此为艳注。今不除苛禁,境内之利源未辟,并海外谋生之路而亦绝之,贻害何穷。"从侨汇对清政府财政的巨大影响出发,他主张与美重新修约,并建议以民心作为向美施加压力的手段:"中国不销美国货物,其事操之商人此议一倡,美商颇有顾忌。正宜切实相告,朝廷无压制商民之权,且人情愤怨,终必发泄,万一挟众报复,激成意外之变,华官不能任保护之责。"①南洋大臣周馥也说:"华商因美虐待华工,不买美货,激于公愤,万户同情。""至商人买货之事,向来官不过问,听民自由。此事只能劝谕,不便强迫。"②这些话与岑春煊所言如出一辙。

作为中枢机构的清外务部,对抵制运动的态度可谓叶公好龙。起初,它企图借拒约运动作为谈判的筹码,迫使美政府让步,故采取默许的态度,听之任之,从而引起美方不断的抗议。对此,外务部答称:"各埠华商建不购美货之议,诚非无因。委以华人赴美限制太严,美国例禁又名与华人不便。""但使贵国禁令从宽,工约亦能和平定订,则此风自能息绝。"③显然在利用群众运动向美施加压力。8月美国再次强烈抗议,要求清政府全力镇压运动,逮捕曾铸等领导人,并威胁要向清政府索偿。清政府外务部于是开始退让,下令周馥等查办。但周馥考虑到众怒难犯,不肯出面强行镇压。外务部遂于8月底照会美公使:"禁用美货之议,出自商民,并非中国政府之意,自不能代担责成。即曾少卿亦不过商会中之一人,未便速加究惩,更激公愤。""惟思此次禁用美货之由,皆由工约而起……若能早将工约持平商议,及时改定,则华人不

①　《华工出国史料汇编》,第1辑第4册,第1459—1466页。
②　外务部档•侨务招工类,卷3322,中国第一历史档案馆藏。
③　外务部档•侨务招工类,卷3323,中国第一历史档案馆藏。

忧虐待之苦,众心自然悦服。"①

轰轰烈烈的抵制美货运动使美国政府感到震惊,不得不稍作退让。6月24日,美总统西奥多·罗斯福下令国务院,要按条约规定对旅美华侨以礼相待,并表示可商谈修改禁约。9月初,在御史王步瀛等催促下,清廷发布上谕称:"所有从前工约,业经美国政府允为和平商议,自应静候外务部切实商改,持平办理,不应以禁用美货辄思抵制,既属有碍邦交,且于华民商务亦大有损失。迭经外务部电行该省督抚晓谕商民,恳切开导,务令照常贸易,共保安全。著再责成该督抚等,认真切谕,随时稽查,总期安居乐业,勿负朝廷谆谆告诫之意。倘有无知之徒,从中煽惑,滋生事端,即行从严查究,以弥隐患。"②清廷上谕迎合了美国政府的要求,正是在此之后,美驻华使领不断催促清各级官员"遵谕行事",镇压群众运动。

在拒约运动前期,即1905年9月以前,梁诚、岑春煊等人鲜明的同情与支持态度,推动清当权者采取不干预立场,或仅仅做些表面文章,要各地督抚"劝导商民"了事;或干脆告美政府说抵制美货只是商人的事,政府无权干预。清政府的心态是极为矛盾的:一方面希望借群众运动的声势压美国让步,以挽回失去的权益,所以对拒约运动表示一定程度的同情和支持。另一方面又害怕局面失控,激化成全国性义和团形式的斗争,因此不断下令地方官加强控制。御史王步瀛的一封奏折颇能代表这种心态,他说:"美人苛待华工,并虐及工外之人,本无公理。我中国绅商激于义愤,相约不买美货,以为抵制之策。朝廷既无解散之理,亦无禁制之方。"在对抵制运动表示同情之余,又担心"万一有不逞之徒借端煽惑,乘势妄为"。"务防匪徒混侧其间,借端激变。遇美人以

---

① 外务部档·侨务招工类,卷3323,中国第一历史档案馆藏。
② 朱寿朋:《光绪朝东华录》,第5册,北京:中华书局,1958年,第105页。

礼相待,万勿操之过蹙,致生国际交涉,反误大局。"①

　　在朝廷上谕颁布后,外务部和各地方官渐渐改变态度,开始积极压制抵制美货运动。11月,外务部还应美驻华公使要求多次致电岑春煊,要他迅速采取行动:"抵制工约一事,自应遵照谕旨,实力劝导。粤省人心浮动,最易煽惑,倘酿成交涉,反难收拾。"②在清政府高压下,一场轰轰烈烈的抵制美货运动最终平息。

六、中国振兴商务大公司与徐锐南洋招股计划的破产

　　清末,西方式的股份制企业在中国逐渐兴起。近代大型企业的创办不再单单依靠少数人合资经营,而是公开向社会募股,"登报招徕,自愿送入"③,以银行、钱庄为中介机构。19世纪80年代,上海机器织布局筹办,便是采取了这种办法,在《申报》上刊载《上海机器织布局招商集股章程》,并顺利筹集到所需资金。④

　　八国联军之役后,清政府财政濒于破产,被迫改变传统政策,鼓励国内民族资本和海外华人华侨资本开办各种企业,并颁布131条《公司律》,规定了公司创立、股东权益、股份、股东大会、董事会权限等细节,鼓励华商集股兴办铁路、矿山、工厂、银行等近代新式企业。

　　正是在这种背景下,光绪末年(1906—1907),徐锐以亦官亦商的身份几下南洋,开始他雄心勃勃的招股行动。

　　徐锐是旅美粤侨,曾捐有候补道衔。光绪三十二年(1906)一月,徐上书清政府农工商部,要求以官方身份自费前往东南亚等地"考察商务

---

①　《华工出国史料汇编》,第1辑第4册,第1459—1466页。
②　《华工出国史料汇编》,第1辑第4册,第1459—1466页。
③　经元善:《居易初集》,卷2,北京:同文社,1903年。
④　《申报》,1880年10月3—17日。

并招回侨富,建立公司"①。在文中,徐锐称:"南洋一带,富商巨贾,实繁有徒。非无国家思想也,非无种族见解也,沦于异地,讵其本心。我中国诚能极力招徕,悉心保护,予之以信,动之以诚,则因其财力,扩我商务,而中国之商务驺驺日上矣,而外埠之华侨当源源来归矣。"②为消除清政府的疑虑,徐锐强调华侨华人"皆有眷念宗国,矢效忠爱之心"③。也就是说,海外华人在政治上都是倾向于清政府的。而之所以出洋谋生,是因为"天意殆以吾国百蕴未宣,特殖若辈于优胜之区,使习其雄略,取其资财,归而为吾四万万人谋富之先导也"④。显然,他把西方殖民者与海外华侨华人相提并论,一方面为自己的身份开脱,另一方面为招商的可能性定下基调。其实,近代华侨华人出洋大多因家乡谋生无路或遭遇天灾人祸,被迫移居海外,他们中的大多数是苦力华工,绝不是有意识地为国人充当"谋富之先导"。

谈到招商的可能性,徐锐说:"(海外华人)内向情殷,每以祖国贫弱、见轻外人为耻。故一闻逆党之饰词,而为其开设银行集资至三四百万。况以堂堂正正召之,必更顺如流水。而利以义动,更可无籍洋侮华之虞。"⑤

至于招商的必要性,徐锐认为:"今欲大辟利源,战胜欧美,则实以

① 农工商部档,卷 282,光绪三十二年一月九日徐锐呈文,中国第一历史档案馆藏。

② 农工商部档,卷 282,光绪三十三年四月十日徐锐函,中国第一历史档案馆藏。

③ 农工商部档,卷 282,光绪三十二年一月九日徐锐呈文,中国第一历史档案馆藏。

④ 农工商部档,卷 282,光绪三十二年一月九日徐锐呈文,中国第一历史档案馆藏。

⑤ 农工商部档,卷 282,光绪三十二年一月九日徐锐呈文,中国第一历史档案馆藏。

招回侨富为集资最易成效、最速之妙图,亦实为有百利而无一害之上策。"①他认为,朝廷"新政"惠商,扶持国内工商业的发展,应当广开渠道,而且"中国地大物博,与夫天时之正,人民之众,无一不甲于全球"②,但欧美列强早已借不平等条约带来的特权,攫取了中国的经济命脉,控制着清政府的财政。对此,徐锐说:"虽宪部(指农工商部)方事经营,而风气之转,须历岁时,豪夺之来,即在旦暮。待我人尽知商,恐已权不及挽。且侨商有愿莫偿,更虑或为彼用,则事势尤足寒心。"③所以向海外华商招徕,势在必行。

徐锐对海外招商颇为乐观,认为海外华人"数至千数百万",其中"以巨富著称者,乃无虑数十姓;百万数十万之家,则尤不可胜数"。④财力和人力上既可以保证,观念和方法上也无问题:"盖事以习而易举,利以见而始趋。泰西集股之便,成功之易,实由于此。今吾民久于其地,于路矿一切利益与其公司办法无不洞澈靡遗,视同习惯,且皆系以此致富,甘苦所亲尝。迥不同内商之浮慕欧风,毫无把握。而其熟谙洋情,凡购置器件,聘订工师,尤不至受其欺侮。"⑤

至于招商办法,徐氏以为:"以官募商,不如以商联商较为亲切易

---

① 农工商部档,卷282,光绪三十二年一月九日徐锐呈文,中国第一历史档案馆藏。
② 农工商部档,卷282,光绪三十二年一月九日徐锐呈文,中国第一历史档案馆藏。
③ 农工商部档,卷282,光绪三十二年一月九日徐锐呈文,中国第一历史档案馆藏。
④ 农工商部档,卷282,光绪三十二年一月九日徐锐呈文,中国第一历史档案馆藏。
⑤ 农工商部档,卷282,光绪三十二年一月九日徐锐呈文,中国第一历史档案馆藏。

入。"①清末官督商办企业的腐败经营以及各级官僚对商股的巧取豪夺，使海外华商闻而警之，因此官方招商越来越困难，不能不有所改变。而徐氏"自祖父以来，三世居美。又往来南洋各岛，凡粤商大贾，非亲即故"。同时海外华人"重视医师、大官，巨绅多有出身其途者。锐亦与有荣光，颇为乡人所引重"②。这番话虽不乏自我吹嘘之辞，但也确实反映当时海外华侨的心态：不但看中个人身家财产，还特别重视"功名出身"，借以光宗耀祖。

除上述理由外，徐锐还进一步说明自己的影响力："近在沪上，见水火保险之利久为外人所占，特创合众公司以挽之，甫建议而里人购股者，数至百万。又旅洋诸商时以书来探问。"③以自己在上海成功创办股份制保险公司为例，证明"以商联商"的可行性。

清农工商部接到徐锐上书后，认为他"留心时务，志趣洵属可嘉"④。很快便予以批准，同意徐以半官方身份赴海外招商，并行文清驻英、美公使及各地领事和有关的中华商会，要求给予接应照料，协助徐锐的招商活动。

徐锐的请求虽得到清政府的正式批准和支持，但其实施过程却是一波三折。

起初，徐锐拟订出一个雄心勃勃的计划，准备"招回侨富，建立公

---

① 农工商部档，卷282，光绪三十二年一月九日徐锐呈文，中国第一历史档案馆藏。

② 农工商部档，卷282，光绪三十二年一月九日徐锐呈文，中国第一历史档案馆藏。

③ 农工商部档，卷282，光绪三十二年一月九日徐锐呈文，中国第一历史档案馆藏。

④ 农工商部档，卷282，光绪三十二年一月九日农工商部札，中国第一历史档案馆藏。

司,开拓一切"①。具体来说,徐锐企图利用清政府的影响力向海外华商募集巨资,创办大型综合性商办企业,同西方在华资本展开竞争。用他的话说,将"合旅洋诸豪富,纠集巨资,先行设立总公司。然后各就专业分设各项公司,广行泰西生利诸法于内地"②。此时,徐氏的计划尚不明确,总公司及各分公司究竟从事何种营业,如何创设公司,或公司将要设立的地点等等均未提及,只是笼而统之地试图兴办大型综合性股份制公司,引进西方先进的资本主义经营方式,以振兴国内经济。

很显然,这个大而无当的计划在当时条件下不可能实现。于是,徐锐回到上海,与其好友、同仁一道做了一番调查研究。数月之后,于1906年8月再度上书清农工商部,勾画出一副蓝图:"劝募之法,拟联外洋各埠侨富,纠集巨资先在上海设立总公司,办理三事:一轮船,一银行,一保险。"他并且解释说:"凡此三事,虽不能尽商务之全体,然交通中外商务,为华侨计,无有急于此者。"③

从建立公司,开拓一切,"广行泰西生利诸法于内地",到提出创办银行、保险公司和轮船公司,表面上是向后退缩了,实际上是大大地前进了一步。因为只有这样才能将招商得来的有限资金落到实处,从而真正开始创办企业。值得注意的是,徐锐计划中的三个方面,除了保险公司得自他在上海业已成功开办过的企业外,轮船运输业的重要性也为海内外华商所认同。至于银行业的作用,更早已被当时的民族资本家所认识。1896年,盛宣怀在谈到兴办铁路时便说:"铁政奉旨招商,

　　① 农工商部档,卷282,光绪三十二年一月九日徐锐呈文,中国第一历史档案馆藏。
　　② 农工商部档,卷282,光绪三十二年一月九日徐锐呈文,中国第一历史档案馆藏。
　　③ 农工商部档,卷282,光绪三十二年七月徐锐禀文,中国第一历史档案馆藏。

逾年无效。推其缘故,华商无银行,商民之财无所依附,散而难聚。""铁路收利远而薄,银行收利近而厚。若使银行权属洋人,则铁路欲华股,更无办法。"①因为银行是近代"商务枢机所系",对于资金融通,票据交换起巨大作用。所以大规模兴办实业,不能不考虑开办银行。此外,徐锐更从华侨华人的角度说明创建银行的意义:"(华商)一旦挟资回国,关吏稽查,多方留难。若有银行,一纸汇兑,朝发夕至,无稽留难之苦,便莫便于此。"②由于家族几代在海外经商,徐锐对于华商回国常遭官员敲诈与刁难的情形感触颇深。

其后,在赴海外招商时,徐锐将拟议中创办的股份公司正式定名为中国振兴商务大公司,并拟出《中国振兴商务大公司节略》,上呈清农工商部。

但不久,当他在东南亚各地开始招股活动以后,徐锐又从原先创办轮船、银行、保险三大企业的计划中退缩。1907 年 5 月,在呈农工商部的报告中,徐锐写道:"拟办公司原系银行、航业、保险三项,今定在中国先立一大银行,专营普通之业,附以保险,后再推广航业。"于是,"振兴商务大公司"实际上已经变成一家兼营保险的银行了。虽然徐氏仍强调:"在外埠凡有华人所在,俱拟前往一律照办。将来局面必大,获利必多,以其盈余推办各项实业,尤有无穷利益。"③

徐锐计划的再次改变,是因为在南洋招商遇到了很大困难。虽然根据他本人的报告,在菲律宾"集华股"20 余万元,在新加坡、马来亚集股 70 至 100 万元。但与其庞大计划相比,差距甚远,尤其是国内总公

---

① 盛宣怀:《愚斋存稿》,卷 25,台北:文海出版社,1975 年。

② 农工商部档,卷 282,光绪三十三年六月十三日盛宣怀函,附《中国振兴商务大公司节略》,中国第一历史档案馆藏。

③ 农工商部档,卷 282,光绪三十二年四月十日徐锐函,中国第一历史档案馆藏。

司的资金更无法落实。对此,徐氏感叹道:"至于中国招股情形,向已为难,今更不易。"①依其方案,"外埠各设分行,均须留款备用",不能将大部分款项送回国内。而总公司若不成立,即使外地筹集大量华资也无处发送。面对重重困难,徐锐被迫一再改变计划,缩小投资目标。

最初,徐锐在上清农工商部书中,曾计划由近及远,先在南洋一带招商,然后赴美洲各地,"与侨富讨论得失,共谋振兴"②。

1906 年 12 月,徐锐抵达菲律宾吕宋岛,正式开始在南洋招股。1907 年 2 月,他到达新加坡,3 月又至马来亚的槟城,"次第调查各埠商号"。很快,他发现东南亚各地华人社会帮派林立,"公益之事恒多扞格"。为此,徐锐以官方身份,"宣布朝廷德意及宪部规章,为破除其隔阂,开通其声气,以为联合华侨之起点。然后劝以当地集股之经营,合群通商之利益,以为实行联合之始基"③。

徐锐的南洋招商活动,在南洋各地收效不一。

他首先到达菲律宾首都马尼拉,在菲华商总会——小吕宋中华商会和清驻菲总领事苏锐钊的主持下集会讲演,公开向华人募股。苏锐钊首先致辞称:"徐观察(即徐锐)本上海股商,人极热诚,心存公益。此番来意在于实事求是,整顿商情。拟办章程,尤臻完善。凡我华人务必同力同心,共匡大局,以扩商界,而广利源。"④苏锐钊强调了徐锐的商人身份,按其"以商联商"的意图为之宣传,力图避免过多的官方色彩使

① 农工商部档,卷 282,光绪三十二四月十日徐锐函,中国第一历史档案馆藏。

② 农工商部档,卷 282,光绪三十二年七月徐锐禀文,中国第一历史档案馆藏。

③ 农工商部档,卷 282,光绪三十二年四月十日徐锐函,中国第一历史档案馆藏。

④ 农工商部档,卷 282,光绪三十二年十二月十日小吕宋中华商会函,中国第一历史档案馆藏。

当地华侨华人产生疑虑。

徐锐随后进行演讲,主要是解释募股方式:"股票价值每股不过五元。刻先交一元,即存本埠股实商号,给回收条,当日起息,其余四元再分两期交定。我华人之在外洋各埠者不下千万人,但使节日用之需,省茶烟之费,每人各买一股,可得数千万元。况各埠富商济济,可认大股者不少。如果巨本齐集,公司开办,十年以后,获利既丰,加以推广商务,讲求制造,此项股票竟涨至十倍或数十倍均未可定。"①

据商会事后报告:"演说既毕,众皆赞成",总领事苏锐钊借机提议选举义务董事协助招股。于是,众人当场选出 21 位华商任中国振兴商务大公司驻吕招股处董事,这些人基本上均为菲律宾华商的头面人物。②

除了选举董事外,当地华商会还进一步宣传"此项公司成立以后,见利必速,获利必多,实为至要至稳、有利无弊之公益",希望当地华人"万众一心,扶持大局,挽回利权"。至于招股方法,无论多少,"自一股至十百千股均可认附",并不局限于富商大贾。③

徐锐离开菲律宾后,向清政府报告在菲招股共计 20 余万元。④

1907 年 2 月,徐锐抵达新加坡,下榻于新加坡中华商务总会。该会副总理吴世奇(寿珍)等同徐商议数日后,决定先在新加坡报纸上刊载有关招股公告以"广告商众"。3 月,总商会集会,请徐锐演说。清驻

---

① 农工商部档,卷 282,光绪三十二年十二月十日小吕宋中华商会函,中国第一历史档案馆藏。

② 农工商部档,卷 282,光绪三十二年十二月十日小吕宋中华商会函,中国第一历史档案馆藏。

③ 农工商部档,卷 282,光绪三十二年十二月十日小吕宋中华商会函,中国第一历史档案馆藏。

④ 农工商部档,卷 282,光绪三十二年四月十日徐锐函,中国第一历史档案馆藏。

新加坡总领事孙士鼎任会议主席。领事馆官员陆同福首先致辞，称"（徐锐）系奉清政府农工商部派赴各埠，为我华人谋公益、谋幸福、谋团体起见"。"若我华人跻此商战世界，再不勇往竞争，势必均为他人夺尽。"所以于公于私，华侨华人都应当踊跃认股。①

随后，徐锐开始讲演，此番与在菲律宾不同，他首先强调自己具有的官方身份："锐此行实为中国皇家出力，并为环球华人效劳。"但同时又表白自己并不是来为官方办企业或开办官督商办企业筹资，"锐之来意，特自认为外洋各埠华侨之发起人，尽其提倡之责。使彼此联合股份，创办公司，共结团体，同挽利权，以振兴商务耳"！具体到创办银行的意义，徐氏称："商家命脉在于银行。如我华侨各埠通行设立，则随时随地可以流通。凡富商大贾，寄存汇兑，其利便不问可知。于自食其力之辈，稍有余资，或三五元，或十余元，怀揣在身，势必花销，终归乌有。今有银行为之积聚，则由小而大，由少而多，三两年间，其小贩营业便有资本。或归里省亲，或回家迎娶，绰有余裕矣。"②这番演说对未来的小股民们异常用心，的确意味深长。

徐锐演讲后，新加坡中华商务总会理蔡名英（子庸）等先后致辞。最后由林文庆以总商会协理身份发表意见，说："我华侨之为祖国计者，动曰谋公益、尽义务。究竟所谋何事，所尽何职，未之闻也。今幸徐观察莅，止为祖国计，为同胞计，拟办之大公司，如轮船、如银行、如保险，皆当务之急也。"他并且指"轮船一项尤为要点，我华侨所宜亟办也"③。

在集会演说后，当场成立新加坡招股处，由中华商务总会内闽粤各

---

① 农工商部档，卷282，光绪三十三年二月十日新加坡中华商务总会函，中国第一历史档案馆藏。

② 农工商部档，卷282，光绪三十三年二月十日新加坡中华商务总会函，中国第一历史档案馆藏。

③ 农工商部档，卷282，光绪三十三年二月十日新加坡中华商务总会函，中国第一历史档案馆藏。

帮推举义务人员,包括闽帮 27 人,粤帮 17 人,潮帮 24 人,琼帮 3 人,客帮 4 人,分别组织招股事宜。当时即有一群富商认股,其中黄莆田一人认 1 万股,蔡名英等 7 人各认 5000 股,谢锡荣等 2 人各认 3000 股,吴世奇等 5 人各认 2000 股,陈振声等 18 人各认 1000 股,云崇本等 11 人各认 500 股,仅仅以上 44 人即认购 84500 股,合计 422500 元公司股票。①

此后,徐锐又先后赴马来亚的槟榔屿、吉隆坡等地募股。其在 1907 年 6 月致农工商部的信中说:"职道嗣赴吉隆坡、大小吡叻等埠,开会演说,发明宗旨。承各该埠绅商等同心相助,极口赞成,计两埠各得股本约四十万元。"②

1907 年底,徐锐回到上海。10 月,他上书清农工商部,称业已动员上海总商会和新加坡中华商务总会出面联合各地华侨商会,招股达 500 万银元。其中上海达 200 万元,新加坡为 100 万元,其余各城市合计 200 万元。徐氏认为:"现时基础已立,事在必成。将来遍走群岛,推广联络,则千万之数,当亦不难罗致。"③似乎信心十足。

与此相反,清农工商部官员却深表怀疑。虽然徐锐南行途中不断向农工商部报告自己的行踪和进展,有关官员仍未置信。1907 年 6 月,农工商部行文清驻新加坡、马来亚、菲律宾等地领事及当地华侨商会,要求他们"查明徐氏集股情由"④。从各地报告中,可以发现徐锐的

---

① 农工商部档,卷 282,光绪三十三年二月十日、十三日新加坡各绅商认附本公司股份清单,中国第一历史档案馆藏。

② 农工商部档,卷 282,光绪三十三年五月二十日徐锐函,中国第一历史档案馆藏。

③ 农工商部档,卷 282,光绪三十三年五月二十日徐锐函,中国第一历史档案馆藏。

④ 农工商部档,卷 282,光绪三十三年五月二十四日农工商部札,中国第一历史档案馆藏。

南洋招股失败多于成功。

清驻菲律宾总领事苏锐钊转述当地中华商务总会的信说:"徐道奉派抵吕,远涉重洋,有志劝募公司。各华侨关怀祖国,亦乐赞成其事。是以董事首行公议:若欲试办,不论多少,应自行认股,以为南洋各埠之倡,方不负徐道首途抵吕一行。至云二十余万之数,不过揣度公司成立后,如果办理妥善,确有利权,吕埠或可招至此数,抑或更多,亦未可定。却无人敢担任附认实数。"①也就是说,徐锐向清政府报告的结果尚未落实,仅仅不过是空头支票而已。

清驻新加坡总领事孙士鼎转述的马来亚槟城中华商务总会函也说:"华裔远涉南洋,无非为利起见。今为祖国之事,果能联合华侨,筹办公司,自是美举。但使本国总公司成立后,如章程妥善,确有实在利益,本埠或可凑集五十万元。""此不过揣度公司成立后之情形,非先担任附也。"②槟城华商的态度与菲律宾华商相似,都不是承担创建公司的责任,成为原始股东,而是要等待公司成立后再加入经营行列。这些表态,使徐锐所报告的成绩变为子虚乌有。实际上,真正能落实的只有新加坡一地。③

徐锐南洋招股的失败,与其匆忙行事、缺乏周密计划有关,也同当

①　农工商部档,卷282,光绪三十三年十月一日苏锐钊禀文,中国第一历史档案馆藏。

②　农工商部档,卷282,光绪三十三年六月二十九日孙士鼎呈文,中国第一历史档案馆藏。

③　农工商部档,卷282,蔡名英、吴世奇禀文附清单。其中,认购10000股的仅黄莆田一人,蔡名英、廖世芳、杨百福、林顺地、王绍经、朱子佩、林维芳认购5000股,谢锡荣、杨诗籍各认购3000股,吴世奇、张宗显、李鸣鹤、蓝镇平、张扶来各认购2000股,陈振声、郭克恭、林文庆、陈荣光、刘照青、林希颜、谢天细、黄和水、颜蕴玉、王名远、陈善习、陈积锦、邱和穆、颜晋春、曾兆南、谢有祥、黄江生、钟云飞各认购1000股,云崇本、钟炽南、赵允元、甘炳坤、梁廷勋、黄汉光、陈存良、李鸿星、刘春波、劳锡金、欧阳紫光各认购500股。

时国内一些官督商办企业经营不善有一定联系。对此,清驻槟榔屿代理副领事谢荣光评论道,徐锐的《中国振兴商务大公司节略》及其即席演讲,对于发行股票一事高度重视,详细地列出认股方式、股息红利发放办法、股东权益及董事会推举形式等等,但却"于银行、轮船、保险之如何设施,如何拣选专学,为主持营业之要素皆未之及"①。这是其失败的主要原因。

谢荣光说:"此间商人虽鲜专门名家之学,然于此项公益之条例性质有能明其大略、叩其关键者,(徐)皆不能对。于是商人始有窃议:其只知招股,不知办事。恐于商业前途之如何经营发达仍未能确有把握者。"当时人们便已经觉察到徐锐计划的欠缺,"然以该道系奉钧部札委来洋考察商务之员,不敢怠慢。是以商会总协理于众议认股之时,见群情不甚附和,遂权词担任。谓果能联络华侨,成兹美举。俟将来章程妥善、经理得人,则利之所在,当有踊跃附股者。届时虽五十万至百万之谱,或者可以代募。而今尚非其时也"②。

从谢氏的生动描述中,不难得知徐锐那些招股统计数多是由此而来。即使是海外华商中态度最积极的新加坡中华商务总会也意识到了这一点。蔡名英、吴世奇联名写给清农工商部的信便提道:"至于办事章程,因徐道赶赴他埠,一时忙迫,尚未妥订。近接来函,大约本年秋当再出洋……届时当与之切实拟订,以资办理。"③

在徐锐草拟的公司节略和招股简章中,没有任何一处涉及所募集资金的具体营运方案、盈利计划、总公司及分公司预算等等。只有一些

---

① 农工商部档,卷282,光绪三十三年六月二十二日谢荣光禀文,中国第一历史档案馆藏。

② 农工商部档,卷282,光绪三十三年六月二十二日谢荣光禀文,中国第一历史档案馆藏。

③ 农工商部档,卷282,光绪三十三年六月二十三日蔡名英、吴世奇禀文,中国第一历史档案馆藏。

大而无当的泛泛空谈和分红送股的许诺，对兴办大型企业来说，这样做实在太过儿戏，自然无法得到海外华商的普遍响应。

我们不妨看一成功之例。1880年代上海机器织布局募股时，该局首先在《申报》上刊载有关招股章程，公开介绍建厂计划和详细的预算方案，以及盈利方案、生产计划等等。从而能够取信于人，获得超额认购，甚至远在旧金山、新加坡、长崎、横滨的华商都予以认购。[①]

甲午战争后，"设厂自救"的社会思潮推动大批民间资本流向中国近代工商业。股份制的集资方式便于吸收社会上的闲散资金，集中创办大型企业。当时连许多思想保守的官僚也已经认识到这一点，譬如清驻英公使刘锡鸿即为一例。刘氏在《英轺私记》中写道："洋人每有创建，皆商民合凑股份，谓之曰公司。虽数千万金，不难克期而办。凡凿山开河，穷天究地，制造奇器，创置新埠，罔不恃此，所谓众擎易举也。""中朝兴建大事，辄须动用国帑，夫安得不自阻？"在他看来，商办企业应仿效西方股份制创建公司。但他同时又认为华商信用不佳，难以招股："欲效其公司所为，则又有不可强致者：欺诈之风，流行日甚矣。数人合伴以业商贾，资本或仅千百缗，尚非身亲注睇其间，犹辄为同伙攘窃去。况数千万金之重，谁则信之，而肯通力合作哉？"[②]作为保守派官员，刘锡鸿的议论未免偏颇。但华商那种害怕上当受骗的心态的确广泛存在，从菲律宾、马来亚华商对徐锐南洋招股的反应中，可以清楚地看出来。

总而言之，创办大型近代股份制企业，首先应有周密计划和切实可行的方案，而不是尚未开张便向准股东们宣扬未来分红的丰厚。画饼充饥注定要破产，徐锐南洋招股之行便是如此，其计划的失败可谓无可

---

① 《申报》，1880年10月3—17日。
② 刘锡鸿：《英轺私记》，长沙：岳麓书社，1986年，第62页。

避免。由于所筹资金到位率过低,徐的中国振兴商务大公司最终胎死腹中。

七、清政府与法属越南的华侨问题

华人移居越南,由来已久。历史上,这曾经是中越双方交涉的重要方面之一,宋以后便频频见于史书记载。然而,越南华侨成为中国与第三国交涉中的问题,还是在晚清中外关系发生根本性变化之际。

中法战争后,1885 年 6 月,李鸿章代表清政府在《中法会订越南条约》上签字,从而正式放弃了对越南的宗主权,承认越南为法国的"保护国"。正是从此开始,中法之间关于越南华侨的交涉成了晚清侨务的一个重要问题。

中法之间关于越南华侨的交涉,最初是围绕着法国征收华侨人头税的事件展开的。

光绪十二年二月,清驻法国公使许景澄向总理衙门报告:河内一名法国律师给他写信,说法国殖民地当局于 1885 年 12 月 12 日在越南颁布实施一个新的征税章程,其中规定自 1886 年 1 月 1 日起,除越南土著外,所有居住在越南的亚裔侨民一律要向法国殖民当局缴纳人头税,每人每年 30—300 法郎不等。[①] 由于居住在越南的亚裔侨民绝大多数系华人,这个章程显然是针对华侨的。因此,当地华侨极为不满,特意聘请该法国律师为之申诉。许景澄认为:"此项人税,法于本国不征,而征于所保护之国(指越南);又不征欧洲他国之人,而专征华人,未免意存偏苛。"[②]并且指出:中法条约首款便明文规定,华侨在越南应享有与当地人平等的权利。法国殖民当局此举公然违背条约义务,必须加以

---

① 中研院近代史研究所编:《中法越南交涉档》,台北:中研院,1962 年,第 3483—3484 页。

② 《中法越南交涉档》,第 3482—3483 页。

反击。于是他建议总理衙门正式发文派清驻法公使出面与法国交涉，以便废除这一歧视性规定。

越南华侨在推动许景澄采取积极行动上起了很大作用。他们上书清驻法公使馆说："中国工商在越多年，所输款项由越王颁定，并无格外苛派之事。现在法提督古尔西擅立工商税章，又定人税章程，凡一工一艺，无不输派……况所称亚细亚人税，实专指华民而言，他国之人无在越久住者。""是以在越华民，公议设法革除，以安生业。"①这是历史上越南华侨第一次向清政府呼吁求援，提出保护自身正当权益的要求，使驻法公使许景澄觉得不能置之不理。

值得注意的是，不仅越南华侨对此不满，就连身为法国人的律师李沙尔也深感不合理。所以他毅然应华侨之请，代他们向法国殖民当局交涉，同时直接吁请清政府给予支持。李沙尔认为：越南虽然已经沦为法国"保护国"，但是根据历年的法越条约，法国并未在越南获得征税的权利。即使在1885年的"保护"条约中，也没有明文准许法国在越南征收赋税；相反，却规定由越南国王（此时顺化阮氏王朝仍是名义上的统治者）行使征税权。因此，法国开征税收纯属越权行为。李氏还认为：依照1885年中法条约，华侨在越南的身家财产理应同当地人一道得到保障。而所谓亚裔人头税却专门针对华侨而设，违反了国际条约，所以华侨理所当然要求予以废除。此外，他还告诫许景澄："倘中国任听法国违约行事，则将来横逆扰害之事，不堪设想。"②正是李沙尔和越南华侨的一番恳切言辞，打动了身为清驻法公使的许景澄及其他清朝官员，使他们行动起来，力图为越南华侨争取应有的权益。

当时，许景澄对中法谈判的进展不甚了解，所以建议总理衙门乘中

---

① 《中法越南交涉档》，第3485—3486页。
② 《中法越南交涉档》，第3487页。

法通商新约尚未签订的机会,在谈判中讨价还价,以允许法国在中越边境通商贸易为条件,换取其在越南境内废除对华侨的歧视性法规的让步。① 3月5日,许氏得悉中法新约涉及越南问题部分即将完成谈判,便急电清中央政府,要求在最后时刻迫法方废除人头税等法规,以免贻误时机。许景澄认为:"彼族之利,固我之隐患也。征税偏苛,于约不合。正可藉此计论,示我有未尝忘越之心,俾之稍萌顾忌。"他还进一步建议在越南河内开设中国领事馆,由广西巡抚负责其人选,并接受清驻法公使的指令。他认为,这样"既为侨户羁縻,并可寄边陲之耳目"②。许氏还补充说,法国政府目前正急于同中国恢复友好关系,若因势利导与之谈判,可以达到建立领事馆和废除法国殖民当局对华侨苛征的人头税两个目的。如果行动稍微迟缓,恐怕法国又要另寻借口加以推脱。许景澄的想法固然言之成理,然而他对于形势的判断却并不正确:当时法国并不打算为与中国"修好"的目的作出任何让步。但不管怎样,许景澄在收到中法《越南边界通商章程》之前,就主动提出在越南设立领事馆的积极建议,不能不说他有先见之明。

长期以来,中越关系属于典型的东方封建制宗藩关系,并不是建立在相互平等的近代国际法基础上的外交关系。然而,1883年法越《顺化条约》签订后,越南沦为法国殖民地,中越关系从此发生根本性改变。对此,清政府一反常态,积极提出在越南派驻领事的问题与法国交涉。光绪十一年,中法条约在天津签字,该条约第5款不但规定法国可以在云南、广西派驻领事,也规定"中国亦得与法国商酌,在北圻各大城镇拣派领事官驻扎"③。这是中国政府首次在条约中提出在越南设立领事馆的要求。但这个条约对中国在越设领的规定很不具体,既无时间规

① 《中法越南交涉档》,第3483—3484页。
② 《中法越南交涉档》,第3497页。
③ 《中外旧约章汇编》,第1册,第468页。

定,又未明确设领地点,更重要的是加上了"与法国商酌"的前提。这样一来,法国可以种种借口加以推托,或者再提出各种附加条件讨价还价,对清政府设领护侨工作十分不利。所以在 1886 年谈判中,围绕设领问题,双方又有一番唇枪舌剑的交锋。法方在通商条约草案中提出,中国可以在河内、海防两地派驻领事,在保胜、谅山两处设立副领事,但"该领事及副领事应先领有法国给发之文凭,方能视事"①。总理衙门收到此文后,立即指令李鸿章予以修改。双方一再讨价还价后,李鸿章觉得"中国此时本不必多派领事,徒增耗费",于是略作让步,把约文改作"中国可在河内、海防二处设立领事官。随后与法国商酌,在北圻他处各大城镇派领事官驻扎"。李鸿章认为:"先在河内、海防二处设立领事,其余各大城镇随后商派,尚可操纵由我。"②的确,根据 1886 年中法《越南边界通商章程》,中国无须再谈判便可以在河内、海防派驻领事官员,将 1885 年条约中的设领权利推进了一步。

但清政府在越南设领之事却一波三折。

本来,按照 1886 年条约,中国已经拥有在河内、海防的设领权,而且已经将 1885 年条约中需要事先谈判才能具体开设领事馆的地域划在这两个城市以外的越南北部其余城镇。但法国却一再提出无理要求,坚持要在云南、广西两省省会开设法国领事馆,作为交换条件。清政府由于害怕此举引发其余西方大国对中国西南的掠夺狂潮,带来种种麻烦,所以决定从原有立场上退让。1887 年 6 月,总理衙门照会法国公使称:"按照前约,中国可在北圻各大城镇设立领事官。目前暂从缓设,应俟后两国查看该处地方情形,再行设立。"③从而放弃了已有的权利。清政府此时并未料到,这一"缓",居然使之永远不能在越南派驻

---

① 《清季外交史料》,卷 62。
② 《清季外交史料》,卷 65。
③ 《中法越南交涉档》,第 3789 页。

领事。

设领之议虽告搁浅，中法交涉仍在进行。

光绪十二年四月，总理衙门电告驻法公使许景澄，说征税之事，李鸿章曾经在谈判中力争，但法国始终不肯让步。希望许氏继续据理力争，以革除不合理的华侨人头税。① 许景澄接到指示后，随即开始了与法国外交部的正式谈判。

谈判之初，许景澄即要求法国无条件地废除歧视性的华侨人头税。然而法方则宣称依照中法条约，越南征税权属于法国殖民地当局。由于当时许氏尚未接到条约正式文本，无法加以反驳，只能暂时搁置。不久，许景澄收到该条约全文，发现其中规定：法国对待中国在越侨民，应与其他最惠国家的侨民一律。因此，人头税既然不对在越南的西方各国侨民征收，华侨自然也应予免征。"我所争者，非禁其征税也，乃责其异于优待之国也。"另一方面，他也清醒地知道，法国刚刚占领越南北部，殖民当局需要巨额军费应付开支，而从华侨人头税中获利颇丰，不会轻易放弃这个既得利益。所以许景澄建议总理衙门，如果谈判出现僵局，则以此作为边界通商的先决条件："彼虑商务稽阻，见责议院，得此耸动，必谋所以转圜。""万一彼之坚持如故，而商务因之暂宕，于我亦无所损碍。"②然而，软弱无能的清政府生怕再得罪法国，并未采纳许的建议。

许景澄在同法国外交部谈判的同时，还致信河内的法国律师李沙尔，一方面详细了解当地情形，另一方面要求李沙尔向当地华侨广为宣传清政府保护华侨的态度，以争取人心。7月份，李沙尔报告说，法国殖民地当局尚未在越南全面开征华侨人头税。他还自告奋勇，愿意为

① 《清季外交史料》，卷66。
② 《中法越南交涉档》，第3584—3585页。

华侨出面辩护："愚俟法国征至河内,然后代华民争讼,抗拒不纳。缘此事本非律例所当行,情理所可恕者。与之争论,出于公道,非拒官抗粮者可比。况条约律法具有明文,不难驳辩。"①另外,李沙尔还建议清政府从广东派官员前往越南,实地调查当地华侨情况,以便在同法国的谈判中据理力争。

同年 11 月,法国外交部又提出,若中国允许法国商人从越南贩运食盐至云南,并且从云南转运鸦片返越南,作为交换条件,法国可以同意裁减和免除越南华侨的人头税。对此,许景澄反驳说,法国的建议是中法条约明文禁止的行为;而华侨赋税应与西人一律则是条约明文规定的。以此做交易纯属漫天要价,中国政府绝对不能接受。② 于是,双方谈判陷入僵局。不久,许景澄离任回国,有关华侨人头税的谈判便被搁置起来。

自 1886 年 12 月中法关于越南华侨人头税的谈判中断以后,中国继任驻法公使刘瑞芬采取不闻不问的态度,使之一再拖延。直到薛福成走马上任,成为新一任驻法公使,才又旧话重提。

1891 年,薛福成致函总理衙门,要求重新与法国交涉华侨人头税问题,获得允许。但旋即被一系列"教案"所打断。直至 1892 年 3 月,薛福成才照会法国外长,重申中国的立场。在照会中,薛福成指出,法国在越南征收的亚裔人头税实际上大都出自越南华侨身上,这是人所共知的事实。此税对于中越两地的工商业有很大妨碍,对华侨尤其不公平,应当予以革除。他还说,这件事情拖延了五年之久,是由于清政府体谅以前法国尚未平定越南、财政支绌的缘故,也是清政府对法友好之举。现在越南局势已经安定下来,法国当局应将华侨人头税一概革

---

① 《中法越南交涉档》,第 3632—3633 页。该律师不久即被法国殖民当局驱逐出境,返回法国。参见同书,第 3678 页。

② 《中法越南交涉档》,第 3677—3678 页。

除，以苏民困。①

在另一篇呈文中，薛福成向总理衙门解释了自己的看法："华民寄寓越南三圻及柬埔寨等处者，约计三十万众；其丁壮之人，每岁所输身税约计二三十万两之多。苟能一律裁革，实于华民大有裨益。即使不能尽数免征，第能使法国减去一分之税，则华民即受一分之利。"②

对薛福成的照会，法国方面的反应极为冷淡。数月之后，才复照宣称正在筹办之中，以后又如石沉大海。因此，薛福成不得不于1893年3月再次照会法国外交部，要求法国政府作出响应。他说，人头税不仅对华侨有损，对法属越南的工商业亦得不偿失。因为当地工商业主要依靠华侨经营，税轻则成本低，百业兴旺，法国当局从中获利甚多。税重则成本高昂，百业凋零，法国自然也得不到什么好处。薛福成还说："况我华民勤苦耐劳，安分守法，尤非他国之人所可及者。以越南物产之饶，自然之利，所在皆是。苟得华民通力合作，必能日臻富庶，裨益良多。惟贵国必须薄其税敛，苏其困苦，方能有济。倘征收太重，财匮力竭，是自塞利源矣。试观南洋各属部，物阜民丰，商贾辐辏，皆赖华人经营之功，有以致之。其优待华民诸善政，有取法者。"③

从薛福成几个照会可以看出，他试图采取与前任许景澄不同的方式，措辞并不强硬，表面软化了许多。而实际上，薛福成是力图更多地从经济利益出发，晓之以理，使法国当局不至于感到有所损失，从而作出让步。

薛福成还指派驻法参赞庆常与法国外长德维勒进行谈判。1893年3月8日，谈判伊始，德维勒便胡搅蛮缠，提出热河教案赔款事情，并

① 《中法越南交涉档》，第3890—3891页。
② 《中法越南交涉档》，第3890页。
③ 《中法越南交涉档》，第3960—3962页。

宣称，法国不会舍应得之款，裁久设之税。庆常则针锋相对地回应道：该教案依据国际公法不应赔偿，而且"今日专为催讯身税而来"，其余的事情一律免谈。德维勒又称：以前许景澄虽然曾经交涉过华侨人头税问题，但是自从许离任后，一直无人过问，直到去年才由薛福成旧事重提。况且总理衙门同法国驻华公使谈判时从未提及此事，可见清政府对此并不介意。庆常加以反驳说，许景澄、薛福成都是奉总理衙门之命才开始交涉的，并非擅自行事。因为中法双方各有驻使，遇事由本国使节办理。中国办事不必另外告驻华公使，这是常有的事情，并不说明中国的态度如何。何况"中朝爱民如子，在远不遗。故虽远在秘鲁、譬如古巴，尚且不惜经费，设立领事，以资保护。况越南近在肘腋，地处邻封，断无不关切之理"。德维勒又宣称：法国殖民地官员意见尚不一致，"有愿招徕华民者，有愿限制华民者"，暗示法属越南并非急需大批华商经营当地工商业。又说华侨人头税是殖民当局主要收入来源之一，为支付目前庞大军费，此税不能不征收。庆常指出："主限制者，无非拾美国绪余，以种恶习。殊不知南洋一带生发之利，皆华民经营之功。限制华民实自限生发之路，于华人有损，于地方亦有损。"所以法国应当舍眼前小利，图今后长远大利。何况若无中国协助，双方边界不会这样相安无事，仅此一项就为法国节省了相当于好几倍华侨人头税收入的军费。德维勒又摆出一副越南人民代言人的模样，说什么若裁去华侨人头税，华人将大批涌入越南，争抢越人生计。"故此事不特有关饷源，抑且有关越民生计。"庆常反驳道："华民有华民之事业，越民有越民之生计，本不相妨。""华越之人，相处合恰，各安生业，已千百年于兹矣。"正是法国对越南的殖民侵略，才破坏了中越人民间传统的友好往来。法国政府若真想发展当地经济，就不应当歧视华侨。最后，德维勒理屈词穷，又重提教案问题，并宣称，法国公使在北京无论办什么事情都会受到阻挠,一事无成,所以对清朝使节提出的要求,法国也不能答应。① 至此,双方的会谈不欢而散。

不久,双方进行第二轮谈判。此次谈判时,法国外长德维勒转而要求清政府予以回报。德维勒宣称:双方交涉事件甚多,如果法国允许减免华侨人头税,而中国政府不予回报或许任何其它承诺,"则本国议院及政府诸公,将谓本大臣受贵代理之欺,彼此皆有不便"。这种要挟,实质上同当年法国外交部与许景澄谈判时的立场如出一辙,作为驻法公使馆临时代办的庆常当然不会答应。庆常表示:"本代理所办者,系薛大臣奉总署吩咐之事。本代理既奉上司之命,自应不遗余力,以求必成。若谓办成此事,将来贵国有求必应,此断不敢妄言者。"②法国方面一再坚持只有清政府给予"补偿",才能考虑裁减华侨人头税,企图从这方面得到更多的在华权益。双方各自寸步不让,使得第二次谈判又告搁浅。

法国政府一面要求清政府有所回报,一面又故作退让姿态,以争取改变谈判中的被动地位。3月18日,法外长德维勒照会清驻法公使薛福成,称法国政府十分关心华侨人头税问题,并已经下令调查处理。还说,法国殖民当局已有所行动,其证明是1890年5月,法属越南总督颁布的新征税法。新法规定:华商进入越南的最初两个月内可以免除一切赋税,超过这个期限则按照常住华侨一律征税。实际上,这根本不是对越南华侨的优待,只是对境外华商入越从事短期进出口贸易的管理。华侨人头税本身是计年征收的,短期入境商人在征税范围之外本属正常,谈不上是什么"友好表示"。所以薛福成在4月又派庆常会晤法国外长。庆常说:"(华商)两月之内免征一切赋税,固是通融之美意。但

---

① 《中法越南交涉档》,第3955—3960页。
② 《中法越南交涉档》,第3955—3960页。

华商华工等前往越南,或数载,或久居,岂此两月之久? 况所言者华商,而不及华工;名为免税,实无真正利益。"①此语的确击中法方要害。但法国方面仍旧重弹老调,要求清政府在其他方面作出更大让步,方才同意免去华侨人头税。为此,薛福成致电总理衙门:"华商赴越南北圻,往来限两个月免征内地赋税,为期太促。因饬代理使务驻法参赞庆常往法外部再与理论,须将身税一项全行裁革,以苏民困。"②由于双方在谈判中各执己见,互不相让,第三轮谈判再次破裂。

1892年至1893年间的中法交涉,因法国顽固坚持殖民主义立场而未能取得任何进展。在薛福成任满回国后,几位继任驻法公使龚照瑗、庆常、裕庚等在华侨人头税问题上均未采取任何行动。直到10年后,孙宝琦出使法国,才又重开谈判。

在这10年中,曾经有过一个小小的插曲。1895年,法国就越南华侨设行规抵制法国商人之事与清政府进行交涉,希望清政府加以干预。清总理衙门借机重提在越南设立领事馆的要求,说中国政府无法管制国外华商,"必须设有中国领事,方足以约束华商"。按照1886年中法条约,清政府可以在河内、海防派驻领事。"是河内、海防设立领事,实为今日当务之急。"法国政府理应依此条约"准中国在河内、海防设立领事官,庶中法商务两有裨益"③。然而,法国驻华公使并不买账,复照称此事已经于1887年换文中解决,无庸再议。也就是说,当年清政府自己提出缓设领事,如欲改变,法国就要以原先在云南、广西两省设领作为交换条件。这样一来,总理衙门立即偃旗息鼓,"急务"又成"缓务"。

1903年,孙宝琦走马上任即上奏清廷,说使节最重要的职责,就是保护本国的海外商人。而法属印度支那的西贡、河内、海防等地有大量

---

① 《中法越南交涉档》,第3975—3976页。
② 《中法越南交涉档》,第3974页。
③ 《中法越南交涉档》,第4220页。

华商,应该尽快设立领事馆。① 在另一篇奏章中,孙又报告清廷:越南现有华商、华工十余万人,因一向没有中国领事的保护,所以法国对他们征以种种苛税,必须设法革除。1905 年,日俄战争结束,法国殖民当局担心日本进一步向越南扩展势力,更担心日本联华反法,所以采取某些对华"亲善"姿态,宣称华侨免税事宜交由法印度支那总督决定,"政府决无阻挠"。孙宝琦对此信以为真,派道员严琚等前往越南,会晤法国总督,"催询此事,以期必成"。② 但实际上,法国方面毫无诚意,交涉毫无成果。在孙宝琦一再催问下,法国外交部照会称:华侨人头税现在改为注册税,因为越南北圻与中国交界,会党活动频繁,必须严格查验入越者身份,"否则,贵国匪类将以我地为渊薮,托庇煽乱为贵国患",并声称征华侨人头税并不违反 1882 年中法条约的规定。又说"现中印度(即印度支那)总督拟稍示通融:凡华民在未垦地方从事农业,于二世、三世之后,不复有回国思想者,可酌量免其注册税"。显然,这种所谓"通融"只不过是想利用华侨为法属殖民地开垦更多荒地而已。孙宝琦接此照会后,极为失望,致函外务部云:"本大臣才望浅薄,不能使就我范围,为吾华侨民脱离苦厄。本大臣实深悚疚。"③

是年底,驻法参赞刘士训升任公使,继续与法国政府交涉越南华侨问题。当时,奉命访问越南调查的清朝官员严琚等回国,向商部报告了当地情况,并建议尽快依据中法条约,在越南华侨众多的海防、西贡设立领事馆。商部对此颇为赞成,提请刘士训加紧办理设领和减免华侨人头税事宜。④

严琚和商部的态度促使刘士训加快了行动。由于清外务部态度暖

---

① 《清季外交史料》,卷 174。
② 军机处录副奏折,卷 1137,中国第一历史档案馆藏。
③ 外务部档·侨务招工类,卷 3045,中国第一历史档案馆藏。
④ 外务部档·侨务招工类,卷 3043,中国第一历史档案馆藏。

昧,故刘首先催促后者表态。1906 年 8 月,外务部正式表态说,中法条约虽然已经给予中国政府在越南设领之权,但在河内、海防设领必须以法国在昆明、桂林设领为交换条件。"至南圻之西贡,条约并无准设之文。本部曾与法使商及,窥其意,欲以滇省土药自越境转运为抵换之利益。因此往返磋商,未能实行。惟西贡一埠,商务亦极繁盛,且各国均设立领事,似无独阻我设之理。"①这一次,清外务部吸取以前经验,避难从易,提议先设立西贡领事馆,而把河内、海防设领要求暂时搁置起来,使法方不能像 1895 年那样一口拒绝。

刘士训旋即至法国外交部谈判,要求在西贡开设中国领事馆以保护侨民。但法外长以需查实办理为借口,拖延下来。

值得注意的是,这一时期,两广、云南等沿边省份地方官表现出对越南华侨异乎寻常的关切。1907 年 4 月,前任闽浙总督丁振铎上奏清廷,说华人在越南"转徙所至,无改乡音,类聚以方,自为风气。亦能建会馆、设学堂,骎骎乎有内地规模焉。惟宾主情形,难保无歧视。征敛颇重,尤虑繁苛。一采问及之,而不禁怦然心动"。另外,丁氏还提醒道,滇越铁路已深入云南,接踵而来的交涉关系重大,"是领事之设,诚有不容缓者"。他又建议派遣的领事与云南总督直接联系办事,同时也报请驻法公使备案,"似此略为变通,方足以收实效"②。

清廷下令外务部办理。外务部便于 1907 年 5 月正式向法国外交部提出新建议:在河内设领兼顾海防,将原约中的海防领事馆改设于西贡③,但法国政府拒绝接受。

同年 12 月,两广总督张人骏也致电清外务部,催促尽快在越南设领。当时,孙中山领导的革命党武装屡次在中越边界发动起义,使清政

① 外务部档·侨务招工类,卷 3043,中国第一历史档案馆藏。
② 外务部档·侨务招工类,卷 1130,中国第一历史档案馆藏。
③ 外务部档·侨务招工类,卷 3043,中国第一历史档案馆藏。

府深感不安,决定尽快与法国达成设领协议。张人骏更是迫不及待,唯恐远水难救近火,建议先由广东派员驻越,"专查边匪接济械饷等事";若日后达成协议,再由外务部正式决定领事人选。①

1907年12月,农工商部侍郎杨士琦等出国考察南洋华侨商业。回国后,他在1908年4月上奏,力促在西贡、海防开设中国领事馆。杨士琦说:对越南华侨,"法人并不照约优待,税敛奇重,苛例日新,视我华人几同鱼肉。该埠商会学堂至今未立,始非积威所压,团体不能遽成。默察情形,设领一层似难再缓"②。

广西巡抚张鸣岐也在6月上奏云:法国在越南,"法令之苛,日甚一日。于中国商民虐待尤甚,征收身税更较越民为重"。"小民无知,每致冤惨抑郁,告吁无门,则惟归怨于朝廷保护之不力。故孙文逆党得以乘机蛊惑,摭拾谬说,煽乱人心。在侨民人等,日居水深火热之中,无可呼号。因而一闻革命之言,昏瞀沉迷,如中狂毒,不复知为悖逆,亦不暇辨其邪正。甚或敛聚资财,相济为乱。统计海防、河内等处,侨民不下万余,大半附于逆党。人心如此,实事势之大忧。更恐积渐既深,影响及于内地。则后来之事,愈不堪问。"可见他主张设立领事馆的目的,主要是与革命党人争夺海外华侨。张鸣岐又说,革命党人已经在河内、海防设立了据点,而法国殖民当局对此不闻不问。所以,清政府必须尽快派设驻河内、海防的领事。对法方的无理要求,张氏亦指其谬:"滇省法国领事虽未设立。而驻扎蒙自之领事时在省城居住,实与已设无异。桂林省城并非通商口岸,法国亦无商务。"③

这一时期,清政府交替在北京和巴黎与法国谈判设领事宜,但都被法国方面以种种借口拖延下来,华侨人头税的交涉更是毫无进展。

---

① 外务部档·侨务招工类,卷3043,中国第一历史档案馆藏。
② 军机处录副奏折,卷1541,中国第一历史档案馆藏。
③ 朱批奏折·外交类,卷291,中国第一历史档案馆藏。

直到宣统年间,中法关于越南华侨的交涉仍在时紧时松的情形下进行。

1909年4月,在办理"滇路案"时,清外务部致电刘士训,令其同时与法国谈判设领事宜,以作补偿。于是,刘士训又开始新一轮的谈判,目标集中在设领方面,而将华侨人头税问题放到一边。

是年7月,清驻新加坡总领事向农工商部报告说,越南革命党人正极力破坏清政府"钦定"的越南华侨商会,"若不速设领事维持保护,功将中败,实于华侨商务大有伤害"。农工商部一面转催外务部加紧谈判设领,一面上奏朝廷,力陈其中的利害关系。① 闽浙总督松寿也致电外务部,称越南闽侨最多,"内向"之心殷切,而受法国殖民者苛待,"情形至为可悯"。要求外务部出面干预,并设法除去华侨人头税。② 在清政府多次交涉并作出一些让步的背景下,1909年末至1910年初,设领谈判终于露出一线曙光。

1909年12月,驻法公使刘士训向清政府报告谈判结果:法国允许中国在越南开设领事馆,条件是:1. 了结滇路赔偿款;2. 将昆明开辟为通商口岸。刘说:"观外部语气,设领一事,我若坚持,彼必松动。"③不久,法国驻华公使在清政府赔偿20万两白银作为滇路损失款后,照会清政府外务部称:"河内设领,甚愿速既商定,不再拖延。"④清政府大感满意。尽管如此,双方的谈判仍迟迟未能达成最后协议。很快,武昌起义爆发,清政府在越南设领的愿望宣告彻底破灭。

综上所述,晚清中法交涉中的越南华侨问题,主要是华侨人头税和

---

① 外务部档·侨务招工类,卷3043,中国第一历史档案馆藏。
② 外务部档·侨务招工类,卷3045,中国第一历史档案馆藏。
③ 外务部档·侨务招工类,卷3043,中国第一历史档案馆藏。
④ 《清宣统朝外交史料》,卷12。

中国在越南设领等问题。从根本上说,这些问题的出现,是由于法国在越南推行殖民主义扩张政策的结果。正因为如此,法国殖民者不愿意放弃其一丝一毫的既得利益,无论涉及利权(人头税)还是法权(设领),这也就是中法交涉数十年毫无结果的症结所在。

在中法越南华侨问题的交涉中,驻外使节起了最主要的作用。反映出清政府的高级官员中,对保护海外侨民的态度已经有了巨大的转变。许景澄、薛福成、刘士训等人为解决越南华侨问题奔走呼号,不畏强权,据理力争,可谓尽职尽责。也正是他们,推动了整个清政府外交机构对此采取积极态度。

然而,也应指出,并非所有外交官员都能这样做。刘瑞芬、龚照瑗、裕庚等人,在越南华侨问题上漠然处之,噤若寒蝉,说明统治阶层在接受急剧变化的外交观念上存在巨大的差异。即便是同一人,处在不同的地位上,也会有极其不同的表现。例如庆常,在任驻法国参赞时,曾经奉公使之命与法国交涉,有过一番激烈交锋。然而在升任公使后,却无声无息了,与从前的表现判若两人。与经历相似的刘士训相比,更有天壤之别。

晚清沿海地方官和商部(农工商部)在护侨问题上,也曾经起了积极作用,但二者也有区别。商部的出发点是企图吸引华侨资本,因而多考虑保护海外华商。而地方官中,有相当多的人是从本地区安全和利益出发,力图控制海外侨民。与其说他们是为了护侨,不如说是为了"防侨"。

第二章 近现代东南亚华侨华人社会

一、马六甲青云亭研究

青云亭是马来西亚最古老的华人寺庙，1673 年建于马六甲，创建人系当时的华人甲必丹郑芳扬（1632—1677）等①，《敬修青云亭序》写道："粤稽我亭，自明季间，郑、李二公南行，悬车于斯，德尊望重，为世所钦，上人推为民牧。于龙飞癸丑岁（即 1673 年），始建此亭。"②

关于该亭的命名，1801 年《重兴云亭碑记》云："青云亭何为而作也？盖自吾侪行货为商，不惮逾河蹈海来游此邦，争希陶猗，其志可谓高矣。而所赖清晏呈祥，得占大川利涉者，莫非神佛有默佑焉，此亭之兴所由来矣……而亭之名，以励人之志。吾想夫通货积财，应自始有而臻富，有莫大之崇高，有凌霄直上之势，如青云之得路焉。获利固无慊于得名也。故额斯亭曰青云亭。"③1894 年《重修青云亭碑》亦云："亭以青云名，意有在也。想其青眼旷观，随在寻声救苦，慈云远被，到处拯厄扶危，而因以取之乎。"④

从青云亭建成风格和内部陈设来看，它是以祀奉观世音菩萨为主的佛寺。所谓"青云亭为开基佛刹"⑤，"夫亭之兴，以表佛之灵"⑥云

---

① 参阅［日］比野丈夫：《马六甲华人甲必丹的源流》，《东南亚研究》1969 年第 6 卷第 5 号，东京；C. S. Wong, "A Gallery of Chinese Kapitans", 1963, Singapore, p1；［德］傅吾康（Wolfgang Franke）、陈铁凡合编：《马来西亚华文碑铭萃编》，卷 1，吉隆坡：马来亚大学出版社，1982 年，第 247、369 页。

② 《马来西亚华文碑铭萃编》，卷 1，第 245 页。"郑、李二公"即郑芳扬、李为经。

③ 《马来西亚华文碑铭萃编》，卷 1，第 238 页。

④ 《马来西亚华文碑铭萃编》，卷 1，第 259 页。

⑤ ［德］傅吾康所藏影印件：《呷国青云亭条规簿》。本文承蒙德国教授傅吾康指正并提供有关资料，在此谨致谢意。

⑥ 《马来西亚华文碑铭萃编》，卷 1，第 238 页。

云。亭内正殿高悬的 1809 年华人甲必丹曾有亮立之"观世自在"一匾①,与莲花宝座相映,使青云亭披上"佛祖"的神秘光环。

但青云亭中也杂有众多佛教以外的神灵崇拜偶像,如"大众爷"(土地神)、"大伯公"(福德正神)、"三宝公"(郑和)、"关帝"(关羽)、孔子等等,同时供养大量华人祖先的牌位。它们与"观音佛祖列圣尊神"②共处一寺,相安无事,显示出典型的华人民间宗教特色。这种神人相安的泛神崇拜,目的在于使当地华人有一共同治丧祭奠、求神问卜的场所。正如 1867 年《重修青云亭碑记》所说:"俾我呷人(指马六甲华人),春秋享祀,朝夕祈求。农安陇亩,贾安市廛,千祥云集,百福骈臻。此青云亭之所由昉也。"③故此寺以观音为主神而又不称作观音寺,是有一定道理的。

办理华人丧葬和清明祭祀,是青云亭及其属下各华人寺庙的主要活动之一。在青云亭条规中,关于治丧的条文多达三分之一。此外,还有同治元年和光绪二十七年制订的《本亭和尚作佛事规例》。每年,在全部青云亭"公项开支"中,丧葬、祭祀的费用甚巨。尤其值得注意的是,青云亭对于"犯我华人之例"的处罚,主要也就是:"一、革出华人之籍,不准入亭拜神;二、如有风水在三宝井山,不准伊葬之,或其亲属俱不得进葬。当在风水部批明,将其风水归入充公,以为众人应用;三、在新冢山日落洞,或不得准他进葬,或其家人、童子均不准葬。"④可见丧葬、祭奠等活动所占比重甚大。

此外,青云亭还办有义学及慈善机构——同善堂,每年均拨专款

---

① 《马来西亚华文碑铭萃编》,卷 1,第 239 页。
② 《马来西亚华文碑铭萃编》,卷 1,第 256 页。
③ 《马来西亚华文碑铭萃编》,卷 1,第 256 页。
④ 《呷国青云亭条规簿》。

"给助男妇诸老人"①,借以维系华人社会,保持固有的儒家传统文化。

1511年,葡萄牙侵占马六甲后,为便于统治当地人民,设立了甲必丹制度,任命马、华、印等各民族首领为甲必丹,作为殖民当局的基层官吏,以便分而治之。1641年荷兰从葡萄牙手中夺取马六甲,沿用了甲必丹制度。在长期的甲必丹制度下,华人甲必丹实际上成为当地华人社会领袖。1824年,马六甲落入英国之手,不久,甲必丹制度被废。②为此,当地华人推举侨领任青云亭亭主,以替代原有的甲必丹,处理"不论大小"的"华人之事"。③青云亭条规开宗明义地写道:"原夫兰城(即马六甲)青云亭,凡事掌之,皆由甲必丹。盖甲必丹之名,是由和兰(荷兰)赐爵所以立也。迨旗号既更,政归大英,则革旧律而鼎新法,乃尽去各色人甲必丹,遂致有缺乡党之长。凡排难解纷,宁人息事,将谁为之主宰耶? 于是我先辈诸公立长以主之,咸为尊称,号曰亭主。所谓官有正条,民有私约者,此也。"可见亭主实为变相之华人甲必丹。

17世纪中叶郑芳扬出任甲必丹后,为更好地将马六甲全体华人团聚在一起,他创建了青云亭,把它既作为举行各种宗教仪式的场所,又作为华人社会活动中心。此后,历任华人甲必丹和青云亭亭主都以青云亭为办公场所,使之具有华人社区"公堂"的性质。正因为如此,后人盛赞郑芳扬"开基呷国(马六甲)","善政早播于闾阎,芳名久载于史册"④。

青云亭的出现,在马华社会史上有重大意义,在数百年荷英殖民时

---

① 《呷国青云亭条规簿》。

② C. S. Wong, op. cit., pp. 1-8;[日]比野丈夫:《马六甲华人甲必丹的源流》,《东南亚研究》1969年第6卷第5号;R. Cardon, "portuguese Malacca", JMBRAS, XII, 1934.8;[日]今堀诚二:《马来亚华人社会之史的研究》,《南洋文摘》1969年第10卷第12期。

③ 《呷国青云亭条规簿》。

④ 《奉祀郑芳扬禄位牌》,《马来西亚华文碑铭萃编》,卷1,第247页。

代,它成为维系马华社会的纽带,促进了华人社会的稳定与发展。

1619 年荷兰在印尼巴达维亚首次设立华人甲必丹,规定:"(甲必丹)有处理民事之权,并负有将重大罪犯移交于荷兰当局审理之义务。"①马六甲华人甲必丹亦大略如是。在甲必丹制度下,荷兰当局予华人一定的自治权。身为侨领的华人甲必丹为殖民政府的下级官吏,负责维持社会秩序,解决华人内部民事纠纷与较轻的刑事案件,发展华人公益事业。其办事所依主要是华人中的乡规民约和传统习惯,即所谓"率由旧章,遵先人之道"②。虽然华人甲必丹和青云亭亭主有政府任命与"众人推举"的差异,但实际上二者的活动都主要代表马六甲华人的利益,并不断为华人争取应有权益。

历代华人甲必丹为马华社会的安定和发展作出了很大贡献,在青云亭碑刻中,这方面的记载俯拾皆是:"郑、李二公初莅呷政也,化行俗美,家室和平,讴歌弗厌,讼狱无闻。"③"(李为经)悬车此国,领袖澄清,保障著勋,斯土是庆;抚绥宽慈,饥溺是兢;捐金置地,泽及幽冥。"④"我人之流寓于甲也,或善贾而囊空,(曾其禄)则资之财;或务衣而室馨,则劝之力;或赌博而忘友,则设禁为之防;或死农而无依,则买山为之葬。"⑤他们还慷慨解囊,兴办华人公共事业。继甲必丹李为经捐三宝山为华人公墓后,甲必丹蔡士章又建三宝山祠坛及宝山亭。他们还捐出自己的部分动产与不动产作为青云亭公共产业,用于华人社会的福利、教育事业。

---

① [日]今堀诚二:《马六甲华侨商业基尔特体制》,《南洋文摘》1969 年第 10 卷第 6 期;C. S. Wong, op. cit., p2, pp. 39-40.

② 《呷国青云亭条规簿》。

③ 《薛文舟纪梦立李仲坚神位碑》,《马来西亚华文碑铭萃编》,卷 1,第 249 页。

④ 《甲必丹李公颂德碑》,《马来西亚华文碑铭萃编》,卷 1,第 223 页。

⑤ 《曾公颂德碑》,《马来西亚华文碑铭萃编》,卷 1,第 228 页。

甲必丹制度废弃后,"素抱大志"的梁美吉"殖货财而追猎猗顿,数分金以效叔牙","拯弱扶孱"、"排难解纷",受到华人广泛拥护,"童叟怀其豪侠,士商服其才干,咸以亭主推之"。[①] 从此青云亭亭主取代甲必丹而成为华人社会领袖,青云亭则变成一种特殊形式的华人自治机构,在马六甲华人社会中起了举足轻重的作用。

青云亭亭主制度延续近百年之久,其间先后共有 6 位华人出任亭主,直至 1915 年被殖民当局予以取缔。历任亭主积极促进华人社会的团结和发展,促进华人工商业、农业的繁荣,举办各种公益事业,深受广大华人爱戴。他们还捐献大笔金钱用于公众事业,如建亭寺、办义学、开公冢等等。[②] 作为华人公推侨领,亭主地位始终未得到英国殖民当局的承认,但他们仍不断为维护华人正当权益而与之抗争。通过多次交涉和斗争,更重要的是由于广大华人强有力的支持,亭主事实上取得了原先华人甲必丹的权力和地位,成为马六甲华人社会中的"乡党之长",青云亭也继续作为华人公堂和社会活动的中心,发挥着它的作用。

在长期演变的过程中,青云亭实际上成为华人自治机构。甲必丹制度废除后,青云亭逐步形成较严密的组织系统,维系着当地华人社会。

日本学者今堀诚二认为:青云亭是马六甲"商业基尔特的公所","当英国殖民地时代,商业基尔特是华人社会的权力机关。董事是商业基尔特的主体,亭主不过是其中之一员。事务处中,有总理以下之职员分担事务","组织系统是亭主、副亭主——大董事、副董事——大总理、

---

① 《马来西亚华文碑铭萃编》,卷 1,第 250 页。
② 《马来西亚华文碑铭萃编》,卷 1,第 268—269、303、256、264、259、361 页。

副总理——信士”，云云。①

　　然考青云亭诸碑，有“今斯亭也，历年多而为日久，风摇雨漂……幸有陈君巨川，继为亭主，首董厥事。于是酌议通坡，再为润饰。爰金举董事，总理人等，自捐多金，以励众志”②。“(蔡锡胤)见夫宝山亭瓦桷就萎……爰请亭主陈笃恭之命，同堂恭议，金举董事李桂林、蔡锡胤，鼎力捐题，重兴修葺。”③清华宫碑文亦称：“兹缘千冬境土，僻处荒疆，曩日有崇神像，今兹未建宫庭……今幸薛文仲、陈坤水等兴念及此，愿为董事，义举首倡。”④题款有“董事”薛文仲、陈坤水，“总理”陈国朝、杨玉泉、亭主薛佛记等。由此可见，所谓董事、总理等，并非青云亭常设职役，只是为举办某项特别事务而推选的临时主持人，且多与公众捐款相关。因此，董事、总理数量无一定之规，并常同青云亭机构有部分重合，由亭主等首领出任。⑤ 依今堀诚二的说法，很难解释这种一身兼二任的现象。

　　据《呷国青云亭条规簿》等史料，我们认为，青云亭权力结构的模式为亭主——副亭主——四大理事——里长——炉主。亭主、副亭主各1人，四大理事4人，大理公项2人，总巡1人，财副1人，总管1人，管银1人。下设各街区里长及各附属寺庙(宝山亭、清华宫等)的炉主、头家若干人。

　　青云亭亭主系马六甲华人社会的最高首领，通常由当地享有厚望

---

① ［日］今堀诚二：《马六甲华侨商业基尔特体制》，《南洋文摘》1969 年第 10 卷第 6 期。

② 《马来西亚华文碑铭萃编》，卷 1，第 228—303 页。

③ 《马来西亚华文碑铭萃编》，卷 1，第 228—303 页。

④ 《马来西亚华文碑铭萃编》，卷 1，第 228—303 页。

⑤ 如亭主陈笃恭又为“大董事”，李庆烈既是“信士首”，又任“大理事”；蔡锡胤既认“大董事”，又兼“大总理”等等。见《马来西亚华文碑铭萃编》，卷 1，第 256—259、281 页诸碑文。

的大族出任,在亭主制实行的近百年中,亭主为薛、梁、陈三姓所垄断,
而他们之间又通过联姻结合在一起。① 此外,薛、陈二姓亦多任副亭主
及四大理事等高级职位。

在青云亭各级头人中,副亭主、四大理事、大理公项、总巡亦为高级
公职人员。而总管、财副、管银、炉主、头家则不属头人之列。

副亭主在亭主之下负责全马华人事务:"凡青云亭公事以及呷中我
华人之事,不论大小诸务,副亭主须当照拂办理,以代亭主办事。"②

四大理事在副亭主之下处理"青云亭以及呷中我诸华人之事"。四
大理事每年由一人轮值,"若轮着其掌理之年,凡有应办之公事,务宜进
前办理,不得推诿"③。

总巡类似住持,其权限不逾青云亭一寺:"凡亭内之事,总巡合应逐
日巡顾。若是和尚及亭内之伴或有不宜之事,或抑何务,当责则责,当
嫌则嫌;倘其不听从者,即可向亭主或副亭主、四大理(事)相酌,思妥法
落,不可置之度外。"④

大理公项掌管青云亭财政。财副、管银系其助手,相当于会计、出

---

① 青云亭历任亭主及相互关系表

姓名	任职年限	关系
梁美吉	1824—1839	薛佛记姐夫
薛佛记	1839—1847	
陈金声	1847—1864	薛佛记姻亲
陈宪章	1864—1884	陈金声子、薛佛记女婿
陈笃恭	1884—1893	陈宪章弟
陈敏政	1893—1915	陈宪章子

② 《呷国青云亭条规簿》。
③ 《呷国青云亭条规簿》。
④ 《呷国青云亭条规簿》。

纳。总理为青云亭总务负责人,处理一般事务性工作。这些人员中,财副、管银、总管均为一般事务人员,列于"诸头人"之处,但财副可任职终身。

里长负责各街区华人事务,其数不定,大致依各地华人居民的数量而设置,是青云亭系统中的基层常设"官员"。"诸理(里)长倘是其乡党人等有事,不论大小情务,理宜排难解纷。""倘办不直,方可引到副亭主并四大理(事)面前判断,以期争事休息……如仍不直,即可引到亭主面前。"①当时,马六甲各华人聚居区都设有里长。

炉主、头家系青云亭下属各华人寺庙主管,任期一年。在每年农历九月初一前后由当地华人抽签决定其人选,各寺设炉主1人,头家若干人,负责主持各寺庙宗教活动并掌理各寺庙的开支。他们均不在"头人"之列。②

根据青云亭条规,里长以上各级头人均可终身任职。长期以来,青云亭管理机构及其人员变动甚小,具有高度稳定性,从而提高了头人们的威信,强化了他们的权势。

虽然青云亭头人是无俸薪的民选官吏,但因出任头人可提高自身社会地位,又能在丧葬祭祀等方面享有某些特权③,故许多人往往一任终身。但亦不乏"就原职告老"者,如四大理事陈温昌、陈若锦,里长王庆云、杨金让等。④ 各级头人死亡或"告老"后,照例由低一级的头人递补,然后由亭主挑选合适之人补其空缺。⑤

---

① 《呷国青云亭条规簿》。
② 《呷国青云亭条规簿》。
③ 《呷国青云亭条规簿》。
④ 《呷国青云亭条规簿》。
⑤ 据《呷国青云亭条规簿》的记载,如四大理事之一陈若锦"告老"后,里长薛祈安即"升任四大理事之职";大理公项陈思忠死,里长杨镇海亦"升大理公项之职",等等。见《呷国青云亭条规簿》。

综上所述,青云亭实为马六甲华人的社会自治机构。它以青云亭为中心,建立了一个相当完善的基层民政组织,用传统的力量将华人社会诸方面置于其控制之下。马六甲各华人寺庙即"各宫庙神明、冢亭、本境绍兰,并各地头大伯公(庙)"①也基本上被纳入青云亭系统,在财政、管理和人事等方面与青云亭有直接联系。

青云亭拥有数额颇巨的公共产业,包括动产(现金等)和不动产(庙宇及房地产)。其房地产遍布马六甲城,甚至远达新加坡。② 其房租收入占岁入总额 95.5%。③ 此外尚有土地出租和借贷的经营。因此,青云亭又具有某种实业的意义,并非单纯消费性宗教团体或行政机构。

青云亭公共产业来自历年华人的捐赠。这方面,历代甲必丹和亭主尤为突出,他们不但捐建寺院和公墓,还常常"捐金置地",作为青云亭公共财产。上文说过,青云亭是个众神杂处的华人寺庙,其中设有大量华人祖先的牌位、禄位。而设牌位于寺以祭者,须付出一定代价,这是青云亭寺产重要来源之一。《李士坚配享木牌文》谓:"兹有蔡文清官……爰请年长眷戚,公议遵循旧典,原有配享之事,议将考妣神位配入青云亭内,与曾六官同龛祭祀。拔出厝壹座,并公班衙厝字一纸,交值年炉主充公为业,住址和兰街。"④《邱兴隆配享木牌文》曰:"余将外祖二位神主,配入青云亭内,与曾讳六官同龛。即备出呷钱壹仟文银盾,充公为业。"⑤不但一般华人如此,甲必丹和亭主亦无例外。《蔡士章奉

---

① 《呷国青云亭条规簿》。

② 《呷国青云亭条规簿》。

③ 《呷国青云亭条规簿》。

④ 《马来西亚华文碑铭萃编》,卷1,第241页。按人名后加"官"字系闽人时尚,道光《厦门志》卷15:"闽俗,呼人曰郎,呼公子公孙曰舍,呼有体面者曰官。"碑文中"厝"即房屋,"厝字一纸"系房契;"公班衙"为 Company(公司),指当时马六甲殖民当局——英国东印度公司。

⑤ 《马来西亚华文碑铭萃编》,卷1,第244页。

献市厝碑》云："(宝山)亭之兴,由我首倡,亦赖诸商民努力捐资共成其事。兹幸呷中耆老,及众庶等归功于余,立禄位于亭之右,此事诚为美举,第思创于始者,恐难继于终,于是以为长久之计,预备呷钱壹仟文,至厝壹座于把虱街,配在冢亭。"①1846 年亭主薛佛记为前代华人甲必丹郑芳扬、李为经、曾其禄等立牌位,亦纳款 400 元。②

　　如果说上述形式的捐赠有很大程度的强迫意味,那么以"还愿"等形式自愿捐献者亦不在少数。这些人多是有一定资本的工商业者,因在经营中获利,所以往往一掷千金:"弟子许永占初承锡商,经在案前许下萌分,议知同人,俱皆欣从。数年来,获得美利……爰集同人会计。自丙午年自壬子春,合得利大银一千六百元,即将此银建置厝屋,交亭主逐年收税,以为佛前香灯之需。"③"兹信士陈温源言:念襄年曾办佛祖座前恳投一愿,果梦神光垂照,默庇鉴格,一一遂意,事事从心……是故夙夜思维,愿将大银壹万大元,充入青云亭内,交与正亭主掌理。历年生息,长作香火之资"④等等。

　　除个人捐纳外,青云亭财产有相当一部分来自众人合捐。《绍兰会大伯公碑记》云:"吾先辈曾有设立童子普,后改为峇峇普,曾有捐集公项生息,以为普度之需,第因公项无多,所入不足以供所出……爰此我同人竭力捐资公项,交与佛祖,坐还利息,每年所得之利,以为普度之需。"⑤亭主陈敏政、副亭主陈温源等立《万怡力地头碑记》称:"怡力本地头昔曾公项生息,以为普度之费,于兹有年矣。而每当炉主之人,往往开费不敷者,因公项不足故也。兹特集众公同妥议再捐,将项置万怡

---

①　《马来西亚华文碑铭萃编》,卷 1,第 273 页。

②　《马来西亚华文碑铭萃编》,卷 1,第 247—249 页。

③　《马来西亚华文碑铭萃编》,卷 1,第 252 页。

④　《马来西亚华文碑铭萃编》,卷 1,第 268 页。

⑤　《马来西亚华文碑铭萃编》,卷 1,第 264 页。按此次共捐 3323 元。

力砖厝一间,门牌 37 号。议将厝契字及所伸之银并前存公项,均一齐交青云亭主收存掌理。"①

正是在这些基础上,青云亭的庞大寺产逐渐形成,成为其各项活动的物质基础。②

青云亭有较严格的财务制度,并由专人负责。其所属各寺收支由各炉主管理并向亭主报告:"炉主、头家办理开费,可照本亭按开之额,而己不得加开。""倘炉主、头家欲加开过额。此系伊自己之芳面。"换句话说,各寺庙超过规定限额的开支概由炉主、头家个人负责。此外,"诸年收缘以及开费诸数,定于九月初一日诸炉主应将数部落亭,付与亭主并诸耆老过看,然后交过新炉主收掌,不得滞延"③。

作为马六甲华人社会事实上的自治机构,青云亭与外界有广泛联系。它在新加坡拥有产业和管理人员,并在各方面与新加坡华人社会有直接联系。与马六甲相似,新加坡华人大部分来自福建,尤其是漳泉一带,他们于 1828 年创建了福建同乡的华人社团组织,以恒山亭为中心,发挥着与青云亭类似的作用。而恒山亭首倡者即青云亭第二任亭主薛佛记。④ 许多马六甲华人在新加坡开埠后迁入,从事商业和手工业活动,并在恒山亭组织中起了很大作用。

应当指出,与恒山亭不同,青云亭是一个超帮性华人团体,始终面

---

① 《马来西亚华文碑铭萃编》,卷 1,第 298 页。按此次共捐 1555 元,其中 850 元用于购屋。

② 从《呷国青云亭条规簿》所附青云亭收支细账可知,仅房租收入一项即足以供青云亭全年开支。

③ 《呷国青云亭条规簿》。

④ [日]今堀诚二:《马来亚华人社会之史的研究》;陈育崧:《新加坡华文碑铭集录·绪言》,陈荆和、陈育崧主编:《新加坡华文碑铭集录》,香港:香港中文大学出版社,1970 年。按,薛佛记曾居新加坡多年,1843 年才返回马六甲,出任青云亭亭主。

向全体华人,以团结马六甲华人为己任,地缘色彩相对淡薄。即使在马六甲各华人会馆大量出现后依然如故。大量碑铭等史料说明,包括福建会馆在内的各会馆并未取而代之,而是与之长期并存,由青云亭代表整个华人社会。青云亭的公墓(三宝山、日落洞山)也向福建籍以外的华人开放,与恒山亭的排外性公冢截然不同。①

青云亭与中国内地亦有密切联系。1795 年,三宝山《建造祠坛功德碑记》有“唐船主蔡栋”等捐款的记载。② 1801 年重修青云亭时,又有“厦门合成洋行”及“船主”、“板主”(即货主)们予以大笔捐款。③ 17—19 世纪,马六甲是东南亚著名国际商港之一,每年都有许多中国帆船前来贸易,而历任华人甲必丹与青云亭亭主予以优遇,使“商旅悦而出其涂”④,既繁荣了当地经济,又加强了华人与内地的联系。此外,青云亭诸头人还常送子女回国就读与经商,并常常出钱向清政府捐官。因此,青云亭内甲必丹和亭主们的画像、塑像往往身着清朝官服,俨然一副清廷官吏的形象。

17 世纪下半叶至 20 世纪初,青云亭是马六甲华人社会的权力中心。形式上,青云亭是座华人寺庙;实质上,它是包括一系列附属设施(各街小寺庙、公墓、学校、慈善堂和议事堂等)在内的华人自治机构,其权力源于早期殖民统治时代的甲必丹制度。青云亭的出现,一方面保存和传播了中华民族的传统文化,加强了华人之间的团结;另一方面,

---

① 参见《恒山亭重开新冢布告碑》及《恒山亭重议规约五条》,《马来西亚华文碑铭萃编》,卷 1,第 224—225 页。

② 《马来西亚华文碑铭萃编》,卷 1,第 271 页。按,今堀诚二认为:“所谓唐船主,是谓土著于马六甲的华侨船主。”此说大谬。恒山亭碑文中,有“唐船、暹船、安南船”与“本坡之船”对称,可见“唐船”实为来自中国的商船。见《新加坡华文碑铭集录》,第 225 页。

③ 《马来西亚华文碑铭萃编》,卷 1,第 228 页。

④ 《马来西亚华文碑铭萃编》,卷 1,第 228 页。

又带来浓厚的宗教迷信色彩,对华人社会的发展起了一定的消极作用,故不应一概而论。

二、缅甸瓦城华侨观音寺研究

有清一代,缅甸是华侨华人经商、贸易、采矿的主要国家之一。如同在其他国家和地区一样,缅甸华侨华人在当地长期繁衍生息,渐渐形成在文化上异于当地本土文化的社区。通常,在海外华侨华人社区中,最突出的就是诸如同乡会、宗亲会、同业公会(商会、行会)等社团组织的建立,以及源于中国内地的宗教信仰和民间崇拜的传入及其外在表征如土地庙、观音寺①、妈祖庙、关帝庙、大伯公祠、宗族祠堂等的相继兴建。这些中国特有的文化符号使海外华侨华人社区得以区别于当地土著人社区。

缅甸曼德勒(华侨称"瓦城")的观音寺便是这样一个例子。

根据史料记载:瓦城观音寺初建于清代乾隆三十八至三十九年间,由曼德勒华侨华人商人出资兴建,是当地华侨华人最大的公共建筑物,也是当地华侨华人最知名的建筑物。乾隆年间中缅战争结束后,商道重开,不少华侨华人商人重回当时缅甸首都曼德勒经商。在18世纪末19世纪初,中缅贸易以陆路为主,而且主要由来自中国云南的商人承担。他们从云南将中国内地的丝绸、茶叶、铜器、铁器、棉布、针线、纸张等内地产品运到缅甸,又将缅甸的棉花、珠宝、玉石等特产贩运到中国。② 久而久之,一部分华侨商人为了做生意的便利,定居于当地,并

---

① 观音(观世音)虽然是佛教偶像之一,但像在中国南北朝以后那样变成女身,而且成为四大菩萨之一,却是中国特有的现象。

② 参见贺圣达:《缅甸史》,北京:人民出版社,1992年,第213—215页。

兴建了寺庙，作为崇拜、祭祀、聚会之所。① 就华侨华人在东南亚的习惯而言，观音寺的建立通常是华人社区初步形成的标志，而且观音寺通常也是华侨华人在海外最早建立的寺庙之一。因此，我们也有理由相信，这时的缅甸曼德勒华侨华人社会已经形成并具有一定规模。

史籍称：瓦城观音寺初建时，"室小殿窄，只供石胎佛像菩萨一尊"②，十分简陋。由此可见，当时居住在曼德勒的华侨华人不会太多，经济上的实力也不很大。"越数年，商人鱼贯而入，客货渐次宏通。"③随着中缅之间贸易的发展，当地华侨华人社会也有了进一步发展。

但是，在嘉庆年间，该寺遭火灾焚毁："嘉庆十五年，一经祝融，殿宇菩萨概行被毁。"④因此，华商决定予以重建。这次重修，除了在原来位置上重建观音殿"仍奉石胎菩萨"外，又"增供财神、武侯诸圣"。⑤ "天下熙熙，皆为利来；天下攘攘，皆为利往。"商人经营，本为求财。财神受到在曼德勒的缅甸华侨华人中占大多数人的商人供奉，是非常自然之事，自不待言。但寺内又增加供奉武侯（即诸葛亮）则极具地方特色。这证明在乾嘉时代，缅甸首都曼德勒（瓦城）的华侨华人社会以来自云南省的商人为主体，对诸葛亮的崇拜正是一个鲜明的印记。由于历史原因，长期以来，云南、四川一带就流行对诸葛亮的崇拜，来自云南的商人也自然将这种习惯带到异域，成为他们独有的地域标记。滇商来自内陆，由滇缅道陆路进入上缅，他们并没有闽粤沿海地带那种对海神妈祖、天妃的信仰。而后两者正是大多数东南亚华侨华人社会最先建祠

---

① 　参见王介南、王全珍：《中缅友好两千年》，芒市：德宏民族出版社，1996年，第79—81页；余定邦、喻常森：《近代中国与东南亚关系史》，广州：中山大学出版社，1999年，第129—159页。

② 　《重修洞缪观音寺公德小引》，抄本，云南省图书馆藏。

③ 　《重修洞缪观音寺公德小引》。

④ 　《重修洞缪观音寺公德小引》。

⑤ 　《重修洞缪观音寺公德小引》。

的主神之一,也是判断华人是否来自沿海的重要文化符号。

道光九年,观音寺又遭火灾。这次因为火势不大,只烧坏了山门,因此很快又修复一新。① 然而,道光十七年,曼德勒市遭大火,"全城及庙一焚如洗。""为此众商竭志舒诚,协力重修。"这次重修与过去不同,因众人一开始就"嫌其地窄狭",决定共同向缅甸国王请求"讨要后地"。② 此举实际上表明当地华侨社会已经有相当大的经济实力,社区人口和规模都有了很大发展,同时说明华商与缅甸王室也有了往来,因此才有扩建观音寺的举动。华商们的请求得到缅王的积极回应:"幸蒙赐给,得地十有余丈","地敞宽阔,较之原建复修,大相差别",扩大了寺庙的地盘。③ 本来,对于以佛教立国、几乎全民信佛的缅甸而言,建立崇拜观音的佛寺本来是最自然不过的事情。但实际上,这座观音寺一如当时中国内地寺庙一般,诸神杂处,相安无事,并非缅王所想象的那样。史籍中说:"想来所求必应,所志如心。莫非菩萨在天之灵将欲焕然改观,愈壮我中国之大观乎?"④

史籍虽称缅甸国王"赐给"土地,事实上,扩建观音寺的那块地仍然是向当地各个缅人地主买来的:"备地价向各地主善买,已费去银千余金矣。"⑤看来,缅王只是允许华侨商人在该处买地扩建寺庙而已,并非赏赐土地。

这次重建,自道光十八年动工,至道光二十六年才竣工,历时八年。据时人描述:"今者焕然一新,别成一观。刹外壁前,双狮并峙。由外及

---

① 《重修洞缪观音寺公德小引》。
② 《重修洞缪观音寺公德小引》。
③ 《重修洞缪观音寺公德小引》。康有为在"百日维新"后曾游此寺,并题对联:"把袂尽同乡,会比龙华,恰逢人海无争,佛天皆喜;驱车来异域,迹留鸿爪,常记三生缘旧,一宿情深。"转引自《中缅友好两千年》,第92页。
④ 《重修洞缪观音寺公德小引》。
⑤ 《重修洞缪观音寺公德小引》。

内,客厅轩然联接,两厢相对,门格攒花。更进一层客厢,依然舰面美女明窗。正殿堂高数仞,永祀明烟。配殿装神供像,韦昭威格。迨天井、僧房、厨库已各安置,其余琐碎已不及赘矣!"①可见,无论寺前的双狮并立,还是整个寺庙的建筑格局,都完全依照中国内地寺观的形式兴建,与当地缅人的小乘佛教寺庙完全不同。此外,寺中尚有若干华僧长住主持。

据史料记载,该寺在道光年间重修时,加建了"关圣殿"以崇关羽。建寺者认为可由此而"使朝参者瞻浩然之神威,心生忠义;睹文武之锱铢,利有攸往"②。关羽和财神都是旧时中国商人崇敬的偶像,关羽更有"忠"、"义"的形象。财神与关羽一文一武,可共同保佑商人发家致富,因此均不可少。史籍还叙述了观音寺内部的情景:"进步沐圆通,称虔号以消灾;稽首叩普陀,礼潮音而解厄。肃诣玉真,衍庆皇图巩固;敬谒金阙,化身帝道遐昌。北南拾捌圣僧佛日臻辉,朝阶宝杵护法山门永镇。左殿奉司命水火既济,右庭崇戊己裕国服民。一寺鉴观有赫,万商共乐雍熙;光明永垂朱波,威灵常奠方隅;祥生宝殿,惠洽群生。敢谓人事之维新,实叨神力之感格云尔。"③可见该寺按照内地习俗,十八罗汉、四大金刚、观音、韦陀一应俱全。根据记载,该观音寺中还有一张缅甸国王及王后、王子等曾在其上开过宴会的团漆矮桌,以及香木雕刻的赵公明(财神)像。这些与缅甸当地崇奉的小乘寺庙有很大差别,是典型的华人寺庙特征。

此次观音寺重建,华侨华人捐款者有之,捐物者也有之,另外也有贫困者出力以替代钱物。而且除曼德勒华侨华人外,还有曼德勒周边其他地方如八莫等地的华侨华人参与其事。因此,在史料记载中,捐款

---

① 《重修洞缪观音寺公德小引》。
② 《重修洞缪观音寺公德小引》。
③ 《重修洞缪观音寺公德小引》。

物一项很值得研究。

按照史料记载,建寺主要资金来源有五项:"一入八募埠(即八莫)管事马锅头各铺户捐功德洋八千五百盾;一入阿瓦埠六百卅人捐功德洋捌仟盾零陆甲贰母;一入阿瓦埠各字号公帮捐功德洋柒万贰仟玖佰陆拾柒甲玖母;一入大有号赁砖砌栈房洋肆佰贰拾肆甲伍母;一入卖外让寺内布嘎、木料、石版、金箔等项来洋七百一十七甲三母五。以上五柱通共收入改银洋玖万零柒佰陆拾壹甲柒母伍。"①

这里使用的货币颇费思量。在"盾"以下,还有"甲"和"母",后者类似于辅币中的"角"。而"洋"显然又同"银洋"单位不同。后一种大概是内地使用的银圆,"盾"应指当地货币单位。

从上面可见,重建观音寺的主要资金来源是曼德勒各华侨华人行业公会即"阿瓦埠各字号公帮"的集体捐助,来自各个商号。此项收入占总数的80.3%,是最大一笔捐款。另外,曼德勒有华人630名以个人名义捐款,占捐款总数的8.8%,人均12.7盾;而八莫的华侨华人商户捐款也占了9.4%。

至于主要支出,史料中也有记述:"一出买后地垫呈缅皇送礼及买前地款项去洋二千九百四十三甲四母;一出买玻璃、水银、潘锡箔等项去洋六百二十七甲七母;一出打围墙、拆砖小工及嵌泥等去洋二千六百七十二甲六母五;一出平地扯砖泥工及出进车工等项去洋二千三百九十一甲四母五;一出泥水匠工资及掌墨盒祭利市去来路费等项去洋九千零一十九甲五母五;一出塑匠工资及祭利市去来路费等洋二千三百一十盾零一母;一出画匠薪水及盒祭去来路费等项去洋一千二百一十三甲八母;一出八募埠来砖瓦江边代收看守人小工及车费等项去洋五百四十五甲五母五;一出上漆贴金镶玻璃手工等去洋二千一百四十七

---

① 《重修洞缪观音寺公德小引》。

甲;一出打白石狮子二座代砌石台薪水等项去洋五百五十一甲七母;一出刻碑代贴金手工等项去洋二百盾;一出尹大幡司账薪水去洋一千三百一十六甲九母;一出张立品买办什物劳金去洋四百三十四甲五母;一出全体圆满开光由腾请来道士经费来往路费及一切应用等项去洋三千六百九十一甲八母;一出买木料及解木头工资等项去洋一万零七百六十九甲六母;一出买八募烧来砖瓦等项去洋六千零九十一甲七母五;一出买缅砖等项去洋四千八百五十六甲二母五;一出买白石头雕菩萨法身及伞墩解片工资等项去洋八百九十七甲七母五;一出买红石墩、石条、石板、石桩等项去洋一千零六十四甲九母五;一出铸宝鼎二座铜资手工祭利市等项去洋一百八十八盾四母五;一出买搭架子用竹子、藤子、垫子、绳索等项去洋二百八十三盾二母;一出塑佛稻草、滥泥、棉花、白纸,及打金心、银胆等项去洋三百七十盾;一出买铁皮、铁条、钉子、钢绊栗、炭及粗细铜丝等项去洋一千零五十七盾三母五;一出买闪白纸做纸肋去洋六百一十八甲七母;一出买本省办来灯彩、炉瓶、桌围、几案、字画、碗盏等项去洋二千九百一十八盾五母五;一出买石灰、三合土及小工等项去洋三千八百三十四甲七母五;一出买各色颜料、牛皮胶、桐油等项去洋一千四百一十九甲二母五;一出金箔、银箔等项去洋二千八百六十七甲二母五;一出买漆及罗漆碎丝等项去洋九百七十九甲五母;一出买铅代花料募化功德整东及陆续茶点食费去洋二千一百五十四甲八母五;一出烧波白银折银水例头等项去洋二百五十四甲一母。以上卅二柱总共用出一元改银九万零七百六十一甲七母。"①

　　重建总支出中,人工费用占30%左右,购买土地及建筑材料费约占支出的70%。最有意思的是,重建寺庙的砖瓦都来自八莫,多半来自当地华商。灯彩、炉瓶、桌围、几案、字画、碗盏则购自云南。另外,从

---

①　《重修洞缪观音寺公德小引》。

路费开支可以看出,重建观音寺所需的泥水匠、塑匠、画匠均来自外地,当从云南请来。这正反映了缅北华侨华人社会与中国内地的密切联系。

根据记载,重修此寺领导人包括:"总理提调":万调元、李体恕、尹必选、李根源、李芳庭;"司账书记":尹大幡;"承办管事":李大年、寸峥辉、李钦、尹大显、杨成升、邹锦程;"买办什物":张立品;"水石塑画掌墨匠头":赵灿伦、罗亮坤、张希敬、杨名材、王秀峰、王树峰、陈树美;"刻碑匠头":赵国珍;"执年管事(自道光十八年起至廿七年止)":谦和号、正兴号、茂生号、万顺号、源盛号、三成号、太和号、德盛号、美顺号、立昌号、玺顺号、茂盛号、福裕号、和盛号、正泰号、建阳号等商号。① 由各个商铺轮流负责管理重建事宜,这种安排恰恰说明商人在当地华侨华人社会起主导作用。

史籍说:"溯自道光十八年前,每丝花抽厘金二分。兹因得地敞宽阔,估计工程浩大,用费难量,又值公款无存,众号公同筹酌收成四分,尚不敷用。只得陆续向外处行二分息拉借添用。又至廿四年加收二分,诸色京广土货,照例加收。今丛林虽叨庇佑,功成完全,而公众亏欠外债未楚,待至廿七年内收齐丝花杂货厘金,方能归结。将这几年间陆续还出息款算上,总共要贴息银玖千余百盾。再赘尾以陈:

一入道光十八年至廿七年内,收来一部分之厘金九千余百盾;

一出道光十八年至廿七年内向外借用一部分之款,开去息银九千余百盾;

一入又来十人之功德四百三十盾;

一出买伍波地一块四百一十盾。

以上二条共入来洋九千四百三十几盾。

---

① 《重修洞缪观音寺公德小引》。

统上两大总结通共入来洋拾万零壹佰玖拾壹盾柒母伍。

以上通盘共出去洋拾万零壹佰玖拾壹盾柒母伍。"①

上引文说的是在 1838 年以前，华商在当地贩卖棉花到中国内地，均需抽"厘金"二分。厘金本为近代中国在内地水陆交通要道设立机构征收的一种商品通过税。从上文看，抽"厘金"的并非是缅甸或中国政府，而是以观音寺为中心的商会（行会）组织。显然，这不是原本意义上的厘金，只是某种代称，是后人撰写史籍时用以代指上缅甸华侨商会向华商征收的特殊捐税。原税率为 2%（虽称"二分"，但用"厘金"之名，应当用厘金单位即百分之一。另联系上下文，税率不可能达到 60%之多），因为重建观音寺的支出大于收入，所以在 1838 年各商决定加收二分厘金（即加收至 4%）。由于建寺预算仍不足，承办人只得向外借款，并支付利息。因此到了 1844 年，众华商又决定再加至六分（6%），并将"厘金"范围扩大至所有的货物（"诸色京广土货"），直至 1847 年止。可见当时上缅甸来自云南的华侨商会组织已经形成，并有了很强的约束力。

三、《三州府文件修集》初探

《三州府文件修集》由英属海峡殖民地公务员司（Civil Service）贺尔（G. T. Hare）主编，1894 年在新加坡出版。实际上，"三州府"是当地华人对由新加坡、马六甲、槟榔屿组成的英属海峡殖民地的一种俗称，因为此书主要由中文文献所构成，故用此名。

从英文书名可以知道，《三州府文件修集》最初只是作为一本中文教材出版的。关于此书的出版，贺尔有一个备忘录对此加以说明。他在备忘录中说，长期以来，海峡殖民地的英国公务员和其他研究华人在当地未来作用的人都希望有一个好的中文教材。但是训练殖民地官员

---

① 《重修洞缪观音寺公德小引》，抄本。

的各种中文教材总是不大合适,因为这类教材通常由中国的"古典文献",如四书五经之类、某些传教士编写的书籍以及各种中国官方文件等组成,这些东西常使人们感到困惑,也难以学到任何一种特别的汉语。尤其是这类教材都是为了某些特别目的而编写,多半已经过时,本地公务员对这种教材也无兴趣。所以,他决定自己编写一份教材,大量采用本地华文资料,来满足本地殖民官员的需求。

关于中文语法,贺尔本人持有一个有趣的观点。他说:在过去的五十年里,华人大量来到海峡殖民地和马来亚,其中有非常多的人已经定居于当地。这么长的时间已经足以使本地华人产生一种与中国不同的表达自己内心情感和要求的"当地文法",这种情形在华人致殖民地当局的禀文中最能体现。另一方面,殖民地政府也采用中文来向当地华人发布命令、法规、通告等等,以便让华人了解其内容。换句话说,殖民地官员也参与了这种文法的"创造"。因此,当时不仅需要也有可能收集当地文献作为"当代"和"当地"的文献来学习中文。另外,根据贺尔的体会,为了实际工作需要,官员需掌握适当"商业"汉语知识。因此他选录一些这样的材料,它们大量谈到海峡殖民地华人和马来亚华人的事务及环境,以及本地政府及华人对于中国的关心之事,作为实际应用的、有用的文章提供给官员们学习。他说:"我相信,这些带有强烈本地色彩的文章不仅使未来学习中文书面语变得更有趣和有效率,而且它也将形成一个有用的、对于一切重要的一般性学习中文的入门。"①不过,他所选的文章中的华人姓名均以闽南话注音,从新加坡华人的角度看,并无不可。但推而广之,用以"一般性的"学习汉语,恐怕就要误人子弟了。而且,带有一定地方特色的商业书信和殖民地文献,常出现不

---

① 贺尔(G. T. Hare)主编:《三州府文件修集》,新加坡,新加坡政府印刷,1894年,第3—4页。

规范的中文语法和翻译,并不能代表规范化的标准汉语。

该书分为三卷,共七章,有数百篇文献。

第一卷有两章。第一章是禀文类,主要是居住在海峡殖民地特别是英属新加坡殖民地的普通华人向殖民地当局(以华民政务司为主)上的禀帖。其内容多半是向当局提出某一请求,其包括开设医院、申请牌照、入籍、财产继承、要求免除某些税费等。还有向当局反映诱拐华工及妇女案件、械斗事件、赌博行为、黑社会、财产纠纷、债务纠纷等各种民事、刑事案件的,这些文件通常有较高的史料价值。

第五件的庄笃坎禀文就是一例:"窃坎籍隶福建泉州府晋江县。冤因本年九月杪在厦门附搭轮船,出洋谋生。至十月初,船抵叻港,随众登岸。突遇二三拐匪,迎面而来,伪作探问亲友。坎以人地生疏,不识路径。该匪即乘间询问,假意殷勤作为前导,遂引至鉴光嘛六甲銮兴客栈内,置于幽室。时坎惊甚,欲出不能。越宿,该匪挟赴英署,即以甘言蜜语教授供词,坎漫应之。殆至英官问坎是否甘愿佣工,坎称不愿,英官立命该客栈主带回。岂知该匪另行幽禁,重加酷打,谓认愿则生,不认愿则死。且又以西洋强水浸虐皮肤,其凄惨痛切,殊有不堪言状者。坎以一介庸愚,受其百般煎熬,无奈声称甘愿,遂被押配落船往日里僻处,卖充苦役。时同舟亦有二十余人同遭斯惨,举目相视,昏无天日。惟有含冤饮恨,坐以待毙而已。幸遇闽商陈天赐等将往日里贸易,在舟询悉颠末,恻然动念,纠集五十余金向该栈押客之伙陈亚保恳赎此身,网罗得脱,生还有日。惟念满腔冤抑,深诉无由,兹幸大人福星照临,以故据实沥陈。伏乞恩准查究以儆奸顽而安穷旅,庶几小民有天感恩无地矣。"①从庄氏的叙述中,我们可以了解到关于当时新加坡苦力贸易的许多史实:一些新加坡华人中的不法之徒充当苦力贩子,以开设旅馆

---

① 《三州府文件修集》,卷1,第5页。

客栈的名义从事拐贩苦力的非法勾当。他们利用许多南来谋生者人地生疏、举目无亲的弱点,在码头专门诱骗那些新来的船客,然后关在名为客栈、实为猪仔馆的地方,软硬兼施,迫其就范。在这种情形下,多数被拐者叫天不应,叫地不灵,只能被迫前往他们指定的目的地做苦力,成为拐贩的获利之源。这些苦力贩子还有明确分工,有的专门在码头从事诱骗,有的则随船押解苦力到目的地。但是与当时从香港、澳门出发运送苦力的船只不同,从新加坡出发的都是普通商船,并非专门从事苦力贸易的船只。因此,庄某才可以借助船上同乡商人的帮助,逃出生天。另外,从庄某的叙述中,我们可以大致推测,在当时的新加坡,每个前往印度尼西亚日里种植园的苦力"市场平均价"大约为 50 新加坡元。这也可以与中国官方文件相对照。光绪二十七年,清朝驻德国、荷兰公使吕海寰曾上奏清廷,谈到荷属印度尼西亚华工时说:"华人在日里地方,承种烟叶,往往有奸贩诱惑无知愚民出洋贩卖强壮者身价五六十元或八九十元不等,少弱者或三四十元。"[①]除此之外,从庄氏的经历中还可以看到,英国殖民当局设立的华民政务司在制止非人的苦力贸易方面并没有发挥其应有的作用。庄某明明在英国官员面前清楚表明不愿做苦力,但后者却"立命该客栈主带回"庄氏,这无疑是公然纵容以客栈老板面目出现的苦力贩子为非作歹。因此,完全有理由推论,那些英国殖民官员要么已经被苦力贩子贿赂收买,与之串通一气;要么是故意视而不见,尸位素餐,完全不把华人的利益放在眼中。

第二章系告示类文件。其中有殖民地当局的文告,也有中国内地的文献,大多是官方通告、法令、法规性文件。从数量上看,来自中国内地的文献多过英国殖民当局的文献。这类来自中国内地的文稿行文较规范,用词讲究,是典型的清朝官方语言。从时间上看,这些文献的时间跨

---

① 《华工出国史料汇编》,第 1 辑第 1 册,第 281 页。

度较大,甚至有清朝前中期的文献,如乾隆十九年的《福建巡抚陈宏谋晓谕出洋贸易各民携眷回籍檄》等。当然,更多的是清末的官方文告。与此同时,英国殖民当局的文献也尽量模仿中国内地官方文献的语气。

第19件文告是英殖民当局关于统一海峡殖民地货币的法令:"大英国钦命叻屿甲三州府辅政司列奉都宪命出示晓谕事:照得大英国君主前于一千八百九十年十月廿一号批准内阁所出之告示一条,辨别三州府内所用之银镭,何项为官,何项为私。该告示已于英本年正月一号举行。兹特谕知,各宜凛遵毋违。查该告示系以墨西哥国之鹰圆为官银,嗣后凡有在三州府内立约买卖支结账目,以及一切关涉银项事宜,均以该官银为正,至若有订立合同不用此银者,则作别论。"从告示中可知,当时在包括新加坡在内的海峡殖民地流通的"法定货币"甚多,除官方法定的流通货币墨西哥银圆外,还有美元、港元、日元以及本地辅币。而按照此告示,官方允许将美元、港元、日元"准作官钱行用",与墨西哥银圆等值流通,其它货币则"均不准作官钱行用"。① 有趣的是,此文告虽然尽量模仿中国内地官府的口气,却出现许多"俗字"。例如,用"号"代"日","正月一日"变成"正月一号"。此外,还有用"银镭"代指"银圆",等等。

第56件文告宣布禁止在海峡殖民地从事闱姓抽彩赌博,原因是赌风盛行,影响到殖民地政府的税收和商业的繁荣:"大英国署理叻屿甲三州府华民政务司正堂奚为奉署督宪命出示晓谕事:照得叻地十年前,有奸商数辈创设闱姓赌厂,诱人投买。初惟广人嗜之,买者寥寥,似于地方尚无大碍。讵意近年以来,日盛一日,闽、潮、嫚、客各籍人等,莫不甘之如饴……无知之徒,谓可藉此致富,故争先恐后,举埠若狂。虽输去血汗之资,亦稍不顾惜。按本坡商场冷淡,银根紧拙,而各籍人等仍

---

① 《三州府文件修集》,卷1,第115—117页。

好买闱姓,月中耗费,统计不下五万。"①

最有意思的是一份无落款、无抬头的告示,它用四言诗形式写成,内容关于严禁械斗:"劝谕尔民,切莫械斗;纠众逞凶,王法不宥。伤亡人命,严拿追究;畏罪逃匿,到处奔走。破产倾家,自作自受;一经拿获,性命莫救。何如守法,民安物阜;仇不可结,怨不可觊。强莫欺弱,恶莫念旧;纵有小忿,可投邻右。耆老公亲,情理讲透;孰是孰非,公平断就。解释嫌怨,各存忠厚;尔不害人,天必佑尔。倘若恃强,欺人纠斗;逞忿一时,报应在后。两造伤人,结网难漏;子弟为非,父兄同咎。乡族绅耆,平日讲究;约束劝导,无知年幼。勿恃血气,勿听引诱;若有强顽,暴戾乖谬;不听约束,禀官送究。自然知惧,不敢械斗;人命不伤,风俗渐茂。尔等细思,各宜法守;如敢不遵,逞凶仍旧;本司执法,严办为首。查其乡族,父兄并究;家产充公,悬赏购拿。誓挽恶习,合先示谕;苦心莫负,凛遵毋违,安分免咎。"从其内容考察,此文告当系中国内地官府所颁。② 因为通告中提到"查其乡族,父兄并究",这种连坐的惩罚并非英国法律,应属清朝特有。此外,文中的"耆老公亲"、"乡族绅耆"等,都是当时内地的提法,海峡殖民地政府文件中并无涉及。至于文告采用的语句通畅、合辙押韵的四言诗形式,更不是海峡殖民地官员及其译员所能为。

第二卷也有两章。

第三章题为"通商书札",共收录 83 份文献,长短不一,其内容有商业往来书信,也有推荐信、介绍信、邀请信、感谢信,甚至贺札、请柬、遗嘱、请假条、申请书等等,主要是私人往来书信。但也收录了少量公函性质的信札,如第 69 件的"善后总局札南海县、番禺县、东莞县、顺德

---

① 《三州府文件修集》,卷 1,第 150 页。
② 《三州府文件修集》,卷 1,第 131 页。

县、香山县、新会县六县文"等。

第 16 件有关华工的信函值得注意:"敬启者:兹拜挽宝号代查被拐冯沛华,字普珍,系广东肇庆府鹤山县人。住越塘乡大围坊,年约廿三岁,身高四尺三寸。面带紫红色,有些暗疮,两颧颇高,眼眉粗,略长过目,嘴上唇略卷。右肩臂上有的红痣约大茶杯口许。今年在河南信贞茶行顾(原文如此)工,于九月廿四日往香港,其后不知踪迹。其生父冯佑长,字启雄,行年六十,居家。其弟冯秩章,年十四,亦居家读书。访悉其拐匪冯汝群,系本村同房兄弟,年约廿余岁,身高体瘦,面色靓白,曾在日里埠内锡矿两三年。适本年七月回家,故约冯沛华于九月廿四日下港,搭船前往新嘉坡。将其年貌情形祥上,敢求宝行饰伴细查。但访得,实耗如何,希寄交香港上环敝号便妥……"①这又是有关从新加坡拐贩华工去印度尼西亚日里的事件,与上文引述有所不同的是,冯沛华是直接从内地被拐骗而来的,因此导致其家人托香港商人在海外寻查。

第四章是"杂文卷",收录了各类文章、启事、告示、诉状、讣告、合同、规约、广告等等。

如第 7 件,署名"吧越馆主"的"典当满期货物出投"一文,就是当铺的广告:"兹定于西七月一号、二号、三号,即华本月廿五、廿六、廿七日,拜三、拜四、拜五,每日上午十点钟,承命在本馆内拍卖第廿九号新桥路梅亚三当店,又第七十二号大马路吕树棠梅亚三当店,又第四百五十七号铁吊桥北路叶妈旦陈鹏荫当店,又第三号芳林港何蔚卿当店,又第三百九十四号铁吊桥北路曹义兴当店,又第二百二十二号小坡梧槽何进财同福当店内所有典当过期之衣服及戒指、耳饰、金纽,并一切金银、喧石、首饰等件,投定之后,须以现银交易该货,限两日内尽数出清。倘

---

① 《三州府文件修集》,卷 2,第 8—9 页。

诸君有合意购置者,祈为届期玉临投买是荷……"①从上文可见,这是一次典当行的集体拍卖活动。但那个组织者"吧越馆主"究竟是何方神圣?从组织角度上看,应当有同业公会性质。那么该"馆主"当系典当行会会长之类人物;或者是更大规模的商业公会、中华总商会的首领。但是他的"吧越馆主"的名称却不像是开典当行的商人,倒是类似某个文人墨客的字号,或者是同乡会馆的领导人,颇耐人寻味。

第四章收录的各种文章有比较高的史料价值,内容涉及拐贩华工、禁赌、械斗、妇女出洋、防假钞、商业往来等等,甚至还有来自清廷的"圣谕广训":"第一条,敦孝悌,以争人伦……"②

第三卷有三章,分别是"文字格式"、"咨文照会"、"奏章"。

第五章"文字格式"包括买卖契约、担保书、商业合同、租赁合约、借据等等,基本上是私人往来文书。令人感兴趣的是,从数量上看,这些文献大多都来自中国内地各省,包括广东、福建、江苏等省,甚至远到河北、北京、天津一带。如第 1 件"卖地契"就是这样:"立卖地契人王七,今因手乏。将自身祖遗坐落通州八里庄田地壹百亩,凭中人卜世真卖与李九老爷永远为业。三面言明地价银五百两整,俱已眼同兑清收讫,当付上红契一张,白契三张。自卖之后,如有同族人及本身找价、讹诈等事,任凭李宅告官处治。并惟保人卜世真是问。恐后无凭,立此卖契为据",而且时间是同治时期的。③ 第 2 件的"保告状人甘结",也是同治年间的文献:"具结人王三,系大兴县民,年二十七岁,向在大栅栏开设文古斋玉器铺生理。现因张大控告李七赖账不还,反行殴打一案,蒙

---

① 《三州府文件修集》,卷 2,第 68 页。
② 《三州府文件修集》,卷 2,第 92 页。
③ 《三州府文件修集》,卷 3,第 1 页。

宪差将李七传案禁押。身向与李七交好,情愿出具保结,将李七保出,听候传讯。如有逃走、抗传等弊,身情甘重罚。"①

除了契约类文书外,本卷还收录了清光绪十九年新加坡《叻报》上刊载的一份商品价目,看来是某商船或商号的广告,其中有"新烟土,一箱五百九十二元","叻椿暹火较白米上,每车一百零四元",等等。②

第六章"咨文照会"均属官方往来文件,有中国内地各衙门间的公文往来(咨文),也有外交文书(照会),包括总理衙门致英国驻华公使的照会、清驻新加坡总领事黄遵宪上驻英公使薛福成的报告、薛福成致英国外交大臣照会以及英国外相答薛福成的照会等等,内容则多与中英关系、南洋华侨相关,其中不少是有关华工问题的。

第七章"奏章"基本上是中国内地各省上奏清廷的奏疏,包括江苏、江西、甘肃、新疆等地方,内容包括捕拿逃犯、审结案件、报告水旱灾情、请求改铸银圆等等。另外,也收录了不少驻外使节的奏折,如薛福成"申明新章豁除旧例以护商民而广招徕"折,以及薛氏"英国属埠拟添设领事官保护华民"折③等等。

综上所述,《三州府文件修集》中收录了清末各类官私文书,以及英国海峡殖民地当局文告,对于研究当时海峡殖民地历史、社会经济,尤其是华人社会历史,有相当高的史料价值。特别是因为这些史料来自十九世纪英国殖民地当局的中文档案,可以填补中国内地相关材料的不足,值得深入探讨。

---

① 《三州府文件修集》,卷 3,第 1 页。
② 《三州府文件修集》,卷 3,第 22 页。
③ 《三州府文件修集》,卷 3,第 83—94 页。

四、清政府与泰国中华总商会

从 1860 年起,清王朝在它的晚期,改变了对海外华侨华人的态度和政策。其中一个引人注目的变化就是,鼓励和提倡海外华侨华人在定居地广泛建立中华商会,以促进当地华侨华人经济的发展。

在中国,商会的建立和发展是一个划时代的事件。从根本上说,它是中国民族资本主义初步发展和清政府"振兴实业"新政的产物。①

中国封建王朝的治国传统是重农抑商。士农工商的社会阶层划分,商人居于末位。历代王朝几乎无一例外地采取"以农为本"的重农轻商政策,以维护小农经济为主体的自然经济这个封建专制统治的经济基础。直到鸦片战争后,西方国家用武力打开中国的大门,强行将中国纳入资本主义世界市场,中国社会才逐渐发生变化。

十九世纪末二十世纪初,中国民族资本主义经济有了初步发展。民族资产阶级要求打破旧的束缚经济迅速发展的封建行会组织的壁垒,建立统一的领导工商各业的商会组织,以加强彼此的联系,对抗西方资本和封建势力的侵压。戊戌变法时期,康有为也一再向清廷呼吁兴商学、办商报、设商会,得到光绪帝的同意,但却因为慈禧太后等顽固派的反对而未能成其事。20 世纪初,清政府在内外交困的形势下,推行所谓"新政",提出振兴实业、保护工商业的口号,迎合了民族资产阶级的需要,各地商会才得以破土而出。

1903 年 3 月,清廷颁发上谕,宣布要"加意讲求"通商惠工,允准设立商部以推进工商业的发展。②

是月,商部甫经设立,便立即上疏朝廷,请准各地建立商会。商部

---

① 参见徐鼎新:《旧中国商会溯源》,《中国社会经济史研究》1983 年第 1 期;朱英:《辛亥革命时期新式商人社团研究》,北京:中国人民大学出版社,1991 年。

② 《光绪朝东华录》,第 5 册,第 5013 页。

奏疏云:"纵览东西诸国,交通互市,殆莫不以商战角胜,驯至富强。而搂厥由来,实皆得力与商会。""中国历来商务素未讲求,不特官与商隔阂,即商与商亦不相闻问。不特彼业与此业隔阂,即同业之商,亦不相闻问。""则今日当务之急,非设立商会不为功。"①

1904 年 1 月,清政府商部将《商会简明章程》26 条颁布实施,北京、天津、上海等各地总商会纷纷建立。到 1911 年底,全国已经建立 55 个总商会、787 个商务分会,会董和会员超过 20 万人。由于章程中对于资格的限制条款,这些会董、会员基本上都是民族资产阶级。② 资产阶级第一次在中国结成大规模的合法社会团体,独立地出现在历史舞台上。

在上世纪之交,清政府为了挽救财政危机,不仅迎合资产阶级的要求,同意并鼓励在国内广设商会以发展经济,而且极力吸引海外华侨资本,不断颁布有关法令,宣布保护归国华侨、奖励海外华侨投资等等。在《商会简明章程》中,也不忘加上一条:"南洋各商,以及日本、美国各埠华商较多者,亦即一体酌立(商务)总会、分会。"③同时,指令各出使大臣(公使)、领事等驻外官员积极在海外华侨华人中"劝办"商会。

海外华商总会最先出现在日本的长崎。1905 年 3 月,清驻日公使杨枢咨文外务部,称振兴商务最重要的事情是先开通商智,而且国外与中国内地不同,国际形势又今非昔比,"尤以固结人心,坚其内向之志为要"④。这种团结华商的看法与日本华侨工商业者的想法基本一致,所以一拍即合。杨枢代奏的长崎商会章程中明确提出:"本会所当办之事,第一以立定会规,联络各帮商人,同心合力,以期扩充本国商务,抵

---

① 《光绪朝东华录》,第 5 册,第 5122—5123 页。
② 参阅商部奏定《商会简明章程》,见《大清光绪新法令》。
③ 《商会简明章程》第 25 条,见《大清光绪新法令》。
④ 外务部档·侨务招工类,卷 2458,中国第一历史档案馆藏。

制外人商务为主。"①表达了华侨华人资本希图团结一致,在海外进一步发展的愿望。

1906 年 6 月 28 日,商部为新加坡中华商务总会的成立上奏清廷,说新加坡创设中华总商会,不但有利于振兴海外华侨工商业,而且有利于为中国内地兴办农、工、路、矿各业而招徕华侨资本,故"关系尤为切要"②。也正是因为有这样的认识,所以清政府驻外各公使、领事纷纷劝办商会,表现颇为积极。商部还屡派要员出洋考察商务,"谕劝华商先设商会"③。因此,国外华侨创设的中华总商会如雨后春笋般破土而出。

根据清政府所颁布的《商会简明章程》,华商欲建立商会,无论其在海内外,都必须事先按照简明章程拟详文,向商部提出申请。然后由商部审定、奏请朝廷谕批,再札发关防图记,使之合法化。这样一来,在"有约各国",即同清政府建立了正常外交、领事关系的国家和地区,华侨较容易地建立起自己的商会组织。而其余无邦交的国家,华侨欲建立商会则遭遇重重困难,泰国(暹罗)就是一个很好的例子。

历史上,泰国一向被清王朝视为"藩属"。鸦片战争后,中国逐渐成为西方列强的半殖民地,形势发生逆转。1854 年,泰国最后一次派遣使者入贡清廷后,因为受到英人的挑拨,双方关系骤然中止。这时期,由于国际形势的剧变,中泰之间的传统朝贡关系已不可能维持,而新型的、建立在对等基础上的近代国家之间的中泰外交关系,又绝非当时的清王朝所能接受。由于清政府长期不愿放弃那种"天朝"至上的尊严,中泰双方的官方往来中断达半个世纪之久。直到 20 世纪初,才又引起清朝官员的重视。1906 年 9 月,清驻法公使刘士训上奏清廷,要求清

① 杨枢咨文附清册,外务部档・侨务招工类,卷 2458,中国第一历史档案馆藏。

② 外务部档・侨务招工类,卷 3101,中国第一历史档案馆藏。

③ 外务部档・侨务招工类,卷 3101,中国第一历史档案馆藏。

政府与泰国建立正式外交关系。在奏折中，刘士训提到，泰国华侨华人众多，其中不乏富商巨贾，而英法等国"利其资财"，竞相加以拉拢。但不管怎样，"该侨民等系中国子民"，理应由清政府出面加以保护。为此，刘士训建议迅速同泰国签订条约，互换使领，"实于外交、商务两有裨益"①。以后，袁世凯等重臣也提出过类似建议，但都因为泰国方面反应消极，始终未有进展。

尽管如此，泰国华侨华人仍从其他渠道了解到清政府劝办商会的政策，决定正式创办泰国中华总商会，并按清廷的规定报请清政府批准立案。由于当时中国与泰国之间没有正式外交关系，所以泰国华商不得不转请上海总商会甚至新加坡中华商务总会代为陈请。

1910 年 9 月，泰国曼谷的"暹罗华侨总会"致电新加坡中华总商会，告知泰国华商已经正式成立泰国中华商务总会，并已推举高学修、陈伦魁为泰国中华商务总会正副总理，还按照清政府的规定，拟出了商会章程。但是因为"暹为无约国，动多牵制"，所以只能托新加坡中华总商会代转清政府批准立案。②

清政府农工商部接报后，认为："暹罗华侨组织商务总会，为联络商情起见，自是正办。"但由于不清楚"其中有无窒碍"，于是建议在泰国曼谷先试办中华商务分会，"俟日后体察情形可设总会，再行核办"。③ 显然，清政府觉得泰国这样的"无约国"没有中国公使、领事驻扎，来往文电均需转手，对其可靠性颇为怀疑。而且，依过去的经验，在无邦交的国家，华侨华人要单独建立与中国国内有明确联系的组织，往往会遇到

① 朱批奏折·外交类，卷 405，中国第一历史档案馆藏。

② 新加坡中华商会呈文，外务部档·侨务招工类，卷 3096，中国第一历史档案馆藏。

③ 宣统三年元月十七日农工商部咨文，外务部档·侨务招工类，卷 3096，中国第一历史档案馆藏。

当地政府的反对,引起清政府与外国政府的交涉和争议。如果只建立华商分会,则无须正式奏请朝廷批准,即便有问题,以后也容易处理。

泰国中华商务总会的高学修等人收到清农工商部的复文后,反复与新加坡中华总商会进行讨论,随后又电告清政府,说泰国华侨华人超过二百万,仅曼谷一地就达四十余万。而且曼谷是泰国全国政治经济中心,工商业发达,其中殷商富贾"尤以吾华闽粤两省为冠",华商是当地重要的势力。电文还进一步说明设立总商会的理由:因为当地华侨华人"商智未甚开通,商情日久涣散,致使华情商务殊难振兴。敝同人蒿目时艰,无从挽救,筹维再四,非亟设商会不为功"。所以,泰国华商才按照新加坡华商的办法,在曼谷组建泰国中华商务总会。目前,"部署粗定,所有应办之事均已次第举行。计闽粤各帮首先入会者,已达七、八百名号,皆属正项商业"。另外,还向清农工商部解释其之所以不直接禀请清政府立案,是因为"暹政府前曾实行抽人头税一事,暴烈者以苛例难堪,遂相率罢市。自兹以后,凡遇有华人设立社会(团体),即生疑虑;所有出入电文,屡加干预"。遂迫使其转托新加坡中华总商会代办,"无非为关国体,慎重公事起见,并无有所窒碍难行之处。且现在暹政府业经允准,大局已定,一切事务均已举行"云云。[①]

泰国政府改变对华侨华人人头税的征收办法,恰恰发生在 1910 年年中。当时的泰国政府为寻求新的收入来源,改变了对华侨人头税的征收办法,由原来的三年一征改为每年一征。这意味着华侨人头税征收额的大幅度增加,因此引发当地华侨的广泛抗议。6 月 1 日,曼谷各行各业因华商集体罢市而陷入停顿,市面一片萧条。这次大罢市直到6 月 5 日才在泰国政府的高压下结束。这一事件不仅震惊了泰国政府

---

① 新加坡中华商会呈文,外务部档·侨务招工类,卷 3096,中国第一历史档案馆藏。

和当时在曼谷的西方人，也惊动了清政府，导致双方政府间的一番交涉。

6 月 29 日，泰国华商代表急电清军机处、外务部，说泰国政府加征人头税，"商等难堪，请免不得"，引致罢市风潮和时局动荡，而华商因此"被拘禁七八百人，殴毙十余人"，被驱逐出境者数十人。泰国政府并且试图切断华商与外界的联系，严禁他们对外发电报，华商只能派人转道香港驰电北京。①

与此同时，泰国华商还转请中国内地商会、会馆等各种社会团体代为向清政府求助。一时间，嘉应自治会、感恩自治会等内地社团纷纷致电清政府军机处、外务部、农工商部等，说"旅暹华侨因苛加身税，求免不得，被拘八百余人，伤百余，殴毙十余人，殷商被解出境七十余人，二百余万侨商待毙"。因此，呼吁清政府尽快同泰国当局交涉以"和平办理"，甚至还要求清政府出面"请英使电暹英使就近保护"。②

清政府发现事态严重，立即指令驻法国公使刘士训与泰国驻法公使进行交涉。由于当时中泰双方尚无正式外交关系，所以只能通过两国驻外使节在第三国交涉。

很快，泰国政府正式答复清政府说，此次加税并不是针对华侨的行动，而是将华侨人头税与别国侨民一律加征，毫无虐待。同时，泰国政府又宣称"有莠民发贴传单，煽诱罢市，当将为首及滋事者七十一名拘押出境"，还诬称这些被驱逐的华侨"均属街市无赖，并无大商，亦无殴毙情事"，对华商的报告予以否认。泰国驻法公使甚至指责罢市者"与

①　宣统二年五月二十三日旅暹侨商代表高和气等呈电，外务部档·侨务招工类，卷 3094，中国第一历史档案馆藏。

②　宣统二年六月六日嘉应自治会致军机处、外务部暨农工商部电，同日感恩自治会致军机处、外务部暨农工商部电，外务部档·侨务招工类，卷 3094，中国第一历史档案馆藏。

孙文党人"有关系,"恐有乱党从中煽动",借以挑拨清政府与泰国华侨华人之间的关系。①

清政府接报,虽然明知其中有异,但此时国内反清浪潮风起云涌,自身已经是朝不保夕,谈何保护海外华侨?故只得要求驻法国公使刘士训"切商暹使,转电政府,于良善华侨一律优待,以敦邻好"②。这次关于华侨人头税的交涉遂不了了之。

虽然,轰动一时的曼谷大罢市被泰国当局严厉镇压下去,但它却显示了华侨华人在泰国经济生活中举足轻重的作用和团结一致的力量。从而使当局带着重重疑惑和忧虑注视着华商的一举一动,对华侨华人的社团活动尤其敏感,给泰国华侨华人建立中华商务总会带来意外的阻碍。

1911 年 1 月,泰国中华商务总会总理高学修等致电新加坡中华商务总会,要求后者转告清政府:"(泰国)华侨立会宗旨,不外联络商情,维持商务,保护商民数大端,与该政府原无他项交涉。现时既经允准(成立商会),谅不至与寻常社会等视,妄启猜疑,遽加干涉。"③

清外务部与农工商部接报后,认为"华侨在暹立会,既据声明宗旨不外联络商情,与该政府无他项交涉。且业经该政府允准,自可准其立会,以顺商情"④。由此可见,清政府十分重视国外中华商会在当地的合法性,唯恐因华侨华人商会的建立而导致与别国的外交纠纷。

这样,在拖延了半年多之后,1911 年 3 月 27 日,清政府农工商部

---

① 宣统二年六月十四日致粤督电,同日致闽督电,外务部档·侨务招工类,卷 3094,中国第一历史档案馆藏。

② 宣统二年六月十四日致驻法刘大臣电,外务部档·侨务招工类,卷 3094,中国第一历史档案馆藏。

③ 外务部档·侨务招工类,卷 3096,中国第一历史档案馆藏。

④ 宣统三年元月二十四日咨农工商部文,外务部档·侨务招工类,卷 3096,中国第一历史档案馆藏。

正式奏准设立泰国中华商务总会。奏折说:"暹罗商务繁盛,华侨经商彼处者,不下二百万人。诚非设立商会,不足以资联络。今南洋各埠商会先后成立,该会事同一律,自应照准。详核章程,大致妥协。"故颁关防为凭,"以仰副朝廷兴商惠侨之至意"①。

然而,事情并未到此结束。5月24日,泰国中华商务总会又再次通过新加坡中华商务总会转电清政府农工商部,说泰国政府原先业已批准中华商务总会注册成立,并允许其登报宣布,但是近日却突然下令禁止其成立。因此,泰国华商要求清外务部"电示办法,以维大局"。清农工商部转告外务部后,外务部就此答复农工商部称:目前由于不了解泰国政府转变对成立华商总会态度的背景,所以无法处理此事。何况"中暹既未订约,本部殊难设法维持"。只有任由华商与泰国政府"就彼政府所执理由,婉与商议,妥慎办理,以免再有阻抑制"②。显然,清外务部的态度十分消极,不愿插手。

7月23日,上海总商会禀告清农工商部说:在上海的闽粤商人转告,日前,泰国中华商务总会正准备召开成立大会之际,遭到了泰国民政部的阻止,"侨商以功败垂成,咸怀不平。且以为商人集会联络情谊,互相扶助,于居留国无关、治安无损,横加干涉,殊违公理。商力屡弱,不能抗争,咸嘱职会代为禀请维持,否则恐将欺压更甚"。并且说,泰国有华侨华人二百万以上,每年吸收利权极重,清廷理应设法加以保护。"今暹国阻止华商设商会,是其意不欲华商之合群,以便逞其箝束之政令。苛待之端,即此已见。似必力持公理,争此既往,以防未然。"③

————————

① 宣统三年二月二十九日农工商部咨文,外务部档·侨务招工类,卷3096,中国第一历史档案馆藏。

② 宣统三年五月二日农工商部咨文,宣统三年六月六日外务部咨农工商部文,外务部档·侨务招工类,卷3096,中国第一历史档案馆藏。

③ 宣统三年闰六月九日农工商部函,外务部档·侨务招工类,卷3096,中国第一历史档案馆藏。

收到上文，清农工商部颇为所动。8月4日，农工商部致函外务部云："华商因联络商情，组织商会，宗旨亦无不合。侨商远在海外，自应一体保护。中暹虽未立约，惟该商会业已奏明有案，且据新加坡、上海两商会先后禀请维持。同一华侨，似未便置诸不问。"①农工商部负有振兴商业之责，故对海外华侨商会的建立颇为重视。看到外务部消极敷衍的态度，自然表示不满并要加以催促。

在农工商部和海内外华商的一再催促下，清外务部才又采取行动。1911年9月7日，外务部致函驻法公使刘士训云："华侨设立商会，不过为联络商情，于居留国并无妨碍。乃暹政府竟行阻止，实非所以示优待。既经农工商部再三咨请设法维持，应请执事将先后情形商诸驻法暹使，请其转达该国政府，仍准华商设会，以俯顺侨民之愿望。"②此函件发出之时，清政府已是风雨飘摇。不待回复，武昌起义爆发，清朝统治的丧钟终于敲响。以后的发展，当另文论述。

五、清末印尼日惹华侨商会的建立

19世纪末20世纪初，由于西方各国的侵略，清政府的财政濒临破产的边缘。清政府企图采取各种手段吸引海外华侨的资金，以挽救自身的命运。为此，清政府不仅迎合资产阶级的要求，同意并鼓励在中国各地广泛设立商会以振兴经济。而且不断地颁布有关法令，宣布保护归国华侨、奖励海外华侨回国投资等等。即使在清政府颁布的《商会简明章程》中，也不忘加上一条："南洋各商以及日本、美国各埠华商较多者，亦即一体酌立（商务）总会、分会。"③以此积极鼓励海外华人建立商

---

① 外务部档·侨务招工类，卷3096，中国第一历史档案馆藏。
② 宣统三年七月十五日致刘使函，外务部档·侨务招工类，卷3095，中国第一历史档案馆藏。
③ 《大清光绪新法令·商会简明章程》。

会。同时,清政府还指令各出使大臣(公使)、领事等驻外官员尽量在海外华侨华人中"劝办"商会。

受清政府正式承认的海外华商总会最先出现在日本的长崎。1905年3月,清驻日公使杨枢咨文外务部,称振兴商务最重要的事情是先开通商智,而且国外与中国内地不同,国际形势又今非昔比,"尤以固结人心,坚其内向之志为要"①。这种试图将海外华商结成团体的看法,与日本华侨工商业者的想法基本一致,所以一拍即合。在杨枢代奏的长崎商会章程中便明确提出:"本会所当办之事,第一以立定会规,联络各帮商人,同心合力,以期扩充本国商务,抵制外人商务为主。"②表达了海外华侨华人资本希图团结一致,在海外进一步发展的愿望。

1906年6月28日,清政府农工商部为新加坡中华商务总会的成立上奏清廷,说新加坡创设中华总商会,不但有利于振兴海外华侨工商业,而且有利于为中国内地兴办农、工、路、矿各业而招徕华侨资本,故"关系尤为切要"③。也正是因为有这样的认识,所以清政府驻外各公使、领事纷纷劝办商会,表现颇为积极。此外,农工商部还屡派要员出洋考察商务,"谕劝华商先设商会"④。因此,国外各地华侨华人建立的中华总商会如雨后春笋般破土而出。

光绪三十二年冬,清外务部指示驻荷兰公使陆徵祥派员远赴印度尼西亚调查华侨情况,并"联络侨民,解散会党"。外务部指示他,"其着手处,即劝设商会"。"商会一设,官商情形可冀相通,而邪说无从煽惑。

---

① 外务部档·侨务招工类,卷 2458,中国第一历史档案馆藏。

② 杨枢咨文附清册,外务部档·侨务招工类,卷 2458,中国第一历史档案馆藏。

③ 外务部档·侨务招工类,卷 3101,中国第一历史档案馆藏。

④ 外务部档·侨务招工类,卷 3101,中国第一历史档案馆藏。

且商会一设,必有正副理等人,纲领在握,驾驭亦便。"①在清政府积极倡导下,很快,巴达维亚(雅加达)、泗水、三宝垅等地先后成立华商总会,并报请清农工商部批准立案,一切都很顺利。

　　光绪三十三年四月二十九日,陆徵祥致函清外务部与农工商部,将印度尼西亚日惹华商要求建立华商总会的要求转给外务部和农工商部。在致农工商部函中,陆徵祥说:"侨民百万,久隶外邦。散而无纪者,存而不论者,数百年矣。而其不忘祖国,历久不渝,可敬亦可悯将。虽抚辑而维系之,奈居非我地,动关交涉。姑无论设立领事之非易也。即设领事,权力又岂能遍庇众侨? 在彼之甲必丹等又不可恃为我用。此商会之设,所以有关保侨,而非仅仅保商已也。"②从以上可见,清政府促进海外华人建立中华商会,不仅仅为了保护和控制华侨商人,而且是为了保护和控制所有海外华人。而且,其背后隐藏着与保皇派以及革命党人争夺海外华人的动机,也就是所谓"联络侨民,解散会党"、"纲领在握,驾驭亦便"和"官商情形可冀相通,而邪说无从煽惑"③。

　　值得注意的是,印度尼西亚华商商会与海外其他地区有明显不同。通常,按照清政府规定,海外华商商会是一个国家建立一个总会(通常

---

　　①　光绪三十三年三月陆徵祥致外务部函,外务部档·侨务招工类,卷3122,中国第一历史档案馆藏。

　　②　光绪三十三年四月陆徵祥致农工商部函,外务部档·侨务招工类,卷3122,中国第一历史档案馆藏。

　　③　温广益等认为:"荷印最先成立的行业、职业团体是华侨商人综合性质的中华商会。""先后成立中华商会的地区有:巴城(1906年2月)、巴厘陵(1906年3月)、泗水(1907年1月)、三宝垅(1907年3月)、坤甸(1907年10月)、龙目(1907年)、日惹(1907年)、梭罗(1908年)、巴东(1908年)、万隆(1908年)、勿里洞(1909年)、巨港(1909年)、马辰(1909年)、棉兰(1910年11月)、苏甲巫丹(1911年)、万鸦老(1912年)、苏岛民礼(1912年)、苏岛丁宜(1914年)、井里汶(1921年)、占碑(1922年)及多隆亚公、勿里达、任抹、孟加锡、玛琅、安班澜、山口洋和三马林达等地。"参见《印度尼西亚华侨史》,第434—435页。

设在该国首都），其余地区设立分会。而在印度尼西亚则建立了多个不相统属的华商总会，并且都得到了清政府的正式批准。陆徵祥给清政府的报告中便提道："巴达维亚埠、泗水埠、三宝垄埠总会均准农工商部分别札委立案。尚有日惹埠华商禀请设立商会事正在调查。"①这其实与当时清政府的法规并不相符，但是清朝驻外官员和在北京的清外务部、农工商部大员却不认为有什么问题，反而希望此类组织在印尼多多益善。

当时，清朝驻荷兰公使陆徵祥有段话，很能说明问题。他说："商会之设，外人不禁。苟会中人而善用其权，不致溢分，则达商情于我可也，即广达众侨情于我亦可也。我得其情而操纵之，大者以访闻所得而向商于彼族，小者答复商会而略示以方针。窃设有领事之实，而无领事之名，计莫便于此矣。"②清末，清政府在海外企图广设领事馆，但常常遭到当地殖民政府的猜疑和阻碍，印度尼西亚即为一例。陆徵祥的话既显示出清政府与保皇派和革命党人争夺海外侨民的企图，又表露出受阻于殖民当局不能直接设领的无奈。于是，试图以商会的形式来作为某种替代，来控制海外华侨华人。

从这种主观愿望出发，陆徵祥建议清政府对海外华商建立中华商会的请求给予大力支持："故华商而禀请设会，在所宜奖，而非所宜阻。"③但是他又感到十分为难："现充会员之人，多未能通达汉文。所来禀牍，诘屈不可读者，十恒七八。幸彼处学校广兴，与内地渐渐交通。国语国文发达，当亦有期耳。"而且华侨"于官样文章隔膜殊甚"，上书难

---

① 光绪三十三年四月陆徵祥致外务部函，外务部档·侨务招工类，卷3122，中国第一历史档案馆藏。

② 光绪三十三年四月陆徵祥致外务部函，外务部档·侨务招工类，卷3122，中国第一历史档案馆藏。

③ 光绪三十三年四月陆徵祥致外务部函，外务部档·侨务招工类，卷3122，中国第一历史档案馆藏。

符合清政府规定,使陆徵祥也不得不为之求情。①

清末海外华商商会的另一个特点是帮群和地域色彩浓厚。陆徵祥在致农工商部的信中谈道:"侨商闽众,而粤寡。商会首领有闽无粤,与有粤无闽,其弊适等。故每举一闽一粤以充首领,此有新加坡成例可援。独三宝垄所举皆闽人,幸有马厩猷者,籍隶既隶闽,家久旅粤,可以相融,故较他处多一人也。"②这种情况说明,在这一时期,海外华侨商会的建立对整个华侨华人社会的联合的确可以起某种促进作用。

日惹华商总理李金泉、协理张廷仪、坐办汤德馨等禀告清外务部称:他们在光绪三十三年四月一日召集了当地华商讨论建立商会事宜,有285人当场宣布愿意入会。据禀文说:日惹"华商行店约五百余家,华侨民数约七千零人"③。此外,日惹附近16个小城镇也有不少华商,他们也愿意加入日惹华商总会,目前报名参加的已经有71人。李氏等说:"此次泉等谬承公推正副协理,深愧庸绌。然于公益所关,义不容辞。"而且也已经上报荷兰当局获得允许。④ 他们看到巴达维亚、三宝垄、泗水都已经获得清政府批准建立华商总会并颁发关防,于是要求清外务部转请农工商部尽快批准日惹华商会的建立。他们说:"急公向义之人固多,而嫉妒把持阻挠公事亦未始无其人。"⑤换句话说,在华商内部,也并非铁板一块。

---

① 光绪三十三年四月陆徵祥致外务部函,外务部档·侨务招工类,卷3122,中国第一历史档案馆藏。

② 光绪三十三年四月陆徵祥致外务部函,外务部档·侨务招工类,卷3122,中国第一历史档案馆藏。

③ 日惹华商禀,外务部档·侨务招工类,卷3122,中国第一历史档案馆藏。在此档案件中,李金泉、张鸿雁、汤祥仁等分别自称总理、副理、协理,但是在农工商部光绪三十三年十二月的奏折和商会名录中,此三人分别为总理、协理和坐办。

④ 日惹华商禀,外务部档·侨务招工类,卷3122,中国第一历史档案馆藏。

⑤ 日惹华商禀,外务部档·侨务招工类,卷3122,中国第一历史档案馆藏。

光绪三十三年十二月,农工商部上奏朝廷,称"日惹居爪哇内地,本非通商口岸。而华侨在彼业米及染造者甚多。道光间,内阁中书臣魏源《海国图志》称:'苏禄屿极南有石崎山,福建人多住生理。'查苏禄即梭罗之对音,石崎即日惹之对音。从前各商散处外洋,漫无结束,兹值国家重视商政,特派臣部右侍郎杨前往南洋一带优加抚慰。海外华侨欢声雷动。梭罗等埠先后设立商会,既经臣部奏准在案,日惹事同一律,自应照准,以副朝廷怀远招携之至意"①。该折递上后迅速获准,并随即颁发了关防。

从清代档案的日惹商会名录中,我们可以看到商会人员的成分(见表1)。其领导人中,商会总理李金泉曾捐有道员衔,而协理张廷仪和坐办汤德馨均捐得中书科中书。可见他们家资殷实,并且与中国内地保持较多的联系,同时他们也非常看重名声,讲究光宗耀祖。

表1　第一届日惹华商商会成员(光绪三十三年)

姓名	年龄	籍贯	商会职务	商号	营业范围	捐官
李金泉	36 岁	福建同安	总理	协顺	米油豆糖茶纸	道衔
张廷仪(鸿雁)	37 岁	福建安溪	协理	建源支店长(行主黄仲涵)	糖米油航业	中书科中书衔
汤德馨(祥仁)	46 岁	福建龙溪	坐办	锦茂支店长(行主郭春秧)	米油豆糖茶	中书科中书衔
陈钊	42 岁	福建晋江	顾问官	信用银行	汇兑	福建南平训导
叶鸿材(丹武)	37 岁	福建安溪	理事	建源支店副长(行主黄仲涵)	糖米油航业	中书科中书衔
叶鸿漠(和武)	28 岁	福建安溪	秘书科长	建美	面粉糖茶欧洲瓷器	中书科中书衔

---

①　农工商部奏折,外务部档·侨务招工类,卷 3122,中国第一历史档案馆藏。

（续）

姓名	年龄	籍贯	商会职务	商号	营业范围	捐官
卢国徽（礼龙）	49岁	福建永定	庶务科长	德星	中外杂货	中书科中书衔
卢鹏腾（逢锦）	48岁	福建永定	会计科长	胜源	欧洲杂货	州同衔
陈永辉	22岁	福建同安	翻译科长	福东	油米豆糖茶	同知衔
李正元	50岁	福建海澄	议董	和成	中外绸缎布业	贡生
周干才（润水）	38岁	广东南海	议董	南昌	铜器杂货	州同衔
陈清静	47岁	福建南安	议董	源兴支店长（行主林当）	中国杂货	州同衔
郭绒庆	64岁	福建海澄	议董	绒庆	椰油	从九品衔
陈振鳞	36岁	福建海澄	议董	顺盛	米油豆	俊秀
李青金	27岁	福建海澄	议董	顺东	豆米椰油	俊秀
陈学古（心坚）	35岁	福建同安	议董	莲发	煤油	州同衔
林笃信	50岁	福建龙溪	议董	如竹（行主石如竹）	棉纱	从九品衔
曾云龙（媳妇）	52岁	福建海澄	会董	千发	面粉烟叶	道员职衔
李高养（前招）	34岁	福建龙溪	会董	绍芳支店长（行主叶鸿成）	米油豆糖茶	中书科中书衔
陈朝栋	31岁	广东新会	会董	德隆	铁器杂货	州同衔
傅仰山	45岁	福建安溪	会董	源兴支店副长（行主林当）	中国杂货	州同衔
曾清俊	48岁	福建海澄	会董	得利	米豆	道员职衔
郑兆胜（存心）	67岁	福建海澄	会董	福寿	烟业	武生
余洽中（言欢）	27岁	福建龙溪	会董	建南	豆米油	州同衔
李钦荣（星止）	38岁	福建同安	会董	源茂	米豆	贡生

（续）

姓名	年龄	籍贯	商会职务	商号	营业范围	捐官
高清芳（耳年）	40 岁	福建海澄	会董	合利	糖茶	州同衔
李捷辉（有彩）	32 岁	福建同安	会董	芳茂	欧洲杂货	州同衔
吴栖谦（金谒）	48 岁	福建南安	会董	延安	中外药材	州同衔
李茂德（清和）	39 岁	福建海澄	会董	义合支店长（行主施庆德）	米豆糖茶	从九品衔
余家壁（广珍）	50 岁	福建漳浦	会董	新兴	酒业	府经历衔
陈宝珠	19 岁	福建龙溪	会董	有信	欧洲杂货	同知衔
李毓南（杞老）	53 岁	福建海澄	会董	成茂	米豆	府经历衔
叶似兰（平维）	42 岁	福建海澄	会董	绍芳支店副长（行主叶鸿成）	米油豆糖茶	中书科中书衔
杨发余	23 岁	福建漳浦	会董	丰兴	米豆	俊秀
吴履泰（美信）	39 岁	福建福清	会董	履泰	钱业	贡生
蔡登朝（仁和）	36 岁	福建海澄	会董	义德	中外绸缎布业	从九品衔
林庆椿（五福）	47 岁	福建诏安	会董	福泰	铁器	州同衔
陈铭泰	32 岁	福建福清	会董	发兴	日本瓷器	俊秀
陈心美	33 岁	福建同安	会董	莲芳	药材	俊秀
曾寿年（香桃）	53 岁	福建海澄	会董	德茂	米豆油	贡生
林笃初	52 岁	福建龙溪	会董	西安	爪哇杂货	从九品衔
王志忠（丰永）	59 岁	福建海澄	会董	万合	烟业	同知衔
蔡攀龙	47 岁	福建同安	会董	攀龙	药材	俊秀
李克忠（振贤）	26 岁	广东澄海	会董	和合	铁器杂货	州同衔

（续）

姓名	年龄	籍贯	商会职务	商号	营业范围	捐官
黄源裕	33岁	福建同安	会董	源裕	糖茶	俊秀
曾连兆	42岁	福建海澄	会董	丰隆	米豆	贡生
施庆福	56岁	福建龙溪	会董	义合	米豆糖茶	府经历衔
李维国（文章）	26岁	福建同安	会董	协成	糖茶	州同衔
陈金镤	34岁	福建海澄	会董	丰美	米豆	俊秀
曾中和（力发）	36岁	福建海澄	书记	发祥	中国杂货	从九品衔
李熙篁	30岁	福建龙溪	书记	胜源支店长（行主卢鹏腾）	欧洲杂货	俊秀
方廷荣	47岁	福建龙溪	书记		医业	俊秀
庄清辉	42岁	福建惠安	书记	中华学堂	教员	五品顶戴候选县丞

从商会的组织和人员结构中，可以发现一些有意义的史实。

就组织结构观察，组成首届日惹华侨商会机关的 53 人中，属于商会领导层的一共有 42 名，这不但与清政府的"定章"不符，而且也同该会自己的会章不符。按其会章规定，设立总理 1 人，副理 1 人，协理 1 人，议董 14 人，会董 20 人，一共 37 人。[①] 但实际选举的结果，"议董"由会章规定的 14 人减少为 8 人，而"会董"20 人却增加到 32 人，无副理。而且，该商会设立的职位与清政府的规定也有明显的不同：该商会在"副理"之外，又多设了一个在"协理"之下的"理事"，此外还多设了一位"顾问官"。除此之外，按清政府和该会会章的规定，只有年届三旬才有资格成为商会领导层人员。但实际上，日惹商会中有许多议董和会董的年龄在 30 岁以下，最年轻的仅仅 19 岁。这些突破清政府规定的

---

① 《日惹侨商会章》（陆徵祥致农工商部函附件），外务部档·侨务招工类，卷 3122，中国第一历史档案馆藏。

做法似乎并未给清政府带来烦恼,在朝廷的批复中也居然没有提出任何异议。就清政府而言,这的确不寻常,反映出清政府急于在海外广泛建立华商商会以争取人心,而不拘泥于规章细节。

该会会章规定商会全体领导层均由全体会员选举产生,其会内职位按照得票多少排列。总理由得票最多者出任,以下分别按票数出任副理、协理、议董、会董。由于该商会是以商人自愿加入为基础,加上自由选举,可见作为一个社团组织,商会是相对民主的。此外我们可以觉察到,当时的日惹商会会员中,原籍福建者占大多数,正像陆徵祥所说的:"侨商闽众而粤寡。"①这是与日惹当地华人的族群分布成正比的。

从籍贯看,商会领导层53人中,原籍福建者50人,而且其中绝大多数来自闽南方言区。如原籍海澄、同安、龙溪3县者,即占商会领导层总数53人的66%。这反映出当地华人社会族群分布的特色。另外,广东籍的共3人,分别来自澄海、南海、新会3县。原籍闽东者仅有福清籍2人。从语言源流分析,澄海的潮汕方言与闽南语极接近,大致可划分为一个方言群。南海、新会则为广府方言区,与闽南、潮汕方言有较大差别。福清虽在福建,从方言群角度看,区别也很大,自成一系。

商会领导成员年龄分布方面,这53人以30—39岁和40—49岁之间者为最集中,分别为19人和15人。其次为50—59岁9人,20—29岁7人,20岁以下仅1人,即19岁的会董陈宝珠。超过60岁的有2人,分别是67岁的会董郑兆胜和64岁的议董郭绒庆。年龄中位数为39岁,可见该商会主要由中年商人领导。

---

① 陆徵祥致农工商部函,外务部档·侨务招工类,卷3122,中国第一历史档案馆藏。

就婚姻而言,日惹商会成员只有 2 人未婚,即 19 岁的会董陈宝珠和 23 岁的会董杨发余。而家有 2 妻(一妻一妾或"两头家"?)者共 6 人,反映出旧式婚姻在 20 世纪初的海外华人社会中仍然存在。从史料看,这些商会成员的家庭都属于核心家庭,即由本人及配偶加上子女组成的家庭,未见 3 代同堂的家庭。这也许反映出因身居海外,华人的家庭观念业已受到外来观念(主要是近代西方思想)的冲击。各人家庭规模大小不一,其中已婚无子女者 2 人,即 22 岁的翻译科长陈永辉、27 岁的会董余洽中,此 2 人尚年轻,婚龄应不长,无法就此推断其对子嗣的观念。此外,子女最多者为会董郑兆胜,有子 4 人、女 7 人,共 11 人。其次为 38 岁的李钦荣,有子女 10 人,其中子 5 人、女 5 人。平均家庭规模为 5.34 人。

在职业分布上,除了两位需要较高文化水平的商会书记——方廷荣为医生、庄清辉为教师外,其余均为普通意义的商人,而且多属批发零售业商。20 世纪初,海外华商大多数从事批发零售业等服务贸易行业,直接经营生产和加工企业的并不占优势,这一特点也从海外各地商会领导层中反映出来。从行业分布看,日惹商会领导层中有 23 名粮油食品商、13 名杂货百货商、3 位布匹棉纱商、3 位药材商、3 名烟商,2 人从事金融业(其中 1 人显然是侨批业主),2 人从事航运业,还有酒商 1 人,煤油商 1 人。这些商人主要为自营商,也有一些人为较大企业的经理人员(经理或副经理)。专营中国杂货的杂货商有 3 人,其余商人大多从事多种经营。这种情形一方面反映出当地华商的行业特征,另一方面与清政府和该会会章中对于商会总理、副理、议董、会董等职员的资格限制相关。任何人如欲参选,不仅要"经营商业,品行端方",还要"善贸易,明事理","在埠有商业"任"行东或经理人",并且需在商界有相当高名望:"其人为各商推重居多数者。"另外,由于该会会章规定总理、副理、协理等职位不但不支薪水,而且每月任总理、副理、协理者需要分别捐资 10 盾、5 盾、3 盾,经济上负担不轻。由此一来,当选者非富即贵,普通劳工或小商贩之流根本不可能入围。

有学者认为:"国内商会会董绝大多数都是商人,海外华商总会的议员也有不少是商人,但矿商甚多。""这说明当时的华商在海外大都从事开矿等比较繁重低下的职业。"①实际上,除了马来亚部分地区外,矿商并非海外华商的主体。从日惹商会来看,同样如此。

就商会成员与内地的关系来考察,全部人员包括领导层和事务人员(雇员)都捐有清朝虚衔或功名出身。其中以"州同"为最多,有 13 人;"俊秀"居次,为 10 人;另外有"同知"9 人、"中书"7 人、"从九品"6 人等等,甚至还有"武生"1 人。这从一个方面可以看出其成员的经济实力。②

商会领导层成员全部由成年男性组成,反映出当时海外华人社会仍是传统的以男性为主导的社会。从商会机构成员及其家庭成员姓名看,相当多的女性名字末缀"娘"字,表明来自闽南地区。而有一部分男性有别名或字号。其中有几位商会成员应属同胞兄弟,这可以从其姓名、年龄、籍贯等方面推断出来。

日惹商会的宗旨与活动范围,在呈报给清政府的一共十四章的《日惹侨商会章》中可略见一斑。

该会章开宗明义写道:"日惹埠创立华侨商会,以联络同业,开通商智为一定之宗旨。(第一条)""(本会)有维持公益、和约、商规、代诉冤情、调息纷难义务。(第三条)"而会章第九条,则详细地开列了商会职责:"本商会有保商、振商之责。故凡商人有纠葛交涉,或抱屈不能申诉

---

① 朱英:《辛亥革命时期新式商人社团研究》,第 111 页。

② 清政府公布的捐购官衔价格是"同知"690 银圆、"州同"100 银圆、"监生"38 银圆、"九品"为 28 银圆,参见柯木林等:《新加坡华族史论集》,新加坡,南洋大学毕业生协会出版,1972 年,第 85—87 页。

各事,可由商会总理等体察属实,代为秉公申诉。"①并列出十项具体内容,包括商会会员之间经济纠纷的公平处理、商会会员与外商之间经济纠纷的处理、商会会员与回国侨商或中国内地商人经济纠纷的处理(由商会负责联系内地商会与地方官)、为商会会员代办回国护照及提请内地地方官加以保护、商会会员及眷属在内地受欺侮时由商会代向内地地方官申诉办理、以商会名义为会员的合同出具公证、代会员注册发明专利及商标等、会员被假冒商标或被冤枉时代其向殖民政府及清政府投诉、为会员开拓商品市场提供便利、帮助内地眷属查询及处理在印尼去世的会员遗产,等等。

由于华侨商会的特殊性质,它们在海外最关注的不仅是自身代表的华商的商业利益,也十分关注作为整体的华侨华人社区利益,日惹商会便是如此。在成立后不久,光绪三十四年五月,日惹与泗水两地中华商会即致电清驻荷兰公使陆徵祥,要求清政府尽快在荷属印尼设领保护华侨,并与荷兰殖民政府谈判取消原有的甲必丹制度。② 在另一篇给陆的信中,日惹商会说:"日惹埠居爪哇内地,非通商口岸,而华商之业米与染造沙龙(土人所用衣料之名)者颇不乏人。其地尚有爪岛旧王、和(荷)人防王并防众侨默助。故甲必丹献媚尤甚。甲既献媚,侨愈受困。故商会亦暗事补救之一策也。"③

华人甲必丹制度在东南亚华人社会存在已久,由于各地甲必丹是殖民地政府所任命的,因此传统上有靠拢殖民政府倾向,多认同于西方

---

① 《日惹侨商会章》(陆徵祥致农工商部函附件),外务部档·侨务招工类,卷3122,中国第一历史档案馆藏。

② 陆徵祥咨复农工商部文,外务部档·侨务招工类,卷3122,中国第一历史档案馆藏。

③ 陆徵祥致农工商部函,外务部档·侨务招工类,卷3122,中国第一历史档案馆藏。

殖民政府。与此相反,华人商会是由中国清政府倡议并支持建立的,其领导层多认同于中国。从根本上说,甲必丹与商会的区别在于权力来源。前者来源于殖民地政府任命,常常与包税制度相关,从而与殖民政府有利益上的关联;后者实际来源于清政府,由于实行一定程度上的自由选举和定期轮换制度,其公信力较大,而且商会领导层并不因出任有关商会职位而直接带来经济收益(如包税等)。这样,商会在华侨华人中的代表性较甲必丹更为广泛。

宣统三年八月,日惹中华商务总会协理兼代总理李如山在一封致清政府农工商部的电文中就认为:"和属华侨外交权之过去失败,书不胜书。今中和领事条约既公布施行,其中有与华侨关系最为重要而影响及于主权者厥有数端:一曰废侨长,二曰去税务,三曰选领事。"①对此,商会在另一篇禀文中有详细解释:"和属一带绵亘数十岛,华侨百余万,来自元明,繁衍至今。以人数论,以商业论,皆雄冠合属,而独区区外交权不能与人平等。过去失败,书不胜书。今中和条约既公布施行,领事来驻,当在指顾间。其中有与华侨关系最为重要,而且影响及于主权者有数端。敬为钧部缕晰陈之:一曰废侨长。未立领事条约以前,和属概以无条约国待我之侨民。既仰和政府之鼻息,又听侨长之指挥。侨长约分四项:曰玛腰,曰甲必丹,曰雷珍兰,曰甲首。皆就华侨中富而能诮者随意派充,并非征集舆论。侨长既被简命,俨然自大,多不知国权为何物,但求能博和人之欢。虽自属同类,亦不顾问之。设和政府苛待者,皆若辈侨长有以酿成之也。查英属之新加坡、美属之小吕宋向亦设甲必丹,自改设领事后,此项甲必丹已裁去,和属事同一律,应请外务部照会驻京和使,于我国领事到任后,即将和属所设中国玛腰、中国甲

① 宣统三年九月农工商部咨外务部文,中国外务部档·侨务招工类,卷3122,第一历史档案馆藏。

必丹、中国雷珍兰、中国甲首等职概行裁免。如虑内地华侨无代表不可,即将已设商务总分会总协理认为华侨代表,由领事按属照会和政府请其公认。未设会各商埠,责成已设之各商会派员俟劝赶设总分会,按章选举,以便就近接办。盖商会之总协理系就各巨商投票选举,与立宪国代表资格较为吻合。中国既宣布预备立宪,侨长一项废私授用公选,谅和政府亦无词置驳也。"①"二曰去税务。和属之税,层见叠出。其最繁重者,曰人租,即丁口税。岁征一次,任意上下。其次如营业税、家屋税、家器税、牲口税,以致路灯、更寮,无不按月派捐。即如竖墓碑及庆吊排用各物,亦无不科以重资。其抽税之法,和政府初无成见,某人应增若干,悉就决于侨长。侨长恃其权力得达,遂以爱憎为轻重,且正课所入,侨长例得扣抽,每百盾得抽八盾,作该侨长之津贴费,名曰八津。于是侨长更不惮搜刮之繁,以供取求。富者睚眦,贫者怨苦,恶感所致,每每由此。虽然租税之设,独立国之所有权也惟是人望不孚,经理失当,有纳租权者,例得有建言权。今领事已设,各项侨长本应立即裁撤。如一时交涉未得手,请将此项租税权先行交涉有领事驻扎之埠,由和官与领事直接办理。如未设领事各埠,所有抽租事件改交商会兼理。每届由和官与各该会总协理会商办理,悉担任义务,不许仍抽。于华侨既少一分之负荷,于荷政府亦得观众意之向背。商会总协理一年一换,自知爱惜声名,与侨长籍公图私者,不可同日而语。侨长能废则已,侨长不能废,此节似可先与取缔,能早一日改除,则华侨可早纾一日之困也。"②

从上面商会的叙述中可见,由于甲必丹等"侨长"多与包税制相关,

---

① 日惹中华商会禀,外务部档·侨务招工类,卷 3134,中国第一历史档案馆藏。原件无日期,据内容推算,当为宣统三年五月前后。

② 日惹中华商会禀,外务部档·侨务招工类,卷 3134,中国第一历史档案馆藏。

而当时殖民地政府对于华侨华人征税的随意性较大,因此甲必丹等上下其手,自然引起商界的不满。而反对建立华侨商会的,显然是这些既得利益者。但对于华商而言,旧有的侨长制度已经为大多数华侨华人所深恶痛绝,必欲去之而后快。既然得到清政府的支持,就不断要求清政府设法取消原来的甲必丹制度,以商会及清朝领事取而代之。此外,新式商会的民主选举制度、定期任职方式和公众及公益意识,也同以往的传统观念相差甚远,表明 20 世纪初的海外华商群体业已从观念、意识形态到组织机构,都开始了一个根本性的转变。

六、晚清官员与新加坡华商

1860 年第二次鸦片战争后,由于中国国内外形势的急剧变化,清政府被迫改变了传统的敌视华侨的政策,转而在各方面采取一系列保护和利用海外华侨华人的措施。19 世纪末 20 世纪初,清政府因为甲午战争和八国联军之役的战败,不得不向西方列强付出巨额赔款。在国内搜刮已尽的背景下,海外华侨的汇款和捐款给清政府财政以很大帮助,使之"足资补益"。[①] 当时,除日本、古巴、巴西、加拿大等国家外,世界各地华侨华人每年仅仅"寄资回籍养家立业"的汇款就达 6000 万元之多。[②] 因此,清政府把争取华侨、特别是华侨工商业者作为侨务政策的重点,以便吸引更多的海外资金。而在海外华侨中,新加坡华商是清朝官员最为重视的对象之一。

1903 年,清政府商部上奏朝廷,请准各地建立商会。奏疏中说:"纵览东西诸国,交通互市,殆莫不以商战角胜,驯至富强。而揆厥由来,实皆得力于商会。"[③]由此提出广泛建立商会,借以振兴实业,保护

---

① 《庸庵全集·出使奏疏》,卷上。
② 《清季外交史料》,卷 661。
③ 《光绪朝东华录》,第 5 册,5122 页。

民族工商业。在随后不久公布的《商会简明章程》中，商部明确规定：
"南洋各商以及日本、美国各埠华商较多者，亦即一体酌立（商务）总会、
分会"①，并要求清朝驻外使节和其他出访官员积极在海外华侨中"劝
办商会"。

1905年，清政府派遣"考察外埠商务大臣"张振勋出访英属新加
坡。在新加坡逗留期间，当地侨领吴寿珍、陈云秋告诉张氏，新加坡是
东南亚大都会之一，华商众多，"市面素称极盛"。但是近年来工商业发
展有所减缓，原因是"商情涣散，鲜识共谋公益"，使得华商在同外商竞
争中处于不利局面。对此，他们认为："振兴商务，首在联络商情。欲收
通力合作之效，相与讲求利益，非设立商会不足以集团体而资整理。"特
别是他们看到"现在内地通商各埠次第举行商会，声息渐通"，更迫切希
望建立华商商会，请求张振勋利用自己的影响力促成新加坡中华总商
会的建立。②

张振勋看到吴寿珍、陈云秋等人的请求与清政府主张不谋而合，欣
然同意立即出面召集当地华商开会，在华人中广泛宣传建立商会的必
要性和迫切性，还带头捐出3000银圆作为商会的开办经费。经过"各
帮绅商"六度集会商议，最后拟出有关章程，并选出52人组成的董事
会，由吴寿珍、陈云秋分别担任正副总理。1906年，该会以"华人商务
总会"之名在当地注册，正式名称为"新加坡中华商务总会"。

新加坡中华商务总会是当地华人工商业者的组织，是为了团结和
保护华商、促进华人工商业发展的权威性非政府组织。最初加入商号
约800余家，依方言群（帮）划分，按照会员比例组成董事会。首届董事
会以闽帮任总理，粤帮任副总理。以后采取轮值制，由闽粤两帮轮流担

---

① 《大清光绪新法令·商会简明章程》。
② 外务部档·侨务招工类，卷3101，中国第一历史档案馆藏。

任正副总理,反映出当时新加坡华人社会中方言与地域色彩浓厚的现实。

该商会首届总理吴寿珍是祖籍福建的富商,曾向清政府捐得"广东试用知府"衔。1902年1月至5月,他曾经担任清驻新加坡代总领事。1905年6月,在中国各地开展抵制美货运动时,吴曾代表新加坡华商致电清政府,对抵制美货运动表示坚决支持。可见他是一位富有爱国心的侨领,与清政府的关系颇深。

在致清政府商部的函中,吴寿珍等慨叹:"设立商会,外洋与内地情形不同。内地遇事,官为维持,外洋动多牵掣。"①身处海外,华商深深体会到由于缺乏本国政府的保护,建立社团、兴办公益事业经常受到当地政府的刁难、排斥和压制。特别是在殖民地国家,殖民当局总是将华侨华人作为异己力量加以监视和控制,对华侨社团的活动横加干涉。这与当时在中国国内,由清政府出面倡建各地商会的情形形成鲜明对照。

尽管如此,新加坡华商的热情仍十分高涨:"此次创设伊始,群情尚为踊跃。计入会者八九百号,皆系正项商业。"他们一方面希望借此加强团结,共同谋取商业利益;另一方面则希望"将来与内地消息灵通,可免从前隔膜之弊"②。由此可见,海外华人商会与内地商会有较大的区别。以吴寿珍为首的新加坡华商,不但希望通过商会建立与内地正常的联系渠道,还希望借助商会作为与清政府交往的媒介。所以,他们在上书清政府时,除了要求清廷颁发印信正式批准外,还要求清政府对商会会员予以重用。

商部收到吴寿珍等的来函后,随即上奏朝廷,请求正式批准设立新

---

① 外务部档·侨务招工类,卷3101,中国第一历史档案馆藏。
② 外务部档·侨务招工类,卷3101,中国第一历史档案馆藏。

加坡中华商务总会。在奏折中,商部说:"新加坡为南洋商务总汇,闽粤两帮贸易该处者颇多。"强调新加坡作为东南亚贸易中心的地位,和华商众多的背景,并进而解释海外建立中华商会的理由:"前年,臣部奏定商会章程,曾声明'先就各省所设立总会,嗣后因时推广。其南洋以及日本、美国各埠华商较多者,亦一体酌立总会、分会'等语。诚因华商海外经营,群情向多涣散。亟宜互相联络,自固团体。惟是外洋情形既较内地不同,成立尤难,端资利导。近年迭奉谕旨,严饬保护出洋华商。风声所树,咸知朝廷保惠侨氓,无远弗届。而臣部综司商政,责无旁贷,遇有外埠商务应办事宜,无不力予维持,冀收鼓舞招徕之效。"新加坡因为"风气渐开,复经张振勋曾捐商会经费,并由臣部等饬令郎中时宝璋切实劝谕,该商等乃遵部章,在新加坡创设中华商务总会,尤注重与内地破除隔膜,声息渐通……应即准予立案,以资提倡",并说:"臣等核阅所拟试办章程,因地制宜,组织完备,尚属可行。所请发给关防,核与各省设立商务总会办理成案亦属相符,应并准如所拟办理。其公举总理各员,当参酌该处情形量加札委,以专责成。并由臣部随时督饬该会总理等认真筹办,总期实事求是,渐收成效。"①

　　新加坡中华商务总会是清末最早建立的海外华人商会之一。作为清政府代表的商部,其主张建立商会的最重要目的是借此招徕更多的华人资本以挽救日益交困的清政府财政。在奏折中,商部强调:"将来凡有华商各埠,果能逐渐推广(建立商会),不特于振兴外洋商业深有裨益。即内地农工路矿各项要政得易招集华侨资本,次第兴办,关系尤为切要。"②这番话清楚表明了清政府的真实想法。正因为如此,光绪三

---

① 外务部档·侨务招工类,卷3101,中国第一历史档案馆藏。
② 外务部档·侨务招工类,卷3101,中国第一历史档案馆藏。

十二年五月三日呈上奏折，次日便得到批复同意①，可见清廷对此事的重视。

以吴寿珍等人为代表的新加坡商会领导层属于政治上的保守派，在当地政治生活中并不活跃，但与中国内地有比较密切的联系。他们多半用金钱在内地捐得一两个清朝官衔或"出身"，借以光宗耀祖。政治上，他们与清政府以及清驻新加坡总领事馆有较多往来，在心理上倾向清政府。这类保守势力构成当时新加坡中上层华商主体，也成为中华商会的多数。对此，清朝官员十分清楚。

1901 年 6 月，两广总督陶模委派候补同知吴桐林前往东南亚，"设法劝导兼筹保护"华侨。吴在一年多时间里，遍访东南亚，"向各华商恳切劝谕，反复开导，晓以大义。并联络各商于新加坡、吉坨（吉隆坡）等埠，创立孔教，以正人心。一时因而改悔去逆效顺者甚众"②。当时出任清驻新加坡代总领事的吴寿珍代表当地华商就此事报告清政府："吴桐林跋涉风涛，不辞艰险，保商兴教，劳勣甚彰。"③这突出地表明吴寿珍等人政治上倾向清政府，而反对以康有为为首的维新派和以孙中山为首的革命党。

从清代档案中的《吴桐林履历单》可知，吴氏原籍四川，1878 年袭世职云骑尉，曾在川藏边界、台湾、南澳等地"办理防务"。1896 年，他自费出外"考察商务"，除到上海、福州、厦门、汕头、广州、香港等中国沿海口岸外，还先后四次出国，至越南、泰国、缅甸、印度、菲律宾、马来亚、新加坡、印尼"访查中西商务矿务"。1901 年先是受湖广总督张之洞指派"赴外洋侦探"华侨情形，后来又由两广总督陶模委任"出洋传谕保商

---

① "同日旨，依议。"（外务部档·侨务招工类，卷 3101，中国第一历史档案馆藏。）

② 外务部档·侨务招工类，卷 3105，中国第一历史档案馆藏。

③ 外务部档·侨务招工类，卷 3105，中国第一历史档案馆藏。

兼侦探差使",在新马一带兴办孔教,反对维新和革命①。其回国后,两广代总督上奏称:"吴桐林奉委前赴南洋各埠劝谕华商,意能创兴孔教,讲明伦理正学,消弭隐患,维系人心。且系自备资斧,驰驱海外,时历年余,其劳尤不可没。"②吴氏因而官升知府。

光绪二十九年四月,广东地方官又奏派官员前往东南亚作为"保商委员",其目的更为明确,是专门针对康梁和孙中山等反清活动的。其奏折说:"粤省出洋华商侨寓南洋新加坡等埠者,实繁有徒。类多身家殷实,慷慨好义。惟居外洋既久,于中国情事转多隔阂。近年孙、康等逆,窜逆海外,及内地奸民犯法远遁者,利其财力,往往构煽谣言,与之结纳,引为党类。各华商远在异国,耳目难固,限于见闻,不免为所诱惑。"③故要求清廷委派官员前往"开导",在海外华人社会与维新派和革命党人争夺人心,力争削弱海外反清势力。

作为清政府的驻外代表,清驻新加坡各领事对此自然不能不闻不问。

如 1910—1911 年在任的总领事苏锐钊到任后不久,因其母病故,回国奔丧。正在此时,"适逢省城革党起事"(指广州黄花岗起义),苏氏"风闻有革党多名在新加坡内渡"。于是在返任后,立即开展调查,并报告说:"其党由(新加)坡赴省者,实无多人。大半皆是荷兰属爪哇一带,该处于革命问题,几成普遍宗旨,富商输款接济者实繁有徒,其以泗水为最。"相形之下,苏锐钊觉得"新加坡一埠,去华较近,其宗旨似稍纯正。惟是人数较多,良莠不齐,难保无有被其煽惑者"。同时,他又感叹身处海外,清朝官员不可能直接镇压反清活动:"领事无究办之权,英政

---

① 外务部档·侨务招工类,卷 3105,中国第一历史档案馆藏。
② 外务部档·侨务招工类,卷 3105,中国第一历史档案馆藏。
③ 外务部档·侨务招工类,卷 3105,中国第一历史档案馆藏。

府于有碍其地方治安之外,概不闻问。故领事惟有随时随事婉言劝谕,冀其有改无勉耳。"实际上,能真正做到的是充当清统治者的耳目:"如确有输运军火等事,则当雇用侦探细密查访。"①作为清政府官员,他们在维护清王朝统治的根本利益上,态度毫不含糊。

毋庸讳言,清朝官员特别是驻新加坡领事官员也做过不少对华侨有益的工作,左秉隆、黄遵宪、张振勋等均如此。另外,在清代档案中,也可以看到孙士鼎在这方面的活动。

1906 年 1 月,孙士鼎出任驻新加坡代总领事。上任后不久,孙士鼎照会英国驻新加坡总督,要求英国殖民地政府取消华人进入新加坡时在海关遇到的歧视,如入关时必须赤身裸体接受检查,并在所谓"防疫所"隔离数日,才允许入境等。经过孙多次严正交涉,殖民当局被迫修改有关条例,允许华人与其他国家公民一道通关。此举深受当地华侨华人的赞扬。

另外,孙士鼎还大力在华人社会里倡导戒毒。在出任代总领事后,他发现当地华人"嗜鸦片者,尤倍于内地"。他认为"鸦片流毒全国,岁糜巨款,弱国病民,莫此为甚"。经调查,孙士鼎了解到,当时新加坡烟酒税年收入 440 万元,其中酒税占 10%,其余都来自鸦片税。他更进一步发现,"每年四百万巨款皆尽输自我华侨也"。这显然成为殖民政府一大利源,当局自然不愿出面强制禁毒,反而为吸毒推波助澜。由于鸦片收入之丰,"英政府则不能不循烟酒公司之请,而严禁售卖戒烟药丸、药酒,以维持之"②。这正是殖民当局勾结不法商人使鸦片流毒于新加坡的根本原因。

针对这种情形,孙士鼎多次与中华商务总会商讨设立"戒烟善

---

① 外务部档·侨务招工类,卷 3104,中国第一历史档案馆藏。

② 外务部档·侨务招工类,卷 3102,中国第一历史档案馆藏。

会",试图以慈善机构形式建立专门组织,以帮助华人戒毒禁毒。但商会"以有碍英例,不敢举行","即租赁房屋等事,绅商等亦种种疑惧"。①

由于当地华商迫于殖民当局的淫威,不敢公开出面提倡戒毒禁毒。孙士鼎决定以总领事馆和他个人名义出面倡导,并以总领事馆几间空置房屋暂作戒毒所,聘请殷雪村、林文庆等名医协助吸毒者戒毒。殷等表示愿意提供义务服务,而饮食、医药费用则由孙个人出资解决。孙士鼎则说:"如办有成效,而无阻力。即行照交商会、医院各绅董接续推广。"②不仅如此,孙士鼎还大力支持华商出售各种戒毒药物,并同殖民当局交涉,使"英官无异言"③,扫除禁毒戒毒的阻力。

光绪三十二年闰四月,戒毒所正式开张。孙士鼎照会英国总督,后者亦只能表示同意。戒毒所开办首月,就有 200 余人报名自愿戒毒。但因场地不足,只能按先后顺序为前 40 名戒了毒瘾。随后,孙士鼎要求中华商务总会及同济医院接手,"设法筹款办理",而商会却推说"势难兼顾,不能如愿"。同济医院虽然积极准备建立"戒烟分局",但又因为缺乏经费,无法开办。在孙士鼎一再动员下,富商陈武烈、陈景仁等又"集众筹议","得四千余元。业经租屋接续办理,名曰振武戒烟善社"。孙氏得到消息立即照会英督"重申前说",并帮助陈武烈等申办注册,使组织合法化。英殖民当局也只能表态说:"华商陈武烈等,接续推广办理戒烟所,本政府于此事亦乐赞成。将来得收实效,皆贵总领事之功。"④

在孙士鼎的努力下,特别是英国殖民当局正式批准戒烟活动后,当

---

① 外务部档·侨务招工类,卷 3102,中国第一历史档案馆藏。
② 外务部档·侨务招工类,卷 3102,中国第一历史档案馆藏。
③ 外务部档·侨务招工类,卷 3098,中国第一历史档案馆藏。
④ 外务部档·侨务招工类,卷 3102,中国第一历史档案馆藏。

地华人禁毒热情迅速高涨。戒毒所在不足一月内便已经筹措经费8000余元,以后数月筹款总额更达到15000新加坡元之多。[①] 而且,商会自总理以下各侨领均出资赞助,使戒毒运动得以持续开展。

值得注意的是,孙士鼎在新加坡倡导禁毒戒毒完全是他自发性的行动,事先并无清廷指令或上级授意。事实上,直到1908年初,清廷才正式任命"办理戒烟大臣",并谕令"在外华民吸食鸦片者"由"使臣及领事设法劝令戒除"。[②] 而孙氏早在两年前便已经在新加坡华人社会中大力提倡戒毒,甚至自己出资帮助戒毒。其热情之高、决心之大,远在当时许多清朝官员之上。

正因为这样,孙士鼎在当地华人中颇受爱戴。1906年6月,新加坡华商风闻他将奉调离开,立即上书清外务部以及驻英公使,要求孙士鼎留任。他们唯恐书信太迟,特意先致电外务部,说:"领事到任以来,侨民获益良多。现闻有销差之说,乞转电驻英汪使留差,以慰民望。"[③] 在致外务部函中,新加坡华商称:"新加坡一埠为南洋总汇之区,商贾云集,交涉日繁。非有心任事、通达外交之官,则一万余家之商旅、三十万众之侨,悉以供外人之奴隶牛马。"并以海关法规为例,说明以往据殖民当局规定,凡华人自中国抵达新加坡,便像犯人一般,无论男女,叱令一律裸体。验毕,驱至淇漳山,苛虐万状。限期满日,方许登岸",但"十余年来,我国领事官宪无敢过问"。直到孙士鼎上任后,"亲诣轮船及淇漳山等处,查看属实。照会英督,遂革裸体例,改良淇漳禁疫所,而行旅赖安"。此外,孙大力提倡戒毒:"署内设戒烟所,饮食教诲如父兄然,身受者感至泣下。"而且,孙士鼎"公余辄演说,大率以爱国、保种、兴学、劝工

---

① 颜清湟:《新马华人社会史》,北京:中国华侨出版公司,1991年,第217页。按,当时新加坡种植园工人月收入仅5—9元而已。参见该书第152页。
② 外务部档·侨务招工类,卷742,中国第一历史档案馆藏。
③ 外务部档·侨务招工类,卷1299,中国第一历史档案馆藏。

为宗旨",又"设阅报所以开民智,设正音所以通国语"。尤其难能可贵的是,这些活动的经费都出自孙个人薪俸,领事馆并无此项公费开支,也没有向当地华人摊派。因此函中说:"一时顽儒向化,各属接踵兴办学堂。其善教得民又如此。"①孙的活动多少收到一定成效。所以,华商们向外务部恳求让孙士鼎留任,说:"今百废待举,商民爱戴。风闻调任,志切攀辕。相顾惶惶,如失父母。"虽知此举不合清朝法统,但仍希望孙士鼎留任,"以资熟手,而顺舆情"。该函件形式上也与众不同,其结尾没有署名,而是盖有当地百余家商号的印鉴,以示郑重。②

清末,虽然中央集权制已大大衰落,但在外交和领事人员的选派方面,仍由中枢大臣和驻外公使一手把持,不容外界干预。因此,新加坡华人集体上书请求孙士鼎留任总领事的举动完全不合传统,但在晚清重视侨资侨汇和华侨华人舆情的背景下,他们的行动居然产生了效果。

1906年7月,清驻英公使汪大燮上奏说:"新加坡总领事兼辖南洋各埠,侨民以数百万计。非较有历练之员,不足以膺斯选。孙士鼎自代办以来,为华侨兴学、戒烟、商除苛例,与该处英官尚称浃洽,侨民尤多称颂。迭接南洋各岛数百家商店联名禀请留办,具见众情悦服。拟即以孙士鼎接充新加坡总领事差,以慰舆情,而资保卫。"③很快,奏折获清廷批准,同意孙士鼎正式出任总领事。

但是,清朝驻外官员常常是良莠不齐,其中一些人不仅不能为华侨谋利和保护华侨,反而胡作非为,鱼肉百姓,有损国格。这些事例,在驻新加坡领事官员中也可以找到。

---

① 外务部档·侨务招工类,卷3098,中国第一历史档案馆藏。
② 外务部档·侨务招工类,卷3098,中国第一历史档案馆藏。
③ 外务部档·侨务招工类,卷3098,中国第一历史档案馆藏。按,汪大燮原先于1905年奏调广东候补知府汪大钧任总领事,但两广总督岑春煊以汪在粤许多事未办完、不能赴任为由,改派候补知县孙士鼎代办。

　　宣统二年八月，新加坡中华商务总会总理林维芳等致函清外务部，要求开除总领事馆随员兼翻译曹谦。据林维芳等揭露，曹原仅为捐例监生，因为巴结上李鸿章之子李经方（当时任驻英国公使），而由李氏推荐，随左秉隆至新加坡，任领事馆五品翻译官。此人"汉文洋文一概不通，另请别人为之代替翻译，不过尸位素餐"而已。更有甚者，他还"不顾国体，荼毒华商"。信中列举了曹的十大罪状：

　　一、串通有关人员勒索华侨。"如有商民呈状词，必先交门封银五元。如无门封者，一概不得呈入领事得知。"这样一来，"贫民有冤莫诉，有屈莫伸。侨民深为痛恨"。

　　二、伙同不法商人侵吞他人房地产。当时，有不少华侨因房地产纠纷"或控于中国，或禀领事"。而曹谦时常与奸商勾结，出示伪证，使"刁商得之，有恃无恐"，他也借此从中渔利。

　　三、利用权势，欺压华商。如平时购物，"不论所买何物，俱命其伙伴送回衙门中，均发半价。侨民受鱼肉者，不知凡几"。

　　四、公然在领事馆内聚赌、嫖娼。因殖民当局不能进入领事馆，而曹某"恃李经方之宠，所以领事、书记等缄口不敢言"，任其"窝娼聚赌"，"招积无赖，日与为伍"。曹不但直接参加赌博，而且公然"抽捐"，并"带妓宿于署中"，把领事馆弄得乌烟瘴气。

　　五、借办公务，中饱私囊。曹擅自提高办理中国护照等收费标准，超出规定数倍之多，从中渔利，"私吞巨款，目无王法"。

　　六、索贿受贿。曹谦在各种场合从不法商人手中收受大批贿赂，作为替他们办事的酬劳。

　　七、经常酗酒闹事，有损国格。他还曾经因酒后伤人被当地警方扣留和罚款。

　　八、与市井无赖合谋，在新加坡的松柏街公然开设妓院牟利。

　　九、借1909年中国交通银行于新加坡开设分行之机，串通某巨商强迫华侨迁居,"以官势欺民,惟利是图,霸占民居"。曹氏因此从交通银行分行那里获得 2000 元"酬金"。

十、在 1909 年慈禧、光绪"国丧"时,曹大出洋相,为外国官员耻笑,有损清政府对外形象。①

1910 年,陈嘉庚也曾经致函新加坡中华商务总会,提及"领事馆对于侨民诉案办理不公,有违保护宗旨。请即呈农工商部及外务部,训令遇事必须公断"②。陈嘉庚的抱怨虽未指名,但从前文所述中大致可推断与曹谦不无关系。

从清代档案中可知,曹谦系 1907 年由李经方直接保举任清驻新加坡总领事馆翻译。外务部奏折曾援引李氏原话云:"曹谦谙习英文,心地纯正。"③在其自撰履历中写道:"现年三十四岁,系安徽徽州歙县监生,肄业于上海中西书院。毕业(后)曾往新金山(即澳大利亚)游历,充黔省、热河五金等矿翻译。于光绪三十三年八月蒙宪台咨请外务部奏派试署新加坡总领事馆二等通译官。"④在《新加坡总领事馆各员考语》中,称曹某"素娴英文,留心时事",建议将其升正式翻译。⑤ 如此贪官污吏不但不受惩处,反而官运亨通。除了商会指出他"恃钦差李经方之宠,势有驾于领事"以外,清末的吏治腐败是更深层的原因。

也正因为如此,那些清正廉洁、秉公办事的外交人员往往不仅得不到重用,反而受到不公正待遇。左秉隆就有过这种经历。

宣统年间,清廷玩弄"预备立宪"骗局,要求全国各地调查人口及户数,海外华侨亦需统计。清民政部规定:"凡旅居外洋,无论游学、经商、

① 外务部档·侨务招工类,卷 3099,中国第一历史档案馆藏。
② 罗子威:《新加坡中华总商会六十周年纪念刊》,新加坡,新加坡中华总商会出版,1966 年,第 173 页。
③ 外务部档·侨务招工类,卷 3099,中国第一历史档案馆藏。
④ 外务部档·侨务招工类,卷 3099,中国第一历史档案馆藏。
⑤ 外务部档·侨务招工类,卷 3099,中国第一历史档案馆藏。

做工人等,应由出使大臣督率各该领事……分别调查,一律按期汇报民政部。"①并且规定与内地一样,每两个月、半年或一年将数字汇总上报。

1907 年左秉隆出任驻新加坡总领事后,曾按规定将得到的 1908 年新加坡人口统计有关华人数字报告清政府。以后因缺乏资料,无法逐期上报。为此,左秉隆一再向民政部说明原因:"新加坡等处,户口每十年调查一次,载在蓝(皮)书,各国领事皆照此书转报各国。但其颁发之期,往往逾越年限。"在他就任以来,直到 1910 年 4 月,所见到的最新资料也只是 1908 年的,所以无法像内地官府那样一一按期向上呈报。另外,清民政部还指责他未能报告有关工商学界分类统计以及户口籍贯的分类统计,也使之哭笑不得。因这些都是当地人口普查中所缺乏的数据,领事当然无从得知。在当时情况下,欲凭中国领事馆区区数人在新加坡进行调查统计,更是天方夜谭。

本来,左秉隆在保护华侨、兴办华校、提倡举办华人公益事业等方面是驻新加坡领事中最有建树者之一。驻英公使薛福成曾称赞他:"精明干练,熟谙洋语,与英官皆浃洽,办事颇称稳健,盖领事中之出色者。"②诸如统计资料这样领事分内的工作,若非事出有因,他不会故意拖延不办。但清民政部却根本听不进左氏的解释,对其进一步严词相向:"该领事称,现无蓝(皮)书可稽,碍难照章办理等因。迹近推诿,殊与定章不符。领事既有保护华侨之责,调查华侨户口既系领事应办之事,自应遵章限期举办在案。若如该领事所申,蓝(皮)书每十年一出,户口各数每十年一易。是蓝(皮)书一日不出,则华侨民数永无实行调查之日,实于宪政前途大有妨碍。"因此再次责令左秉隆"迅速遵章调

---

① 外务部档·侨务招工类,卷 3102,中国第一历史档案馆藏。
② 《庸庵全集·出使日记》,卷 1。

查,以符定章,而重宪政",并威胁道:"倘再延宕,藉词推诿,本部即遵光绪三十四年八月初一日谕旨办理,勿谓言之不豫也。"①意思是要奏请朝廷将他革职惩办。

收到此函后,左秉隆万般无奈,只得再次上书民政部加以解释。他说,西方各国包括英国在内现在多已是"立宪之国","亦知调查户口极关重要"。但英国总督向政府呈报的新加坡人口数,以及西方各国驻新加坡领事所报告国内的统计资料,也都是来自新加坡人口普查蓝皮书,因为这是最详尽、最权威的调查统计结果。左秉隆指出:"各国领事之权力,绝不能及坡督(英国驻新加坡总督)。然坡督之调查户口也,亦仅十年一次。"而且还要动用数百专职人员,兴师动众,花费十余万元,"经年累月,乃告成书",并不像民政部大员们想象得那么容易。此外,左氏又解释道,在其他国家,华人数量相对较少,当地使领馆易于调查。而新加坡华人有几十万人,"今欲责成一二书记,于簿书鞅掌之余,四出稽查,不亦难乎"?

他还提道:"今革命、保皇等党,散处各埠,煽惑人心,于国家一切行政肆意反对,动生阻力。若派人四处稽查户口,彼此造言生事,致令英官干涉,此尤不可不虑也。"透露出他对新加坡华人社会中反清活动的忧虑。因此,左秉隆坚持说,只要英国殖民当局不进行人口普查并出版蓝皮书,"诚不知从何调查耳"!

为摆脱被惩办的困境,左秉隆提出两个建议:一是由外务部出面与英国驻华公使谈判,要求英国驻新加坡总督协助中国领事馆在当地进行调查;二是仿照荷兰办法,在中国各海关设立专门机构负责颁发出国护照并记入档案,再交由各驻外使领馆在当地查验登记,统计造册上报朝廷。他认为,前者需增加各使领馆人员及经费,而且主动权在英国人

---

① 外务部档·侨务招工类,卷3102,中国第一历史档案馆藏。

之手,实行起来困难很大,后者则相对容易些。①

　　这件事可见清中央政府的专制主义、官僚主义作风和对外极端隔膜的心态。对驻外使领人员而言,如果仅仅如此倒也司空见惯,见怪不怪。更可怕的是朝廷大员还时常以权势压人,要驻外官员做那些根本办不到的事情,并且动辄以革职严办相威胁,使正直清廉的官员难以立足。此番争论不久,左秉隆便辞职返乡。其间缘故甚多,但这场笔墨官司恐怕是个重要因素。

七、新加坡华人宗教信仰的发展与变迁

　　新加坡是一个以华人为主的移民社会。各国移民来此定居时,带来了本国和本民族传统的宗教信仰,使当地各种宗教信仰杂陈,与人民生活息息相关,构成一副多元文化图景。本文试图就1980年以来有关新加坡华人宗教信仰的调查入手,分析新加坡华人宗教信仰在工业化和城市化进程中的发展与变迁。

　　新加坡虽然只是一个三百多万人口、719.1平方公里的弹丸小国,但是由于历史上大量移民的缘故,汇聚了来自世界各地的宗教信仰,除了佛教、伊斯兰教、基督教(包括天主教、东正教、新教在内)等世界性宗教外,还有道教、锡克教、犹太教、印度教等宗教。但就华人而言,其宗教信仰主要集中在佛教、道教、基督教三大教派上,其余多为无神论者或无明确宗教信仰者。在人口普查数据中,我们可以清楚地看到华人宗教信仰的分布。见下表:

---

① 外务部档·侨务招工类,卷3105,中国第一历史档案馆藏。因左秉隆辞职与清王朝灭亡,此事最终不了了之。

表 2 新加坡 1990 年 10 岁以上人口的宗教信仰①

宗教类别	各类教徒占全国总人口比例	华人教徒占华人总人口比例
基督教	12.6%	14.1%
佛教和道教	53.9%	68.0%
伊斯兰教	15.4%	0.2%
印度教	3.6%	——
其他宗教	0.5%	0.1%
无宗教信仰	14.0%	17.6%

需要说明的是,在人口普查中,所谓"道教"是包括一切除佛教、基督教、伊斯兰教之外的华人宗教信仰,甚至包括三一教、真空教、德教这些"三教合一"或者"五教合一"的宗教在内。由于在华人中佛教、道教的信仰者多为老年人以及文盲、半文盲,他们对于有关宗教的知识相当贫乏,难以做出具体统计。故普查数据中将很多民间信仰(或曰民间宗教)者纳入"道教"或"佛教"信徒之中。②

海内外学者业已指出,新加坡的宗教信仰实际上主要建立在种族

---

① 本文中引用的有关数据出自《新加坡人口统计》,1990 年由新加坡统计局出版,及《新加坡人口统计》,1980 年由新加坡统计局出版;并且参考了[新]C. Y. 郭:《新加坡人口发展趋势:1980 年人口普查数据分析》,1987 年由新加坡统计局出版;[新]波比·E. K. 宋等:《新加坡宗教发展趋势》,1982 年由新加坡基督教学术基金出版。("Census of Population", 1990, Singapore; "Census of Population", 1980, Singapore; C. Y. Kuo, "Religion Trends in Singapore: An Analysis of the 1980 Census Data", 1987, Singapore, Bobby E. K. Sng & You Poh Seng, "Religion Trends in Singapore", 1982, Singapore.)

② [澳]J. B. 汤姆尼、R. 海森:《新加坡的宗教转化》,阿德莱德:南澳大利亚弗林德斯大学,1987 年(J. B. Tamney & R. Hassan, "Religious Switching in Singapore", Flinders University of South Australia, 1987)。参见拙文《新加坡道教概况》,《世界宗教资料》,北京:中国社会科学出版社,1991 年。

基础上,只有基督教是个显著的例外。[1] 1980 年和 1990 年两次人口普查的结果,更证实了这一判断。其中,新加坡的马来族几乎百分之百为穆斯林,99.7%的印度教信徒都来自南亚国家(印度、巴基斯坦、孟加拉国、斯里兰卡等),而 99.9%的道教徒和 98.3%的佛教徒都是华人。在"无宗教信仰者"中间,97.07%也是华人。可见新加坡种族在宗教信仰中的分野十分明显。[2]

值得注意的是基督教。在新加坡,基督教是几大宗教中唯一来自西方的宗教。但是在现代新加坡社会中,却成为跨种族的宗教,为各民族所接受。根据 1990 年新加坡人口普查,在华族、马来族、印度族三大种族中,分别有 14.1%、0.2%及 12.8%的人口信奉基督教。而基督教徒中,将近 80%为华人,其余为印度人、马来人。[3]

比较历年新加坡人口普查的有关数据,人们业已发现其中有一明显的趋势,即亚洲传统宗教如佛教、道教、印度教日渐衰落,而基督教徒和无神论者(以及无明确宗教信仰者)的数量却日趋增加,二者形成鲜明的对照。

基督教方面,据统计,1921 年新加坡只有 2.4%的华人和 5.9%的印度人信奉基督教。1931 年,这两个数字分别上升到 2.8%和 6.0%。[4] 1970 年,据估计约 6.1%的华族和 8.6%的印度族人为基督徒。1980 年又再次攀升至 10.6%和 12.5%。1990 年更达到占华人人口的 14.1%和印度族人口的 12.8%。可见,近几十年来基督教

---

① ［新］C. Y. 郭:《新加坡人口发展趋势:1980 年人口普查数据分析》;［新］波比·E. K. 宋等:《新加坡宗教发展趋势》。

② 新加坡 1980 年人口普查数据。

③ 新加坡 1980 年人口普查结果,基督教徒中 79.1%为华人。

④ 1921—1931 年新加坡人口统计与 1980 年、1990 年人口普查不同,前者无年龄限制。按照天主教习惯,自婴儿受洗便列为教徒,故 1921 年和 1931 年数字中包括 10 岁以下的天主教徒,与 1980 年、1990 年统计数字略有差别。

的发展速度已经明显加快,尤其是占新加坡华人人口的比例显著增大。目前华人构成新加坡基督徒的主体,其比例超过华人人口在总人口中的比例。

无宗教信仰者的日益增多,也是近三十年来一个突出现象。据人口普查显示,1980 年,新加坡 10 岁以上人口中,12.9%为"无宗教信仰者"。1990 年,这一比例又上升到 14.0%,其中 97%为华人。可见,绝大多数无神论者和无明确信仰者是华族。

中国传统的道教、佛教在新加坡日渐衰落。1921 年,道教、佛教徒占新加坡华人人口的 97.5%,1931 年为 97.1%,表现得相当稳定。而到了 1980 年,则大幅度下降为 72.6%,1990 年更降至 68%。在新加坡全国人口比重中,道教、佛教徒也从 1980 年占 56.7%,下降到 1990 年的 53.9%。

从 1980 年人口普查数据,我们可以进一步分析各类宗教信仰的背景。从华人信徒看,女性信教的比例大于男性,无论佛教、道教还是基督教都是如此,而男性无宗教信仰者居多。见下表:

表 3　1980 年新加坡 10 岁以上信徒男女比例

宗教类别	占总人口比例	占总人口比例	其中华人占本族总人口的比例	其中华人占本族总人口的比例
	男性	女性	男性	女性
基督教	9.4%	11.2%	9.5%	11.7%
佛教	25.9%	27.5%	33.9%	34.7%
道教	28.6%	30.0%	38.0%	38.5%
无宗教信仰	14.4%	12.0%	18.5%	14.9%

表 4　1980 年新加坡各类信徒分年龄性别比(男=1000)

年龄(岁)	基督教	佛教	道教	无宗教信仰
10—19	1100	961	987	911

（续）

年龄（岁）	基督教	佛教	道教	无宗教信仰
20—29	1247	977	943	903
30—39	1151	1018	1025	748
40—49	1145	1037	1005	675
50—59	1049	1136	1168	645
60—69	1260	1240	1283	533
70 以上	1541	1811	1505	554
总计	1167	1038	1023	815

表中,性别比大于1000者,表示信徒中女性比例居多;性别比小于1000者,表示信徒中以男性占多数。

信徒的年龄分布显示,基督教吸引了大批年轻人,而传统的佛教、道教则多为年长者信奉。至于无宗教信仰者,也主要是30岁以下的年轻人。

表5　1980年新加坡各类信徒的年龄分布（%）

宗教类别	10—29 岁	30—49 岁	50 岁以上	合计
基督教	53.4	31.2	15.4	100
佛教及道教	50.2	30.4	19.3	100
无宗教信仰	61.2	28.7	10.1	100

表6　1980年新加坡华人信徒年龄分布（%）

宗教类别	10—19 岁	20—29 岁	30—39 岁	40—49 岁	50—59 岁	60 岁以上
基督教	10.7	11.6	10.7	10.3	9.8	8.1
佛教	32.6	33.3	33.9	37.0	37.4	36.3
道教	38.1	34.3	36.9	40.6	42.4	46.1
伊斯兰教	0	0.1	0.1	0.1	0.1	0
其他宗教	0.1	0.1	0.1	0.1	0.1	0.2
无宗教信仰	18.5	20.6	18.2	11.9	10.2	9.3

（续）

宗教类别	10—19 岁	20—29 岁	30—39 岁	40—49 岁	50—59 岁	60 岁以上
合计	100	100	100	100	100	100

以上两表显示出,新加坡华人基督教徒的年龄分布较为平均,只是在 50 岁以上的年龄组有所减少。佛教徒随年龄的增加呈缓慢上升的趋势,而在道教徒中这种趋势更为明显。无宗教信仰者主要是年轻人,20—29 岁年龄组的无宗教信仰者人数超过 50—59 岁年龄组一倍以上,比 50—59 岁和 60 岁以上者两个年龄组之和还多。

从文化程度与信仰的关系来考察,文盲(不能阅读报纸者)中,信仰佛教、道教者占 73.9%,而且文盲中的 96.4%不信仰基督教。见下表:

表 7　1980 年新加坡人口普查:教育与信仰(%)

宗教类别	非文盲	文盲	总计
基督教	94.5	5.5	100
佛教	83.1	16.8	100
道教	75.5	24.5	100
无宗教信仰	92.9	7.1	100
合计	84.2	15.8	100

从上表可见,新加坡基督教徒和无宗教信仰者大多受过一定文化教育,而佛教和道教信徒中的文盲比例相对大一些,并且超过文盲占新加坡总人口 15.8%的比例,这与佛教和道教的信仰者多为年长者有关。根据 1980 年普查,新加坡的文盲中,有 74.4%年龄在 40 岁以上。另外,有 73.1%的文盲是女性。

表 8　1980 年新加坡 10 岁以上信徒的文化程度(%)

宗教类别	全日制在校学生	小学及以下	中学文化	大学及以上
基督教	11.9	6.0	22.9	35.8

（续）

宗教类别	全日制在校学生	小学及以下	中学文化	大学及以上
佛教	24.8	28.1	24.4	16.1
道教	26.0	35.0	12.2	4.8
伊斯兰教	17.0	17.6	12.3	2.7
印度教	3.7	3.6	4.0	4.0
其他宗教	0.6	0.4	1.0	1.4
无宗教信仰	16.6	9.3	23.2	35.2
合计	100	100	100	100

上表显示，新加坡中学以上文化程度者在基督徒和无宗教信仰者中所占的比重相当大，在大学以上文化程度的人们中，基督教徒与无宗教信仰者合计占 71%。相比之下，小学及其以下文化程度的人群组别中有 63.1%信奉道教或佛教。另据统计，基督教徒的 52.6%和无宗教信仰者的 41.8%具有中学以上文化程度，而其他各传统宗教的这一比例仅为 13.8%（不计在校全日制学生）。说明在新加坡，所受的教育程度越高，越倾向于放弃传统宗教。

在新加坡，教育对信仰的影响还体现在语言源流方面，这指的是信仰者日常使用的语言。由于新加坡是个多民族、多种族的移民国家，语言的使用极其复杂。由于从幼儿起的学校教育就分成不同的语言源流，如汉语（中文学校）、英语、马来语、双语（英汉或英马）等。使得即便同一民族如华人，日常使用的语言也分为华语（汉语普通话）、方言（闽粤方言等）、英语等等。根据调查，5 岁以上的新加坡华人中 86.9%在家里使用闽粤方言与父母交谈。反映在华人宗教信仰上，家庭语言为闽粤方言者，83.2%信奉中国传统的佛教或道教；家庭语言系英语者，有 45.1%为基督教徒，22%为无宗教信仰者；家庭语言是华语者，56.7%信仰佛教、道教，27.9%为无宗教信仰者。而且，使用汉语的华人，无论以方言抑或华语（普通话）为家庭语言，其基督教徒比例均在

8%以下。见下表：

表9 1980年新加坡人口普查：宗教信仰与语言源流（%）

宗教类别	华语	华语方言	英语
基督教	7.5	5.8	45.1
佛教	35.6	36.7	18.3
道教	28.8	46.5	2.8
无宗教信仰	27.9	10.9	22.0
其他宗教*	0.1	0.1	11.7
合计	100	100	100

* 其他宗教包括伊斯兰教、印度教等。

表10 1980年新加坡人口普查：信仰与教育源流（%）

宗教类别	华语	英语	英汉双语	……	文盲	合计
基督教	10.7	45.2	26.8	……	5.5	100
佛教	39.3	16.7	24.5	……	16.9	100
道教	50.0	9.4	15.7	……	24.5	100
无宗教信仰	29.6	23.0	37.0	……	7	100

与受教育程度相关的是信徒与职业及收入的关系。统计结果显示，基督教徒与无宗教信仰者因为在学校受到过良好的教育与培训，从而获得比较好的职业，也因此得到比较高的收入。见下表：

表11 1980年新加坡人口普查：信仰与职业（%）

宗教类别	专业人士、公务员、职员	体力劳动者	其他职业	合计
基督教	61.4	15.4	23.3	100
佛教	28.4	40.8	30.8	100
道教	15.2	49.7	35.2	100
无宗教信仰	48.1	26.2	25.8	100

表 12　1980 年新加坡人口普查:信仰与家庭月收入(%)

宗教类别	500 元以下	500—999 元	1000—1499 元	1500—1999 元	2000—2499 元	2500—2999 元	3000 元以上
基督教	5.4	5.5	8.7	12.7	16.3	21.1	32.2
佛教	22.7	28.4	29.8	30.5	30.3	29.5	23.7
道教	37.5	35.4	29.7	24.7	19.7	16.4	9.7
无宗教信仰	9.5	9.6	12.0	14.8	19.6	22.2	26.6

上表可见,随着收入的增加,基督教徒和无宗教信仰者所占的比重越来越大,这显然与他们所拥有的职业相关联。

另外,宗教信仰与家庭背景的关系也十分密切。根据新加坡 1980 年人口普查资料,子女与家长信仰同一宗教的,在基督教徒中占89.5%,佛教徒中占 88.1%,道教徒中占 88.4%,彼此相差不大。可见在当地,信教家庭背景对子女的影响很大。另一方面,23.8%的基督教徒来自非基督徒家庭,其中 72.6%来自信仰佛教或道教的家庭,24.4%来自无宗教信仰的家庭。可见基督教徒中有许多"改宗者",而且他们绝大多数放弃了原先的传统宗教信仰(佛教或道教)。与此同时,有 80.6%的无宗教信仰者与家长宗教观相同,有 37.4%的无宗教信仰者来自信教家庭,显示出放弃宗教信仰者比例甚大。据统计,"改宗"(包括改为无宗教信仰或改宗基督教等等)平均年龄为 14 岁,很少有超过 24 岁的。

综上所述,佛教、道教在新加坡华人信徒中,与华语及其方言、年长者、女性、低收入职业者、低文化程度者密切相关,这些人群构成当代新加坡华人佛教徒与道教徒的大多数。基督教徒则多女性和年轻人,这部分人群文化程度和收入比较高,也具有较高的社会经济地位,而且多受英语教育,"改宗"的比例较大。无宗教信仰者基本上有受英语、华语双语教育或华文教育的年轻男性组成,受过良好学校教育,社会地位较高,有较高收入,而且许多人出自信教家庭。

除去基督教情形外,新加坡华人宗教信仰的变迁与包括西方国家在内的现代国家情形基本同步。

就一般情形而言,随着科学的发展与普及,国家社会保障体系的建立和完善,人们生活中的宗教意识会逐渐淡化,世俗化思想逐步取而代之,影响到世人的观念。传统宗教的衰落和无神论(无宗教信仰)的兴起正是这个现象的反映。从世界范围看,随着世俗主义在欧美工业化国家日益广泛的传播,西方传统宗教基督教在各国的信仰比例有明显的下降趋势,欧美基督教徒的数量不断减少。以美国为例,在1900年,美国新教教徒占居民总数的60%。到了1989年,这一比例下降至仅仅占总人口的32%。[①] 人们从新加坡人口普查中观察到的传统华人宗教的衰落和无宗教信仰者人数逐渐增多,也符合这一趋势。

从新加坡宗教信仰的性别因素、年龄段因素、职业性因素、文化水平因素和收入差别因素分析,传统华人宗教也已经步入现代化、城市化阶段,与西方工业化国家基本类似,其形成原因也大致相同。

女性的宗教信仰率高于男性,这是世界各国普遍存在的现象,与事实上的男女不平等现象息息相关。尽管当今各工业化国家提倡男女平等,但是两性在经济、政治、文化上呈现出明显的不平等,造成社会对女性歧视的社会压力。当妇女欲争取自身权益而又缺乏应有的社会条件时,她们便试图在宗教中寻求慰藉,从而在各国形成普遍的女性宗教信仰率高的社会现象。在历次统计中,人们不难发现,新加坡妇女就业率、职业、收入、文化程度等各方面与男性相比,仍有比较大的差距。其

---

① 加上天主教徒和东正教徒,合计占55%。《美国与加拿大教会年鉴》,1989年,转引自于可:《当代基督新教》,北京:东方出版社,1993年,第334页。

结果,不可避免地出现这种宗教信仰上的规律性现象。

至于职业性因素,则通常与社会保障体系有直接关系。社会保障体制直接关系到人们社会安全系数的大小,从而影响到人们的宗教信仰率。新加坡虽然业已建立起一套堪称完善的社会保障体制(如中央公积金制度、公共组屋建设等等),然而对于不同职业、不同收入、不同社会地位的人而言,其保障能力是不尽相同的。相对来说,处于社会下层的体力劳动者、退休人士、小商贩、低层雇员、普通店员等弱势群体,在经济、政治、文化、心理上承受着比中上层人士更大的社会压力,因此更容易接受传统宗教,而且其宗教信仰率通常会高于处在社会中上层的社会群体。

但是,值得注意的是,基督教却在新加坡悄然兴起。不仅如此,从上文分析可以知道,新加坡基督教徒的构成和信仰率与传统宗教几乎截然相反,也同一般宗教统计学的规律相去甚远,这是由一系列特殊因素造成的。

新加坡的独立为基督教在当地的广泛传播提供了宽松的社会环境,这是它在新加坡持续发展的根本原因。

近代,西方殖民主义者与传教士来到东方,其基督教传播活动便开始在亚洲各国进行。但除了西班牙人在菲律宾获得成功外,几乎各地都遭到东方文明与各国民族主义的强烈抵制,因而收效甚微。通常,各国民族主义者将基督教视为西方殖民侵略的一部分,保持了强烈的戒备心理。各国的传统文化包括宗教信仰也作出激烈反应,使之举步维艰。战后,亚洲各国纷纷独立,建立起自己的民族国家,对西方传入的基督教不再视若洪水猛兽,而允许其正常发展,因而为基督教在各地的传播扫除了重大障碍。据统计,1900年,包括新教教徒在内的亚洲基督教徒仅占亚洲人口的0.026%,而1980年已经占亚洲人口的1.5%,

1989 年又上升到 3.8%,增速惊人。① 比较新加坡的情形,我们也可以看到相同之处。

新加坡的一个独特现象是,宗教信仰率与家庭语言环境和教育源流密切相关。使用英语与使用汉语的同一民族(华人)在宗教信仰上的区别如此之大,在别的国家是不容易发现的。造成这一现象的原因,在于新加坡政府六十年代以来所执行的教育政策、文化政策和语言政策。

宗教不仅仅是一种世界观和意识形态,它本身也是一种文化现象。新加坡政府多年来致力于引进西方科学技术以及管理方法时,也引入了西方文化。其语言和教育政策使西方语言——英语成为新加坡占优势的语言。因此,在新加坡青年中逐步形成崇尚西方文化的风气。在年轻一代中,认同西方文化渐成风气,加上教会学校、各种教会组织的活动,使得传统宗教渐失地盘,而基督教却乘虚而入,日益扩展,尤其是在中上层社会群体、知识阶层中迅速发展。从某种意义上说,他们是从个人修养和道德追求角度接受基督教的,信教而不信上帝。也正因如此,基督教在新加坡仍未达到其相对平衡点,在今后数十年中仍然会以比较快的速度继续发展。

传统的华人宗教如佛教、道教的衰落向人们揭示一个事实:即新加坡华人社会已经从传统的对中华文化的认同,转向对西方文化的认同。如同华人传统的宗乡社团(会馆)的日渐衰落一样,这是新加坡步入现代化、工业化社会不可避免的现象。

宗教作为一种社会文化现象,往往对一个民族的政治提供了相应的文化历史背景。多年来,新加坡政府竭力培育国民的"新加坡意识",使当地华人社会在文化上日渐与传统相离,这是新加坡华人传统宗教走下坡路的基本因素。

---

① 根据美国《世界年鉴》,1989 年,转引自《当代基督新教》,第 250、334 页。

应当指出,道教虽系最具中华文化特色的宗教,但它却从未真正成为在中国占统治地位的宗教信仰。就广大民众的宗教意识而言,道教那种清峻高雅、远离尘世的人生哲学缺乏足够吸引力,故始终未形成在中国占优势地位的宗教。至于佛教,唐宋以降,佛教在中国本土已经度过极盛时代,其信徒尤其是虔诚的信徒并不多,只占人口的极小部分。在先辈或自身多来自中国闽粤地区的新加坡华人中,这个现象与中国内地并无太大差别。反映在人口统计数字里的道教徒比例,实际上只是民间信仰或曰民俗崇拜的信仰率。在新加坡,尽管佛寺、道观遍布大街小巷,香火不断。但是各寺观有关的神职人员(专职和尚、道士)少之又少,多系民间求神问卜的场所。其殿堂中诸神杂处,举凡佛、道、儒,甚至民间信仰的各种偶像如天后、关公、土地神等等,均可登堂入室,受人朝拜,安之若素。甚至干脆就宣布"三教合一"、"五教合一",并不顾及各教派的教义、教规。可以毫不夸张地说,在新加坡华人传统宗教徒中,绝大多数都是众神皆拜的民俗信仰者,而非虔诚的佛教徒或道教徒。因此,人口统计中传统宗教的日渐衰落,实际上反映的是华人传统习俗的逐渐淡化而已。这是新加坡工业化进程的一种必然现象,任何人都难以阻止。

第三章　侨汇与近代广东侨乡

一、近代广东侨汇的民营方式
——以潮汕为例

由于近代中国经济的畸形发展,中国对外贸易几乎一直处于入超状态。因此,作为近代中国外汇的最主要来源之一的华侨汇款对近代中国国民经济的影响甚大。根据国民政府的统计,1931—1935 年间,中国内地接收的华侨汇款收入相当于全国外贸入超额的 38—96％。而在 1936—1940 年间,华侨汇款更是年年超过中国的外贸入超。其最高峰出现在 1940 年,是年侨汇收入相当于全国外贸入超的 329％,可见华侨汇款是当时中国政府最重要的外汇收入。①

以华侨汇款汇入地的角度分析,近代华侨汇款总额中约 80％是以广东省为最终汇入地。因此,广东一省的华侨汇款收入不仅对广东省而且对当时全中国经济的影响十分巨大(见表 13)。

表 13　1931—1940 年侨汇统计(单位:法币千元)

年份	全国侨汇额	广东省侨汇额	广东侨汇占全国的比例
1931	434680	345200	79.4％
1932	334628	271700	81.2％
1933	314226	253800	80.8％
1934	338313	185000	77.6％
1935	332489	268000	80.6％
1936	344386	272000	79.0％
1937	473502	382500	80.8％
1938	644074	510000	79.2％
1939	1270173	1020000	80.3％

① 侨务委员会编:《侨务统计》,1942 年,省政府侨务处与侨委会档案,全宗号 28,目录号 1,广东省档案馆藏。

（续）

年份	全国侨汇额	广东省侨汇额	广东侨汇占全国的比例
1940	1328610	1020000	76.7%
年平均	517508	452820	79.2%

资料来源:省政府侨务处与侨委会档案,全宗号28,目录号1,广东省档案馆藏。

　　若从侨汇的来源、民间侨汇业的运作方式和侨汇在当地经济中的作用和影响来观察,广东一境可以分成两类不尽相同的侨汇区域,即广府地区和汕梅琼地区。前者以银号、钱庄及银行、邮局经营为主,后者则是私营侨批局集中的区域。①

　　因广东人口移居海外的历史十分久远,在移民的长期历史发展过程中,无论是移出地的潮汕、梅州、海南、广府地区,还是移入地的东南亚及南北美洲、欧洲、大洋洲等,粤籍移民都经历了一个由点到面逐步扩散的过程,因此形成了分布极为广泛的国内侨乡区域和海外华侨华人聚居地。而由此带来的一个直接后果是:近代海内外官方和私营侨汇机构的空间分布与其经营业绩密切相关。在华侨汇款集中的区域,公私经营机构云集,彼此竞争激烈,侨汇数量巨大,侨眷众多。而华侨汇款较少的地区,相关经营机构稀少甚至根本阙如。

　　1936年12月4日汕头市邮政局给广东省邮政管理局的呈文中,提供了一个关于潮汕华侨汇款的统计,揭示了东南亚侨汇的地域化色彩。

　　据当时汕头市邮政局估计,每年汇入汕头市的华侨汇款中,大约法币40000000元是由侨批局(批信局)经手的。换句话说,私营性质的侨批局所经营的当地华侨汇款占侨汇总额的80%以上。因此汕头邮政局要求公营的邮政部门尽快介入侨汇经营,以取得相应利润。另根据汕头市

　　①　本文叙述时期的海南岛尚属广东省管辖。

邮政局的调查,当时潮汕侨汇主要来自东南亚各国,分四个区域:

表 14　1935 年汕头市侨汇统计(单位:法币元)

汇款来源地	侨汇数量	备注
英属马来亚	12000000 元/年	数年前最高达到 20000000 元/年
暹罗(泰国)	25000000 元/年	数年前最高达到 35000000 元/年
法属印度支那	3000000 元/年	
荷属东印度(印尼)	1000000 元/年	

资料来源:广东省邮政管理局档案,全宗号 29,目录号 2,卷号 655,广东省档案馆藏。

　　根据当时国民政府的规定,私营侨批局经营侨汇,其批信和回批都要经过邮局转送,所以汕头市邮政局提供了如下相关数字(见表 15 及表 16)。从中我们可以清楚地看到,潮汕侨汇来自暹罗者最多,其次为新马地区,再次为法属印支,来自荷属印度尼西亚的侨汇较少。

表 15　1935 年汕头市批信和回批统计

地区	批信	回批
英属马来亚	634996	621257
暹罗	769820	773510
法属印度支那	106623	88914
荷属东印度	21043	20838

资料来源:广东省邮政管理局档案,全宗号 29,目录号 2,卷号 655,广东省档案馆藏。

表 16　汕头市 1936 年 1—11 月批信和回批统计

地区	批信	回批
英属马来亚	721933	689091
暹罗	825060	850722
法属印度支那	143343	117277
荷属东印度	28104	38253

资料来源:广东省邮政管理局档案,全宗号 29,目录号 2,卷号 655,广东省档案馆藏。

从个人汇款金额来看,当时每笔华侨汇款在法币 1 元至 1000 元之间不等,但大多数为 10 元以下的小额汇款,大额侨汇是十分稀少的。可知当时汕头接收的东南亚华侨汇款主要是海外潮人的赡家性汇款,参见下表:

表 17　不同汇款额所占比例(单位:法币元)

汇款金额	占全部侨汇的比例
1—5 元	40%
5—10 元	30%
10—50 元	15%
50—100 元	8%
100—500 元	5%
500 元以上	2%

资料来源:广东省邮政厅档案,全宗号 29,目录号 2,卷号 655,广东省档案馆藏。

值得注意的是,据当时的汕头邮政局调查,汇往汕头的来自东南亚的华侨汇款虽同为潮人私营侨批局经营,但汇款方式却各不相同(见表 18)。在英属马来亚、新加坡一带,多先由侨批局为汇款人代垫资金,待回批到达后方才向汇款人索取款项。换句话说是借贷方式的汇款,与正规的银行和邮局完全不同。而在荷属印度尼西亚则大部分为现金交易,先付款后发寄,与普通邮政或银行汇款并没有区别。同样是侨批局经营的东南亚侨汇,在现金流方面有如此大区别十分耐人寻味:因其对于侨批局的资金流动方式和运营方式产生极大影响,而且不同的经营手法对于侨批局的信誉和长期经营有很大作用。

表 18　汕头市侨汇的汇款方式

地区	使用现金比例	贷款比例
英属马来亚	30%	70%

（续）

地区	使用现金比例	贷款比例
暹罗	40％	60％
法属印度支那	60％	40％
荷属东印度	90％	10％

资料来源：广东省邮政厅档案，全宗号 29，目录号 2，卷号 655，广东省档案馆藏。

另外，我们注意到，当时在东南亚经济相对发达的国家和地区，侨批局较多地采用为华侨汇款客户预先垫付方式汇款，例如新马、暹罗一带，而在印度支那和印度尼西亚则大多数都用普通的先付款后汇寄的办法。但无论何处，都有一定比例的借贷式侨汇，与公营机构相异，显出私营侨批业经营的灵活性。

明清以降，中国专制王朝对于国人出洋定居采取严禁政策，对于侨汇这种来自海外华人的资金即便不予禁止，也未曾加以利用或管理。北洋政府时期，曾经在 1918 年及 1921 年下令取缔包括侨批局在内的经营国内外邮政的私营民信局[①]，以收回国家的邮政权，但对于私营侨批业毫无效果。直至南京国民政府成立后，中央政府高度重视华侨汇款的重要性，开始逐渐将其纳入政府管制。

近代中国政府管理和经营华侨汇款的官方机构是各地的邮政局所和公营的中国银行、交通银行、农民银行和广东省、福建省银行等。1928 年，国民政府在南京召开全国交通会议，决定大力发展中国的公营邮政事业，"所有各处民信局，应于民国十九年内一律取消"，理由是"邮政为国家专营事业，久为东西各国之通例"[②]。但是，对于侨批局，

---

① 广东省邮政管理局档案，全宗号 29，目录号 2，卷号 674，广东省档案馆藏。

② 广东省邮政管理局档案，全宗号 29，目录号 2，卷号 485，广东省档案馆藏。

因为其经营的特殊性:一方面影响到中国的外汇收入,另一方面侨批局多半设有国外联号或分号,国民政府不可能将其全部取缔,因此不得不做出让步。

为寻求解决之道,国民政府邮政当局从1929年开始,对沿海地区的侨批局进行了详细的调查,以下便是几份典型调查:

表19　汕头侨批局调查表一(1931年6月19日)

(一)民局名称	昌盛庄	
(二)何日开设	民国十三年	
(三)设在何处	汕头永泰街	
(四)业主姓名及籍贯	陈连合　潮阳	
(五)支局若干及设在何处	安南　东兴　怡昌　泰昌　天德　裕记　广德发　日里　昌兴	
(六)代办人姓名	陈石泉　连茂兴　刘喜合　启峰　陈宏兴　丘发利　协成	
各代办人家在何处	潮阳　潮阳　潮阳　揭阳　普宁　潮安　饶平	
用何信局名称	兴记　泰□①　喜合　启峰　宏兴　发利　协成	
(七)收寄信件(子)在何日期	逢安南日里船期即寄	
(丑)至何地方	安南　日里	
(寅)按何项资例收费(一)预付若干		无
(二)投送时应付若干		无

资料来源:广东省邮政厅档案,全宗号29,目录号2,卷号373,广东省档案馆藏。

表20　汕头侨批局调查表二(1931年6月8日)

(一)民局名称	荣成庄
(二)何日开设	民国十六年
(三)设在何处	汕头镇邦街

---

① 原档缺字。

（续）

(四)业主姓名及籍贯		黄可桢　梅县人	
(五)支局若干及设在何处		梅县　大埔　松口　丙市　雁洋　新铺墟　兴宁　畲坑	
(六)代办人姓名	各该代办人系在何处	用何信局名义	
古玉波	梅县	德记	
张德兴	大埔	荣成	
丘讼屏	松口	严字	
叶义根	丙市	义字	
叶君亮	雁洋	裕成	
陈祝三	新铺	鹏记	
叶少田	兴宁	协成	
罗英	畲坑	荣记	
(七)收寄信件	(子)在何日期	拜二　拜三　拜五	
	(丑)至何地方	吧城　暹罗　星洲	
	(寅)按何项资例收费	一　预付若干	无
		二　投递时应付若干	无

资料来源：广东省邮政厅档案，全宗号 29，目录号 2，卷号 373，广东省档案馆藏。

表 21　汕头侨批局调查表三(1931 年 6 月 5 日)

(一)民局名称	美丰号
(二)何日开设	民国十八年
(三)设在何处	汕头镇邦路六号
(四)业主姓名及籍贯	黄业顺　潮阳人
(五)支局若干及设在何处	无
(六)代办人姓名	无
各代办人家在何处	无
用何信局名称	无
(七)收寄信件(子)在何日期	由实叻船寄无定期
(丑)至何地方	实叻　怡保
(寅)按何项资例收费(一)预付若干	回批无收费
(二)投送时应付若干	回批无收费

资料来源：广东省邮政厅档案，全宗号 29，目录号 2，卷号 373，广东省档案馆藏。

在对侨批局各个企业调查的同时,国民政府的邮政部门还就各民信局及侨批局调查的结果做了分区域的总结,以寻求对策。例如对于海南(琼州)的总结表如下:

表 22　琼州民信局详情表(1929 年)

能否任民信局司理人为邮政代办	不能。因民信局乃专为汇兑而设,并非靠收寄信件也。
拿获走私若干	参看广东邮务长呈文第 420/23255 号附件第三号包括在内。
民局办事有何项为邮局所不逮者	凡代客汇款,俱送到该客家中,且手续简单快捷,此为邮局不逮。至于汇款之信件向不收费,如系熟客,虽非汇款之信,亦不收费,盖此等民局系专为汇兑而设,并非靠收寄信件为生,与广州民信局迥然不同也。
内有汇单若干	无有一定,或数百元或数千元不等。
每包封载信若干	无有一定,或十件或二三十件不等。
各民局营业情形	近因时局影响,生意不佳,然多数均系兼营别项生意,不专靠汇款寄递谋生。
民信局裁撤后有何难题及应付办法	裁撤后各华侨必感汇兑不便而发生反感,因各华侨家属多系住在穷乡僻壤,不但汇兑不通,寄递信件亦难达到也。至于应付方法,因各穷乡僻壤现时不能通设邮局开办汇兑,尚难有适当应付方法也。

资料来源:广东省邮政厅档案,全宗号 29,目录号 2,卷号 486,广东省档案馆藏。

经过调查,邮政当局清楚地意识到私营侨批局办理华侨汇款的特点及不可替代性:首先,私营侨批局是中国与海外各国间的一种金融和商贸机构,在中国内地和海外同时存在;其次,海外华侨华人及其汇往家乡赡养家眷的款项为侨批局提供了生存空间;第三,批信局有效地建立了中国与海外华侨华人密切联系的网络。因此,取缔侨批局必然遭到海外华侨的极大反弹。① 与此同时,邮政当局还发现,侨批局的经营网络虽然遍布中国和东南亚之间,但实际上他们彼此各自为政,互相竞

---

① 广东省邮政管理局档案,全宗号 29,目录号 2,卷号 485,广东省档案馆藏。

争,各侨批局业主只关心自身的利益,而将"救济侨胞"作为向大众传媒和政府宣传自身存在的最常用理据。因为当时定居东南亚的华侨逾300万,汕头、厦门等地每年还有约30万人移民东南亚,每年仅从荷属印尼寄往闽粤的侨汇达2000万元法币,从英属殖民地、菲律宾汇往厦门的侨汇额每年达4000万元法币,汇往汕头的侨汇款也超过4000万元法币,而且绝大多数都是通过侨批局汇寄。[①] 故无论如何,侨批局问题牵动着东南亚华侨利益,若予以取缔必然引发海外华侨强烈反对,直接影响国家的外汇收益,政府必须充分加以考虑。[②] 虽然,国民政府已经立法取消所有的私营民信局,但侨批局却不能骤然加以取缔,这不仅是因为侨批局负有侨汇输入的作用,而且因为当时国民政府没有可替代侨批局的公营机构。一旦取缔侨批局,侨汇就无法正常汇回内地,从而给国民政府和侨民、侨眷带来很大困扰甚至是严重对立。[③]

实际上,正是由于邮政部门正确认识到当时私营侨批业的不可替代性,因此国民政府因为经济和政局关系,虽然在1928年和1934年两度强令取缔一直处于侨汇经营主导地位的民间侨批业,以便由政府公营行局垄断侨汇业务,避免外汇的大量流失,但最终都在遭到海内外侨汇业特别是海外华人的强烈反对下被迫让步,允许私营侨批局继续经营侨汇。

但政府公营行局(主要为中国银行、交通银行、农民银行和闽粤两省银行及邮政储金汇业局)一直试图借政权的力量控制侨汇业。一方面,国民政府借助邮政管理部门严格审查,多方面限制发放相关营业执

---

① 广东省邮政管理局档案,全宗号 29,目录号 2,卷号 485,广东省档案馆藏。

② 广东省邮政管理局档案,全宗号 29,目录号 2,卷号 485,广东省档案馆藏。

③ 广东省邮政管理局档案,全宗号 29,目录号 2,卷号 485,广东省档案馆藏。

照,以加强对民间侨汇业的管制,另一方面则极力发展公营侨汇机构处理华侨汇款的业务,以便实际掌控侨汇资源。1933 年 10 月,国民政府交通部长朱家骅在给行政院的呈文中便说:"查邮政为国家专营事业,乃世界各国通例,我国邮政条例,亦规定至明。"[1]1942 年广东省邮政管理局更发文称:"从前各地侨胞,多赖当地金银商号,与国内之鸿雁寄及批信局等,以为汇驳款项家用之枢纽,然此等组合,纯系私营商号营业性质,且各自为政,办理自然涣散。本局为利便侨胞,及为发展储汇业务起见,爰与海外各地银行及银号等,商订举办'华侨汇票'业务。""华侨汇票即为邮政之新兴事业,其关系于邮政储汇整个前途之重大,固不待言,而于国计民生之影响,尤非浅鲜。"[2]于是,国民政府的各个公营机构与私营侨批局在闽粤两省为争夺侨汇资源展开了长期的竞争。

1930 年中国邮政储金汇业局成立后,即获准办理侨汇业务。但当时公营邮政局所经营侨汇的业务极少,一是由于其邮路、局所相当缺乏,二是因为其推广不足,三是经办手续繁琐复杂,付款远不及侨批局便捷迅速,难以同私营机构竞争。于是直到 1937 年,广东省邮政管理局所办理的全省华侨汇款也仅仅有 777700 元法币,远远落在私营侨批局和中国银行之后,仅占当年广东省华侨汇款总额的 1.1％。[3] 而汕头一地的侨批局一年经办华侨汇款就达到 40000000 元法币之巨![4]

除了邮政部门之外,中国银行等公营机构也积极参与侨汇经营。然而,就公营行局而言,当时中国、交通等银行在东南亚的分支机构相

---

① 广东省邮政厅档案,全宗号 29,目录号 2,卷号 487,广东省档案馆藏。
② 广东邮政管理局档案,全宗号 29,目录号 1,卷号 276,广东省档案馆藏。
③ 姚曾荫:《广东省的华侨汇款》,重庆:商务印书馆,1943 年,第 42 页。
④ 汕头邮局档案,全宗号 86,目录号 1,卷号 675,广东省档案馆藏。

对于其他公营机构为多,但空间分布极端不平衡,基本上都设于所在国通商口岸或大都市的金融商业区,往往距离当地华侨华人聚居区较远。另外,中交两行在中国内地的分支机构极少,严重影响到其内地侨汇业务。这是与中交两行致力于吸收海外华侨的大额商业汇款,而相对忽略汇出地分散于海外各地且汇入地又是广东省各县乡镇的小额赡家汇款有关。① 从纯粹企业盈利的角度说,这种空间分布是理所当然的。但是,从前文我们已经知道,海外华侨的小额赡家汇款实为近代中国侨汇的主体部分,赡家侨汇的积少成多才构成巨额的中国近代外汇收入,公营行局对其忽略最终导致大量侨汇(外汇)的流失。

表 23　1940 年代公营侨汇机构的分布

公营行局	潮汕地区	海外及港澳地区
中国银行	汕头	新加坡　槟城　吉隆坡　怡保　芙蓉 巴达维亚　泗水　棉兰　仰光 西贡*　海防　曼谷　香港
交通银行	汕头　潮安	仰光　西贡　海防　河内　香港
广东省银行	汕头　揭阳　潮阳　饶平 普宁　惠来　丰顺　潮安	新加坡　海防　曼谷　香港　澳门

　　* 1946 年 10 月 28 日以前设于河内。
　　资料来源:中央银行稽核处编印,《全国金融机构一览》,1947 年 3 月;中国银行总管理处编印,《外汇统计汇编》初集,1950 年;中国银行档案,全宗号 43,目录号 2,卷号 894,广东省档案馆藏。

　　除中央行局外,地方行局在公营侨汇业经营方面也发挥了一定的作用。与中交两行相比,广东省银行在广东省分布较为广泛。该行在潮汕侨乡几乎每个县城都设有分支机构,这对其经营侨汇特别是从海外汇入潮汕侨乡村镇的小额赡家汇款是一大优势。为此,抗战胜利后,广东省银行多次请求国民政府财政部准予其"在海外自由选择侨民聚

---

　　① 广东省银行档案,全宗号 41,目录号 3,卷号 284,广东省档案馆藏。

居地点开设分支行处",以便广泛吸收华侨小额汇款。① 但后者只批准广东省银行在香港、澳门、新加坡三处恢复分支机构。以后在广东省银行力争下,又陆续同意该行在越南海防、泰国曼谷设立分支机构办理有关业务。国民政府财政部虽然承认广东省银行设在广东各地的分支机构较多,历年解付侨汇的成绩颇著,但同时又认为,"在海外设行并非承做侨汇之先决条件,缘银行办理侨汇自应以代理店为主,而以本行之分支机构为副。如欲在海外侨民所在地遍设机构,事实上亦有所不能。"②对于广东省银行在西贡、槟城、怡保、吉隆坡、巴达维亚等地开设分支机构的请求,国民政府财政部和中央银行声称:"闽粤两省行不得藉口办理侨汇在上海或国外任何地方添设机构"③,断然予以拒绝。

由于广东省银行无法在东南亚华侨聚居地广泛设立分支机构,使其吸收侨汇的能力受到很大限制。为扩展自身的侨汇业务,广东省银行不得不广泛发展海外代理店(行),并且与新加坡、泗水、八达威、仰光等地的华侨银行建立代理关系。④ 1945年底,广东省银行新加坡分行复业,旋即在香港和东南亚一带发展代理店9家。到1946年3月,其东南亚及港澳代理店已经发展到二十余家,促进了该行的侨汇业务。⑤然而,这种建立在互利关系上的代理关系极不稳定,常常因汇率变动(广东省银行所付汇率无法与黑市汇率竞争)以及付款不及时等原因而解除。更有甚者,一些代理关系是多重的,如新加坡华侨银行不仅与广

---

①　广东省银行档案,全宗号41,目录号3,卷号284,广东省档案馆藏。

②　广东省银行档案,全宗号41,目录号3,卷号292,广东省档案馆藏。

③　广东省银行档案,全宗号41,目录号3,卷号289,广东省档案馆藏。

④　广东省银行档案,全宗号41,目录号3,卷号520,广东省档案馆藏。广东省银行编印:《广东省银行办理侨汇经过》,1946年12月,广东省孙中山文献馆藏。

⑤　广东省邮政管理局档案,全宗号29,目录号2,卷号747,广东省档案馆藏。

东省银行建立了代理关系,同时也和广东省邮政储金汇业局建立代理关系,有时甚至建立自己的代理关系,反过来与广东省银行竞争,形成非常复杂的局面。

在1940年代,广东省邮政储金汇业局对于侨汇业务持非常积极的态度。与中交两行和广东省银行相比,公营邮政的分支机构深入到侨乡各县乡镇,有利于解付侨汇,特别是小额华侨汇款。但是,广东邮政的海外分支机构仅设有香港一处,不利于吸收海外侨汇,故在侨汇经营上无法与中国银行和广东省银行相比。虽然其在东南亚及港澳拥有近10家代理行,包括中国银行新加坡分行、新加坡华侨银行、华侨银行仰光分行、华侨银行巴达维亚分行、马尼拉中菲汇兑信托局、澳门信行公司、曼谷马丽丰金行等[①],但这些代理行并不积极为广东省邮政储金汇业局拓展侨汇业务。广东省邮政的分支机构在侨乡的广泛分布使其在侨汇解付方面起了重要作用。公营行局如中国银行、交通银行、广东省银行在内地分支机构延伸不到的城镇和乡村,都委托邮政代为解付,以便将收到的侨汇送达侨眷手中。

尽管如此,直至1940年代,公营侨汇业地域分布的局限性仍十分突出。尤其是公营行局各自分支机构在汇出地与汇入地上的不平衡(有些偏重于国内,有些偏重于海外),而且在广大乡村几乎全无营业网点,从而限制了公营侨汇业的发展。据统计,1940年代潮汕地区不通邮的村镇约占全部村镇的91.6%,兴梅地区这一比例则为83.6%(见表24)。因此使得国家行局无论是中国银行、交通银行、广东省银行,还是广东省邮政储金汇业局,都无力解付80%以上的潮梅地区侨汇。

---

① 据1948年3月5日香港《工商日报》载,汕头未领取执照而营业的侨批局有二十余家。汕头邮局档案,全宗号86,目录号1,卷号593,广东省档案馆藏。

表 24 1940 年代潮汕地区通邮情况

县份	通邮村镇数	不通邮村镇数	不通邮村镇占村镇总数比例
潮安	79	602	88.4%
潮阳	48	282	85.5%
揭阳	85	161	65.5%
揭西	33	373	91.9%
饶平	22	571	96.3%
普宁	27	130	82.8%
澄海	43	143	76.9%
惠来	7	143	97.9%
合计	344	2595	91.6%

资料来源:广东省邮政厅档案,全宗号 29,目录号 1,卷号 275,广东省档案馆藏。

相对于公营侨汇业,私营侨汇业的经营历史要比国家行局更为久远,其中主要的经营机构包括侨批局(批信局、民信局)、银号、钱庄、票号和商行等。它们经营侨汇的历史至少可以追溯到中国公营行局远未出世的 1830 年代。由于侨批局长期运营为其带来的信誉和便利,使之在海外华侨华人社会与内地侨乡之间发挥着特殊的作用。在侨汇的汇出地,侨批局深入华侨社区吸收侨汇;在汇入地,侨批局进入内地穷乡僻壤分发解付,使国内侨眷足不出户便可以收到侨汇和侨信,给海外华侨华人和内地侨眷带来极大的便利。由于 19 世纪下半叶至 20 世纪上半叶,广东的海外移民及其侨乡眷属多为文盲或文化水平低下的农民,其在内地眷属多居住在潮汕地区不通邮也没有新式金融机构(银行等)的偏僻乡村,因而,私营侨批局的作用和影响无可替代。

潮汕地区旅居东南亚者，"其数为全省之冠"，"所有侨汇，均由批信局经手，为数甚巨"。[①] 在1937年经邮政部门登记核发执照的71家汕头侨批局中，35家侨批局拥有3—5家分号或联号，有28家侨批局拥有超过10家的分号或联号，"有信批信局"的分号更达26家之多。[②]

表 25　潮汕地区侨批局经营情况（1936 年）

侨汇经营地	侨批局	备注
暹罗 （34 家）	广源、万兴昌、得合兴、钟荣顺、理元、广泰祥、振盛兴、马合丰、悦记、同发利、协成兴、合盛利、炳春、顺成利、万丰发、陈富通、普通、泰成昌、成顺利、启峰栈、义发、黄潮兴、马源丰、广泉、金生、和合祥、马德发、广汇、捷成、洪万丰、许福成、广顺利、荣丰利、成昌利	
英属殖民地 （22 家）	有信、广泰祥、裕益、普通、光益裕、潮利亨、恒记、福成、永安、利东、联发、理元、森春、洪万丰、同利生、信大、李华利、裕大、长发、广汇、宏信、光益	其中以有信、光益及光益裕为最大
法属印度支那 （9 家）	广源、光益裕、祥盛、吴顺兴、佳兴、玉合、万丰发、利昌、光益	以玉合、祥益及吴顺兴为最大
荷属东印度 （11 家）	恒记、振丰盛、胜发、福兴、志成、联发、光益裕、光盛、有信、启峰栈、广汇	其中以恒记、光益裕为最大

资料来源：广东邮政管理局档案，全宗号29，目录号2，卷号675，广东省档案馆藏。

潮汕地区私营侨批局的付款方式也异常灵活，在汕头本埠及邻近村镇，侨汇现款和信件大多派专人直接按地址送到收款人住处。至于距离较远的内地乡镇，则交给侨批局的代理人（专营侨批业务，代理汕头各侨批局派送汇款及信件、回批等）代为投递，这些代理人另雇专人

---

① 广东省邮政管理局档案，全宗号29，目录号2，卷号675，广东省档案馆藏。

② 广东省邮政管理局档案，全宗号29，目录号2，卷号378，广东省档案馆藏。

派送批信,"各批信虽仅有收款人姓名,并无详细地址,但专差均甚熟悉,如遇有不明了者,可询当地乡人或由乡人引导,故不难按址投递"。此类专人代派侨汇的手续费是按惯例计算的,长雇者按月计薪,每月为二十元至三十元法币,由店东供应食宿;散工则由内地代理人雇请,每月工薪约十元法币,但每周工作仅二天或三天,属于临时性质:"彼等多属农民,如遇批信到时,即出店领批分派,投妥后即返家理农。"至于侨批局付给内地代理人的手续费,则"以汇款银额计算,每千元约五、六元左右。"①可见侨批局对办理侨汇业务和投递汇款、侨信非常熟悉,业已形成一套规范和系统的处理办法。

抗战时期,汕头虽然沦陷,但该地侨批局经营业务所受影响不大,甚至还出现了更具规模的侨批局。如宏通批信局,有分号及联号 56个,其分布范围几乎遍及粤东东江的大部分地区和国外的英属新加坡、马来亚各地、荷属东印度、暹罗、婆罗洲、美属菲律宾等地。另外,万丰发批信局拥有 37 家分号及联号,广泛分布在海内外。② 1943 年,原在汕头的部分侨批局内迁至国统区的梅县、饶平、惠来、大埔等地,但尚有60 多家继续留在汕头当地,其分号仍达 658 家之多。③

表 26　1942 年汕头侨批局分号或联号规模

分号或联号数	0—5	6—10	11—15	16—20	20—25	26—30	31 以上	合计
批信局数目	15	39	22	6	2	0	2	86

资料来源:广东邮政管理局档案,全宗号 29,目录号 2,卷号 369,广东省档案馆藏。

广东各地侨批局规模的扩张,其原因与海外侨汇数量的增加密切

---

① 广东省邮政管理局档案,全宗号 29,目录号 2,卷号 378,广东省档案馆藏。

② 广东邮政管理局档案,全宗号 29,目录号 2,卷号 369,广东省档案馆藏。

③ 广东邮政管理局档案,全宗号 29,目录号 2,卷号 369,广东省档案馆藏。

相关。在三十年代,公营行局对侨汇的控制与竞争加强了,但在侨汇大为增加的情况下,公营行局并不可能完全垄断侨汇的经营。作为私营的侨批局仍积极参与侨汇业务的竞争,它在整个侨汇业经营中仍是最为活跃和最具影响力的机构。

综上所述,1920—1940 年代,潮汕民间侨批业依靠其长期信用、灵活的经营手法、高效的资金运营、便捷的汇兑方式,在不利的情形下与政府公营行局竞争并取得了成功。这一事实说明,建立在中国传统民间信用制度上的侨批业有极强的生命力。从根本上说,侨批局与政府公营行局在侨汇业的竞争实际上是传统民间信用制度与现代西式金融制度的竞争。前者建立在人际关系基础上,后者则是以物权关系为基础的制度化结构。由于在 1940 年代广东潮汕这一侨汇主要吸收地仍然保有极其深厚的传统势力,西式现代金融体制尚无法深入乡镇,最终导致政府公营行局的失败。另一方面,在双方竞争中,又存在着各种合作关系,尤其是在抗日战争期间,私营侨批局与国民政府公营行局在侨汇运营中广泛合作,使得公营行局无法真正对侨汇加以垄断,这也是政府公营侨汇机构不能取得成功的重要原因之一。

二、国统区与沦陷区之间的侨汇流通
——抗战中的广东侨汇研究

由于近代中国经济的不景,华侨汇款(即侨汇)对于中国近代金融乃至整个中国经济发挥了重大作用。据统计,在 20 世纪 20 年代,华侨汇款额平均约占中国外贸入超额的三分之一,1928 年更占 81.7%。①

---

① 陈争平:《1895—1936 年中国国际收支研究》,北京:中国社会科学出版社,1996 年,第 134—135 页。参见郑友揆:《中国的对外贸易和工业的发展(1840—1948)》,上海:上海社会科学院出版社,1984 年,第 338—341 页。

另外,在抗日战争时期,华侨汇款对于中国国际收支的意义更为重大。这方面,学术界已经有许多探讨。① 然而,以往由于各种条件特别是史料的限制,学界对于近代侨汇的研究至今仍然有许多未完善之处,譬如对于抗日战争时期的侨汇研究就不够充分。

近年来,通过发掘保存在各地的档案文献,对于近代广东侨汇的研究已经大大丰富了人们的认识。以抗日战争时期材料而言,我们可以对当时沦陷区和国统区的华侨汇款流通的实际情况有更深入的了解。从近年新发现的史料中可以知道,与学术界通常的概念相反,抗日战争时期,在国民政府与日伪政权之间激烈争夺经济资源、国民政府严格进行金融管制和对沦陷区进行经济封锁的背景下,国统区与沦陷区之间仍有相当程度上的侨汇的合法流通,日占区汕头等地的邮政局职员甚至反对国民政府将国统区与沦陷区华侨汇款加以区别对待,以便使两区侨汇保持一定程度上的沟通。因此,除了通过抗日战争中后期出现的东兴汇路进入国统区的侨汇外,实际上还有不少侨汇借道沦陷区进入了国统区,最终到达侨眷手中。本文拟以广东省档案馆的馆藏档案为例,探讨抗日战争中广东华侨汇款的流通问题。

在广东省档案馆馆藏文献中,有一批抗日战争时期的华侨汇款统计和报告,值得人们注意。如下表所示:

---

① 林家劲等:《近代广东侨汇研究》,广州:中山大学出版社,1999 年,第181—189 页;任贵祥:《华夏向心力——华侨对祖国抗日战争的支援》,桂林:广西师范大学出版社,1993 年;曾瑞炎:《华侨与抗日战争》,成都:四川大学出版社,1988 年。

表 27　1942 年 11 月广东邮政储金汇业局华侨汇款统计(单位:法币元)

邮区	转汇银行	汇款笔数	汇款额
广州(沦陷区)	华侨银行	2741	50205.00
广州(非沦陷区)	华侨银行	44	10570.00
广州(沦陷区)	东方汇理银行	1941	199055.00
广州(非沦陷区)	东方汇理银行	329	40020.00
合计		5055	299850.00
汕头(沦陷区)	华侨银行	794	121410.09
汕头(非沦陷区)	华侨银行	191	47248.09
汕头(沦陷区)	信行公司	8	1805.00
汕头(非沦陷区)	信行公司	5	1000.00
合计		998	171463.18
海口(沦陷区)	华侨银行	2018	361337.28
总计		8071	832650.46

资料来源:广东邮政管理局档案,全宗号 29,目录号 2,卷 739,广东省档案馆藏。

上表出自国民政府所属广东省邮政管理局档案,属于国民政府官方资料。

抗日战争期间,随着战火的蔓延,广东省邮政管理局跟随广东省政府内迁入广东曲江国统区,其行政管理机构与邮政日常运作单位在空间上分离开来。但是抗日战事并没有完全割断国统区与沦陷区之间的经济联系,相反,从政府管理的角度上观察,无论业务往来还是政策指示,上行下达依然大致如常,与战前没有太大区别。尤其是在侨汇流通方面,沦陷区与国统区并未完全割裂开来。在国民政府官方统计中,居然有国统区与沦陷区这两个在政治截然对立、分属日伪和国民党两个政权区域内的侨汇统计数,这的确不同寻常。

众所周知,近代中国邮政在 1896 年由清朝大臣张之洞奏准成立大清邮政以后,一直属政府公营事业,邮政员工也一直属于政府雇员,各地各级邮政部门行使着国家邮政管理的权力。即便是允许民营信局和侨批局存在的时期,各级邮政部门也一直以特殊的政府机构自居,发挥行业管理和商业营运的双重功能,以中国国家利益代表的面目出现,行使其职责。

但也正是由于近代中国邮政的管理机构与企业营运的双重性质,使得邮政管理部门在面临政权更迭或外敌入侵的时候,往往会原封不动地被新政权及入侵者全盘接收。而不是另起炉灶取而代之,以保持国内外邮路畅通,使邮政各项业务照常进行,为后继政权谋取政治、经济上的利益,并借以争取人心。

邮路的畅通是侨汇畅通的重要保障。1930 年代以后,私营侨汇业的运营已经离不开国家邮政事业了。这一方面是由于国家邮政事业对于私营侨批业的管理与控制;另一方面,私营侨批业也已经从过去以水客携带批信穿行南洋与内地的经营方式,逐步转变成为依托国家邮政与公私银行开展业务。换句话说,私营侨批业已经发展成为主要在华侨汇款的两端——侨汇直接汇出地,即海外华侨华人居住地,和侨汇最终汇入地,即中国内地侨眷的居住乡间从事经营,从而摆脱直接以水客从国外运送大批现金或汇单到内地的负担,以付出少量邮费的微小代价控制侨汇的来源和去向,从而牟取最大利润。实际上,这个时代的海内外华侨华人私人侨批业已经寄生于海内外邮政和银行之上,依附近代中外邮政和银行业生存。这种经营方式使得私营侨批业与公营的邮政及银行业,尤其是中国东南沿海大中城市的国家邮政局和银行产生互利关系,而不仅仅是一种纯粹的竞争关系,这其实也是私营侨批业得以长期生存的根本原因之一。

1937 年 7 月全面抗战爆发以后,由于抗战初期战事尚未在广东省境内发生,因此广东省各地的邮政业务没有受到太大影响,华侨汇款也得以如战前般照常运行,无论公私机构的侨汇业务都可以正常开展。直到广州、汕头、江门、海口等广东沿海地区相继被日军占领后,侨汇运行状况才开始发生改变。

1939 年 6 月,日军占领汕头一带,代表国民政府管理当地侨汇业务的汕头邮政局被迫短暂停业,但随后很快就恢复了侨汇的畅通。据统计,1939 年 7 月 2 日至 8 月 22 日期间,仅汕头市邮政局便收取华侨汇票 2924 件、华侨汇款 319219 元(法币)。① 可见,当时汕头一带的沦陷尚未严重影响到汕头邮政局的侨汇业务。对此,已经处于沦陷区的汕头邮政局仍然向内迁曲江的国民政府广东省邮政管理局汇报业务,并说:"职局虽处沦陷区域,但邮政系统仍旧,局务仍应一样维持,且业务日臻发达。"② 从报告的文字中可以清楚看出,汕头邮政局仍然效忠于国民政府的广东省邮政管理局,而且居然自称"处沦陷区域",可见当时日本占领当局并未接管汕头邮政。值得注意的是,汕头邮政局强调"邮政系统仍旧,局务仍应一样维持",表现出邮政这类特殊的行业管理部门一种试图超然政治之外的心态。

当然,事实并非汕头邮政人员所想象的那样简单。在日军占领汕头后,私营侨批局的业务很快就受到沉重打击,来自海外的批信数量急剧减少,如表 28 所示:

表 28　日军占领汕头前后批信统计

占领前			占领后		
日期	批信	回批	日期	批信	回批
1939 年 7 月共计	186446(a)	164881	1939 年 8 月 10 日至 9 月 9 日合计	1672	330844(b)

注:(a)(b)档案原件中合计一栏的数字分别为"186646"、"33024",当为统计之误,特更正。

资料来源:广东邮政管理局档案,全宗号 29,目录号 2,卷号 136 之一,广东省档案馆藏。

---

① 广东邮政管理局档案,全宗号 29,目录号 2,卷号 136 之一,广东省档案馆藏。

② 广东邮政管理局档案,全宗号 29,目录号 2,卷号 136 之一,广东省档案馆藏。

然而,与此形成鲜明对照的是,在私营侨批业急剧衰落之时,当时以邮政局为核心的公营侨汇业却暂时没有受到太大的冲击,其侨汇经营仍一如既往。我们从下列统计便可以看出端倪:

表 29　日军占领前后汕头邮局开发兑付侨批统计

占领前				占领后				
日期	开发		兑付		日期	开发		兑付	
	张数	款数	张数	款数		张数	款数	张数	款数
1939 年 7 月 合计	855	456512.47	840	840464.45	1939 年 8 月 10 日至 1938 年 9 月 9 日 合计	1039	97145.91*	510	71574.92

* 档案原件中合计的数字为"97142.91",当为统计之误,特更正。
资料来源:广东邮政管理局档案,全宗号 29,目录号 2,卷号 136 之一,广东省档案馆藏。

更有甚者,在抗日战争初期,在沦陷区由公营的邮政局所开发的华侨汇票还有增加的趋势,见下表:

表 30　1938—1939 年广东省邮政开发华侨汇票统计(单位:元)

年度	开发金额		兑付金额	
	法币	毫券	法币	毫券
1938 年	262940.6	72250.94	311268.97	6185
1939 年	4812159.48	4797893.38	1826275.25	2628858.9
增幅	+1730%	+6540%	+486%	+4240%

资料来源:广东邮政管理局档案,广东邮区邮政事务年报,全宗号 29,目录号 1,卷号 213,广东省档案馆藏。

表 31　1940—1941 年广东省邮政开发华侨汇票统计(单位:元)

年度	开发金额		兑付金额	
	法币	毫券	法币	毫券
1940 年	45767582.5	832460.68	20200441.96	1127893.31

（续）

年度	开发金额		兑付金额	
	法币	毫券	法币	毫券
1941 年	103514323.88	58048	122054073.61	320014.3
增幅	+126%	—93%	+504%	—72%

资料来源:广东邮政管理局档案,广东邮区邮政事务年报,全宗号 29,目录号 1,卷号 213,广东省档案馆藏。

对此,广东省邮政管理局解释道:"华侨汇票业务……因向为本省业务重心之汕头、海口及江门埠等处,复于年初相继沦陷,尤予此种业务一大打击。"①但这种打击,实际上主要是影响了海外华侨汇款的心态和私营侨批局的业务。对于公营的邮政局而言,影响并不大,甚至还有汇款由私营侨批局经手转向公营邮政局的情况,使邮政部门经办的侨汇数量呈增长态势。在 1939 年度广东邮区邮政事务年报中,广东邮政管理局总结道:"华侨汇款一项,本年度具有长足进展,且仍系继续迈进。年内本区经办之数,计侨汇一项,实为国币 15842986.51 元,毫券 6299843.46 元。香港大宗汇票一项,实为国币 2004784.4 元,毫券 870024.86 元,两项合计国币及毫券达 25017639.23 元。"②

以上可见,抗日战争前期即太平洋战争爆发前,当日军占领广东沿海一带后,私营侨批局在东南亚经营的侨汇业务受到了极大冲击,大部分侨批无法汇入内地,只有零星的侨批流入沦陷区(从表 28 中可以观察到),估计是从香港中转而来。但与之恰成对照的是,由公营的邮政局经办的回批业务却仍然持续不断,并且其数量没有太大的变化;另外,邮局开发的华侨汇票和兑付的批款也没有中断,虽然数量上已经有

————————

① 广东邮政管理局档案,广东邮区邮政事务年报,全宗号 29,目录号 1,卷号 213,广东省档案馆藏。

② 广东邮政管理局档案,广东邮区邮政事务年报,全宗号 29,目录号 1,卷号 213,广东省档案馆藏。

所下降。由此可知,在汕头沦陷初期,虽然一部分邮政局职员和私营侨批局等已经随国民政府内迁,但是在日伪政权的沦陷区内仍然保存了大部分原来的公营事业管理部门,即汕头及其下属的邮政局系统,以及私营侨批业商人,他们在艰难的情形下依旧维持着侨汇业的运作。正是由于公私两方面侨汇业的多方努力,沦陷区侨眷与海外亲属通过侨信和汇款的联系才不至于突然中断,从而影响内地侨眷的生计。正是基于这样的原因,当时汕头邮政局可以向省邮政管理局报告说:"汕市虽有情形特殊,但职局与内地各局并不失却联络,票款仍能依时接济。"①汕头邮政局也因此反对将该局职员内迁取代沦陷区邮政局,并且反对区分沦陷区和国统区业务。他们认为:"邮局各系保持专一整个政策,除邮局外,不涉其他问题,用能办理完善,似不可划分沦陷及非沦陷之畛域,致生隔阂。"②显然,汕头邮政职员希望以保持邮政中立的方式,在日伪政权统治下,继续原有的侨汇运营,冲破敌我双方的经济封锁,沟通区域间的侨汇联系。

太平洋战争爆发后,日本逐渐占领东南亚,随即收紧了海外华侨对于中国内地的汇款管制政策。但是,在国统区和沦陷区之间,始终没有真正切断侨汇的联系,双方的邮政部门一直保持沟通。

从档案中可以看出,汕头、海口、江门等沦陷区邮政局和内迁曲江的国民政府广东邮政管理局一直保持着联系,并且接受国民政府广东省邮政管理局的指示,定期汇报业务工作。在广东省档案馆中此类档案甚多,反映出战时邮政事业的相对中立。更有甚者,在广东省和全国

---

① 广东邮政管理局档案,全宗号29,目录号2,卷号136之一,广东省档案馆藏。

② 广东邮政管理局档案,全宗号29,目录号2,卷号136之二,广东省档案馆藏。

国际汇兑统计中,从 1942 年度起,出现了"后方"和"陷区"两个分立账目①;而在汕头邮政局档案中,既有国币账目,又有伪币账目(见表 32),反映出两区之间侨汇仍可流通。

表 32　广东邮政管理局华侨汇票收支统计(单位:元)

会计年度	收入	支出	差(贷)额	差(借)额
1939 年	毫券:2932555.66	2047631.00	884924.66	——
	国币:3045134.81	1819503.25	1225631.56	——
1940 年	毫券:2358742.69	4596354.95	——	2237612.26
	国币:57655625.96	26457126.78	31198499.18	——
1941 年	毫券:55198.00	320134.30	——	264936.30
	国币:98385611.06	122050136.83	——	23664525.77
1942 年	伪券:3125785.72	3056089.84	69695.88	——
1943 年	伪券:602536.32	855728.62	——	253192.30
1944 年	伪券:——	264.91		264.91

资料来源:邮政管理局档案,全宗号 29,目录号 1,卷号 286,广东省档案馆藏。

　　值得注意的是,这种情况不仅在汕头一带如此,广东省其余各地均无例外。以广州为例,广州市原有一批私营的银号、钱庄涉足侨汇业。但是在日军占领广州后,民间侨汇业极度萎缩,"除邮局外,无其他银号能通汇款项于各乡间者"。②"广州及附近各地,自沦陷后,除邮局外,无其他银号能通汇款项于各乡间者,职是之故,邮局之汇兑营业,日趋发达。"③广府各区也是这样:"查本区各地,滨临海洋,交通便利,素称繁盛之地,因之侨外者众多,年中靠侨外之汇款挹注者,其数额甚巨,向以银行或商号驳汇。自军兴后,情形激转,昔以银行或商

---

①　广东邮政管理局档案,全宗号 29,目录号 1,卷号 286,广东省档案馆藏。
②　广东邮政管理局档案,全宗号 29,目录号 1,卷号 226,广东省档案馆藏。
③　广东邮政管理局档案,全宗号 29,目录号 1,卷号 226,广东省档案馆藏。

号寄汇款项者,进而转移于邮政侨汇。故华侨汇票,日益发达。"①可见,当地侨汇仍然能够流通,而且从邮政局的角度看,其数量还日益增长。

正因为如此,在1946年国民党政府接受日本投降后,清查日伪政权财产,关于日伪广东省邮政管理局的报告中就说:"邮政部门以机构完密。而在沦陷期内,尚无破坏及紊乱情事,故接收全省各地邮局大致经过良好。"在清理库存后,发现"现金计有国币一千二百余万元,伪币中储券一千四百余万元"。② 可见,在抗日战争时期敌伪政权并未割断与国统区的邮政联系,双方通过邮政的货币交换也大致正常进行。

邮政是特殊的公营事业,它本身一方面具有政府行业管理的职能;另一方面,它又是政府所属的公营企业。因此,在政权易手之初,日伪政权并未另起炉灶,而是留用了绝大部分邮政人员,允许日占区邮政事业维持原来的垂直管理模式,并继续保持与国统区上级管理部门的联系。从日伪政权的角度上说,太平洋战争爆发前,他们争夺侨汇的手法主要是采取威胁和利诱海内外民营侨批局和银号、钱庄为其服务。因为此时从海外尤其是东南亚汇回的侨汇仍然属于外汇性质,故日伪政权在抗日战争初期基本上允许侨汇自由进入沦陷区,没有加以太多数量限制,使得抗日战争初期侨汇仍可源源不断地流入。

当然,从侨汇年度统计观察,在抗日战争时期,广东沦陷区侨汇数量的确呈下降趋势,即便是抗日战争前期也不例外。这说明战争对于侨汇的流通带来了不可低估的巨大影响,请看下表:

---

① 广东邮政管理局档案,全宗号29,目录号1,卷号226,广东省档案馆藏。
② 广东邮政管理局档案,全宗号29,目录号1,卷号235,广东省档案馆藏。

表 33　广东部分邮区回批统计

局所	1938 年	1939 年	1940 年	1941 年
汕头	2383772	1586433	1750992	1271978
海口	150446	40707	2385	/
潮安	7353	4096	752	/
河婆	2049	1378	844	1759
大埔	376	260	251	153
揭阳	6267	15237	2659	/
梅县	14859	9630	9436	5619
松口	3448	2317	2813	4940

注:"/"表示批信为零或无统计数。

资料来源:广东邮政管理局档案,全宗号 29,目录号 1,卷号 277,广东省档案馆藏。

日伪政权为了战争的需要,极力与国民党政府争夺侨汇资源。其目的首先是为了掠夺外汇,其次还欲借此推行日伪军用券或中储券等伪币的流通,从而破坏国民政府的金融政策和法币信用。日军占领汕头之后,随即在当地组织日伪侨批业公会,并制定所谓"汕头侨批业公会会章"16 条,目的在于掠夺侨汇,即"以台湾银行及横滨正金银行结成为侨批业者之指导机关,对于侨批业公会业务之运用极力予以监督,亦常受政务部所指定之指导机关之指导而行动"。日伪当局还"准与内地交通通信,惟不能有反皇军作战上及政治上一切言动,倘万一有检出各斯证据者,当按军律严重处分,决不宽息","区内所汇送侨批不准经本会员以外之手"[1],妄图以此全面控制侨汇的流通。

随后,日本"台湾拓殖社"还派员指令潮安商会邀集各批局、银庄组织伪华侨银行,并于 1940 年 1 月起实施两项规定:(一)各侨批局向邮局领取批信时总额达到两万元,则须缴出两万元法币向日本台湾银行

---

[1]　广东省银行档案,全宗号 43,目录号 2,卷号 281,广东省档案馆藏。

换取日本军用票发给侨属收款人；（二）侨批局在海外联号收华侨银信后，如交送海外的日本银行汇寄时，在汕头的日本台湾银行可照额交法币给侨批局领去发给侨眷。这两项办法由各侨批局自行选择，目的在于攫取外汇以购买军火及推销日本军用票，破坏中国法币的流通。①在日军高压态势下，未能内迁的汕头市侨批业各商号被迫与占领当局合作，保证侨汇的流通。

日伪政权还在马来亚竭力争取华人侨批局合作。据国民政府军事委员会揭露：日本在马来亚"由当地之'正金'、'台湾'、'华南'三银行负责与占领区内之各银信局秘密联络，并订平行比率之奖金，以争取华侨之银信业"②。对此，中国驻新加坡总领事馆向国民政府外交部报告："沦陷区银信局与敌奸勾结攫夺侨汇，此诚可虑。""本馆为防范计，早经实施应付办法：（1）鼓动侨胞汇款须由中国、华侨及广东省等华商银行；（2）劝告各会馆侨团，普告侨民汇款务须集中上述银行；（3）严令各帮汇兑信局侨批须交华商银行转汇。"③

太平洋战争爆发后，日军先后占领香港和东南亚，切断了原来通往中国内地的侨汇汇路。1942年1月以后，日本占领当局允许部分恢复侨汇流通。因此，南洋一带大规模的侨汇虽然迅速减少，但并未完全断绝。据汕头邮局1943年12月的一份调查报告称："查三十年十二月八日以后海上交通一时停顿，所有南洋各地华侨汇票遂告断绝。但经过数月，泰国之侨汇即已恢复，办理情形稍有变更，佛印方面之侨汇，经于本年一月间继续开办，昭南岛方面之侨汇亦于本年六月间开始恢复，但

---

①　广东省银行档案，全宗号43，目录号2，卷号281，广东省档案馆藏。

②　蔡仁龙、郭梁：《华侨抗日救国史料选辑》，福州：中共福建省委党史工作委员会、中国华侨历史学会，1987年，第105页。

③　《华侨抗日救国史料选辑》，第111页。

其情形与办理方式均有不同之处。"①

在日军占领南洋后,东南亚一带的侨汇由于日本军票的强制流通,在许多国家和地区已经失去了原来的外汇意义(对于日军而言)。因此,日本占领当局开始强化对华侨汇款的控制,并且开始在数量上加强限制,从而大大减少了侨汇的流通。

一方面,日本当局规定:民营侨汇业必须向占领当局重新注册领取营业执照,并指定其中若干家可以继续经营海外侨汇,并且严格规定其经营区域。以汕头为例,原来有执照的侨批局一共86家,除了23家业已迁入国统区后方各地继续营业之外,经日本当局许可办理侨汇的侨批局只有37家。其营业区域包括泰国22家:泰成昌、黄潮兴、陈悦记、广顺利、理元、马合丰、马德发、马源丰、普通、同发利、万兴昌、许福成、协成兴、成顺利、荣丰利、振盛兴、义发、陈炳春、振丰盛、万丰发、和合祥、成昌利;新加坡及荷属印尼11家:李华利、光益裕、有信、光益、洪万丰、永安、普通、裕大、致盛、荣成利、陈炳春;香港4家:荣大、致盛、亿丰、陈炳春。其中陈炳春、普通两家分别在三地或两地经营,所以实际上只有34家侨批局得以在汕头继续经营侨汇业。② 另一方面,日本当局又规定侨批局经营泰国侨汇,其汇款必须交由日系银行正金银行和台湾银行汇寄到汕头,批信则由邮局运递。在汕头各侨批局由邮局领出批信后,要送交日伪汕头侨务局检查,认为可以投递者,方交给各侨批局投递,否则将其批信及汇款退回汇款人。对于越南侨汇,则规定由日本的中南公司专办,不准侨批局和邮政局插手,规定每户每次汇款额限越币五十元以内,汇款由日本的台湾银行转汇,批信由日本驻越南公使馆寄给日本驻汕头领事馆转交中南公司汕头分公司,然后由该公司

---

① 广东邮政管理局档案,全宗号29,目录号2,卷号369,广东省档案馆藏。

② 广东邮政管理局档案,全宗号29,目录号2,卷号369,广东省档案馆藏。

分号印发取款通知由邮局寄往收款人,收款人接通知后携带通知、图章及铺保赴汕头市领款。这样一来,"侨眷因收取越南侨汇,开销来回旅费,每每得不偿失"。[①] 新加坡及荷属印尼的侨汇,是由日本的台湾银行办理汇入汕头,然后再由当地台湾银行分行交给侨批局分派,向收款人取得回批后,再交还台湾银行汇寄(以后又改为侨批局处理回批),数量上也限制在每户每月 100 元(日本军票)以内。而且,日伪政权规定侨批局"办理侨批以和平区域为限",也就是将侨汇流通限制在沦陷区以内,防止侨批局为国民政府所利用。[②]

太平洋战争的爆发,使得国统区法币无法正常供应日占区邮局,以致大量华侨汇票积压在邮政局,无法及时兑付给侨眷。参见下表:

表 34　汕头段邮局未兑付侨票表(1942 年 2 月 23 日)

投派局名	金额(国币元)
汕头	18939
潮安	89947
潮阳	18236
澄海	26465
庵埠	87957
共计	241544

资料来源:广东邮政管理局档案,全宗号 29,目录号 2,卷 676,广东省档案馆藏。

除此之外,汕头还有未兑付银行汇单总额达 350412.62 元,两项合计 591956.62 元。[③] 而当时在汕头邮政局库存款项仅有 480502.22 元,根本不敷支付。[④] 为兑付华侨汇票,汕头邮政局不得不向日伪政权

---

① 广东邮政管理局档案,全宗号 29,目录号 2,卷号 369,广东省档案馆藏。
② 广东邮政管理局档案,全宗号 29,目录号 2,卷号 369,广东省档案馆藏。
③ 广东邮政管理局档案,全宗号 29,目录号 2,卷号 676,广东省档案馆藏。
④ 广东邮政管理局档案,全宗号 29,目录号 2,卷号 676,广东省档案馆藏。

提出请求,要求后者准许汕头邮政局从国统区运送法币 100 万元到汕头接济,日伪当局"经济部主任"表示同意,但宣称仍需获得日"最高当局"准许。① 此外,在日本统治下,汕头邮政局虽然能有限制地办理部分侨汇业务,但必须"于每月底将侨票件数及款额等项造具详情表一份,送交汕头特务机关存案"。②

在广东邮局曲江办事处 1943—1945 年月份工作报告中,我们可以看到这样的报告:"本区后方交通陷区邮运变动情形:(甲)樟林至澄海线:本月初该线沿途各渡口,被敌军封闭,禁绝客商往来,澄海局邮差无法抵达莲塘与后方邮差驳换邮包,嗣经汕头局商得该处敌伪机关特许每逢月之三、六、九等日由澄海局派差在草沟渡对岸换包,邮运不致阻断。"③这显然是双方通过正式交涉后达成了协议,使海外侨汇与其他邮件一道,得以穿越封锁线,连通国统区和敌占区。

值得注意的是,这时的汕头邮政局虽处沦陷区,但仍管辖着其邮区内大部分邮政局所,并同国统区内地局所(例如上文中的澄海局和广东省邮政管理局曲江办事处)保持着侨汇沟通,广东省其他各地区也有类似情形。在广东省邮政管理局 1942 年 9 月 3 日给汕头邮局发的密训令中,清楚地指出:"关于本局与驻华南日本野战邮便局订立互换邮件办法,各互换局应将中国以外各地经由我国与日本野战邮便局互换之函件数目,按日登记。"④可见战时的国统区存在正式的与敌占区的邮政交换协议,可以交换邮件,侨汇也因此得以流通于两个政治上性质完全不同的区域。

另外,在敌我交战区域,日军对于国统区加以封锁后,后方邮局采

① 广东邮政管理局档案,全宗号 29,目录号 2,卷号 676,广东省档案馆藏。
② 广东邮政管理局档案,全宗号 29,目录号 2,卷号 676,广东省档案馆藏。
③ 广东邮政管理局档案,全宗号 29,目录号 1,卷号 256,广东省档案馆藏。
④ 汕头邮局档案,全宗号 86,目录号 1,卷号 552,广东省档案馆藏。

取偷运方式(即所谓"密路")沟通两地,即使是原有邮局因战事撤离内地,也尽力保持着与沦陷区的联系:"本年度(1945年)上半年战事弥漫全区,多数局所流离迁撤,邮运干线多被阻断。嗣经职局办事处分别辟组横贯粤汉路封锁线之秘密邮路(计长196.4公里)以沟通东西邮运,并组设偷渡西江密路(计长135.6公里)以接运南北邮件,而撤迁各局,亦纷由其撤驻地区计设临时邮路,辗转与密路转运局联络。"①而在1945年3月广东省邮政管理局曲江办事处工作报告中,将这一工作列为"重要工作"之一:"本区西江密路,原以横茶(北岸)、沙埔(南岸)为偷渡接应站。自敌窜经四会沿粤汉线北犯后,该密路顿遭梗断。经饬督运人员另探组由广宁至新桥密路,以伍村(北岸)、矮洞(南岸)为偷渡接应站,以资替代,藉维邮运。"②显然,在无法与日伪政权谈判协调邮路的区域,国统区邮政管理机构采取秘密偷运的方法,维持与敌占区的原有邮路,侨汇也因此得以继续流通。

对此,1945年11月23日,在广东省邮政局举行新闻记者招待会时,该局局长黎仪桑说:"本来两国交战,照国际惯例邮递亦随之中断,被占领地带的人民与其后方通信都无直接的,自必须经过中立国居间始能到达。但是我们中国抗战八年,后方与沦陷区的人民常常都可以通信。虽然经过敌伪的检查,但仍然彼此知道许多消息,这是我们中国邮政建立的一种奇迹。原因是日本在民廿六'七七'的时候对我国不宣而战,又始终不承认中国是交战团体,时常只称为'中国事件',所以有此奇迹。"他认为奇迹之一是"人事问题。我们邮政在抗战期内,由民廿六七月起至民卅二六月底止,全国还是整个的。虽然在敌伪的监视下,但各邮区上自管理局长,下至于邮务佐之委用及迁调,都是归重庆的邮

---

① 广东邮政管理局档案,全宗号29,目录号1,卷号214,广东省档案馆藏。
② 广东邮政管理局档案,全宗号29,目录号1,卷号2146,广东省档案馆藏。

政总局办理。因此后方的邮务发达，我们仍可以把陷区内的有训练有历史的人前往办理。留在陷区服务的也并非故意靦颜事仇，只系紧守本人岗位，忠诚为国家社会服务。所以在沦陷区服务的邮政员工光复后，也没有遭到歧视"。奇迹之二则是"邮务行政在民卅二年七月以前是完整的，陷区的邮政管理局仍然受重庆邮政总局的指挥。邮政总局特在上海设立一间邮局驻沪办事处，禀承邮政总局的命令来指挥陷区各管理局。到民卅二年七月以后，敌伪派人接收了邮政总局驻沪办事处。后方和陷区的邮务的人事和行政才有显著的划分……侥幸这时间不久，日本便无条件投降"。① 换句话说，在 1943 年 7 月以前，国民政府仍然在重庆指挥全国包括敌占区的邮政系统，统一协调和调动全国的邮政机构和员工。反映出国统区和日占区之间各级邮政事业仍然保有原来的隶属关系，并未完全切断联系。

综上所述，在抗日战争期间，虽然国民党政权与日伪政权在政治上对立，经济上相互封锁，但是在邮政管理和经营方面并未完全分离，在侨汇流通上仍有大量交流。当然，从档案资料分析，实际上，排除南侨总会等华侨组织和个人的抗日捐款外，对于东南亚华侨小额汇款即通常人们所称的赡家汇款而言，当时国统区的侨汇收入无论是"数"和"量"的方面，都远远不及日占区。

作为战争的交战双方，日伪占领下的沦陷区与国民党的国统区之间的边界实际上是将中日国界推进到了中国境内，侨汇的境内流通成为事实上的跨"国"流通。在日本侵华战争特殊背景下的这种状态，为侨汇的流通带来极大障碍。从国民政府角度说，在广东沿海沦陷后，国民政府立即下令邮政管理机构内迁，并动员和组织私营侨批业内迁至国统区，随即下令对敌占区实行经济封锁，严防日伪政权破坏国统区经

---

① 广东邮政管理局档案，全宗号 29，目录号 1，卷号 203，广东省档案馆藏。

济。而日伪政权则企图利用原有的邮政部门和存留在沦陷区的私营侨批机构控制占领区内的侨汇及其相关金融流通业,进而稳定和控制敌占区经济,并借机向国统区渗透。由于在抗战中后期,日伪政权和国民党政权于广东境内基本处于相对平衡的战略态势,国统区和沦陷区地域相对稳定,双方都试图利用侨汇争取人心并借此稳定侨乡经济。因此双方都对于官方控制下的邮政和私营侨批业网开一面,借助正式或非正式协议,实现侨汇的区域流通。由于经济上的困境,国民政府对于这种跨区域的侨汇流通,表现得更为积极和主动。

这种战争状态下跨越边界的经济行为,不仅仅表现出民间金融的交流常常会不受政治干扰而存在,也表现出战争中的对立政权对公营机构和民间金融的控制并非完全对立。在有需要的时候,民间金融总能找到其跨越边界的途径而自我实现。

三、侨汇广告与东南亚近代侨汇

从 19 世纪下半叶开始,私营侨批业出现在东南亚国家和中国沿海的福建和广东。近代侨批业与中外公营事业即政府邮政机构与公营银行的竞争持续逾百年之久。直到 1950 年代中华人民共和国成立后,中国政府在国内全面实施金融和邮政业管制以后,这种竞争才逐渐消失于中国境内,由公营事业一统天下。

近代中国在西方列强的入侵下,经济畸形发展,外国资本及商品大量涌入,挤占中国市场,使得对外贸易几乎一直处于入超状态。因此,在近代作为中国外汇最主要来源之一的华侨汇款对中国国民经济的影响极大。根据国民政府的统计,从 1931—1935 年间,中国内地接收的华侨汇款额相当于全国外贸入超额的 38—96％。而在 1936—1940 年间,华侨汇款更是年年超过中国的外贸入超。其最高峰出现在 1940年,是年侨汇收入相当于全国外贸入超的 329％。由于日本侵华战争爆发,中国沿海被封锁,导致中国对外贸易锐减,外贸入超巨大,而侨汇作为自主外汇来源,对中国政府外汇收入影响巨大。①

从经营角度看,近代私营侨批业包括侨批局、银号、钱庄和兼营侨汇的公司、商行等,实际上是附生在中外银行和国家邮政事业上的,它们只是在侨汇发出地和接收地两端从事经营,由此获得最大利润。也正因为如此,从近代侨批业的空间分布来看,侨批局等主要分布在中国沿海的广东、福建两省,以及香港和东南亚国家,在经济上起着连接东南亚华侨华人与中国内地侨眷的作用。

私营侨批业的经营方式是在东南亚各地深入华侨华人社区吸收外币形式的侨汇,在账面上以官方价格"兑换"为中国货币,再以邮寄的方法依托东南亚当地邮政局或外资及中资银行将外币形式的侨汇运送至香港和中国沿海省份,最后以中国货币形式将侨汇送至侨眷家中。若以中外邮局为业务对象,则完全依靠中国和外国的国家邮政作为中间运营工具,这也是近代侨批局最普遍的业务运作方式。侨批局也利用中资或外资银行汇款,其区别在于侨批局利用的可能是私营金融机构。由此,近代侨批局节省了巨额运营资本,包括中继营业点的设立和维持、现金运送成本、保险支出、工资负担等等,而以极小的代价完成了东南亚与中国之间跨国汇款的业务。

各私营侨批局在华侨汇款的两端(汇出地与汇入地)经营可以获得最大利润。其利润的来源包括:近代中国货币与外币主要是英镑、美元、港币等的汇率变动(与官方汇率的差价)、中外银行间的利率差价、兼营进出口贸易的利润、融资利息(与进出口商人合作)、国内通货膨胀带来的利润,等等。近代中国由于鸦片战争以降,西方殖民主义国家一

---

① 侨务委员会编:《侨务统计》,1942年,省政府侨务处与侨委会档案,全宗号28,目录号1,广东省档案馆藏。

步步加紧了对中国的侵略,原有的自然经济遭到破坏,中国货币体系崩解,汇率长期处于起伏动荡之中,给从事外汇买卖的侨批局带来巨大商机。事实上,外汇买卖和投机是各个侨批局主要的利润来源,而汇费反而无足轻重,有时甚至完全免除。

近代时期,私营侨批局之所以能以侨汇业作为维系生计的原因,在于近代海外华侨华人与内地长期保持紧密的联系,特别是经济上的联系,即侨汇的寄送和接收。而侨汇在地域上的高度集中,即汇出地与汇入地集中于中国沿海特别是广东和福建两省,给侨批局在国内设立分支机构带来便利。与此同时,近代中国国内城乡交通不便、邮政事业欠发达、银行业不能深入乡村,使得广东、福建的千百万侨眷无法利用公营行局接收华侨汇款。另一方面,近代东南亚华侨华人大多来自乡间,且文化程度普遍低下,加上海外的语言障碍,使得他们也无法利用海外金融或邮政机构向中国汇款,且国内外金融业开放门槛低,等等。

与公营事业的区别在于,私营侨批业只在有利可图的地区营运,因此可以最大限度牟利,不必按照公营事业方式进行空间布局,因此节约了巨额成本。此外,私营侨批业主要是家族事业或以家族事业为基础的企业经营,讲求成本效益原则,可以最大限度地减少开支,追求最大利润。参见下表:

表35 1948—1949年汕头侨批局在国内外分号统计

广东内地				国外及港澳			
地区	分号数	地区	分号数	地区	分号数	地区	分号数
潮安 潮安县城	20	揭西 河婆	5	泰国 曼谷	89	印尼 勿里洞	1
庵埠	1	棉湖	3	其它	4	峇眼	2
凤凰	1	共计	8	共计	93	日里	5

（续）

广东内地						国外及港澳					
地区		分号数	地区		分号数	地区		分号数	地区		分号数
潮安	浮洋	4	普宁	普宁县城	5	缅甸	仰光	5	印尼	仙达	2
	意溪	1		流沙	4		共计	5		奇砂兰	1
	葫芦	1		梅林	2	马来亚	柔佛	8		邦加	1
	金石	1		共计	11		槟榔屿	19		廖内	1
	店仔头	3	惠来	惠来县城	6		怡保	8		坤甸	31
	共计	32		隆江	1		芙蓉	3		山口羊	3
潮阳	潮阳县城	11		黄潭	2		吉兰丹	1		巴达维亚	5
	达濠	3		共计	9		霹雳	6		棉兰	15
	陈店	1	大埔	大埔县城	3		太平	1		三宝垄	1
	成田	8		南山	3		吉隆坡	7		万隆	1
	关埠	1		大麻	1		丁加奴	2		共计	69
	金玉	1		百侯	1		马六甲	4	安南	堤岸	22
	共计	25		湖寮	1		美里坡	1		摆草	3
揭阳	揭阳县城	13		高陂	4		古楼士乃	2		薄寮	1
	炮台	1		恭州	1		山打根	4		金塔	3
	梅兜	1		三河	1		沙捞越	7		金瓯	3
	共计	15		共计	15		北婆罗洲	1		其它	3
饶平	饶平县城	11	梅县	梅县县城	7		古晋	2		共计	35
	黄冈	8		畲坑	1		劳勿	1	香港	香港	32
	洪洲	2		松口	3		共计	77		共计	32
	浮山	3		大坪	1						
	共计	24		共计	12						
澄海	澄海县城	4	兴宁	兴宁县城	6						
	东陇	4		共计	6						
	连阳	5	丰顺	溜隍	4						
	东里	4		涌口	4						
	隆都	4		共计	8						
	樟林	4									
	共计	25									
总计					141	总计					376

资料来源：广东省邮政厅管理局档案，全宗29，目录2，卷号382，广东省档案馆藏；汕头邮局档案，全宗86，目录1，卷号407，广东省档案馆藏；汕头邮局档案，全宗86，目录1，卷号408，广东省档案馆藏。

近代东南亚侨汇以私营侨批业的运营为主,而私营侨批业活跃的报刊广告反映出当时他们经营方式的多样化。就东南亚而言,近代私营侨批业的侨汇汇寄有多种方式,既有现收现付的一般性汇款方式,也有侨批业者预先为汇款人贷款,在汇款到埠以后再延迟支付的汇款办法。更有甚者,在东南亚不同国家和地区,私营侨批业也趋向于采取不同的经营策略,反映出当时东南亚各地华侨华人社会与华侨华人经济的不同特色与发展状况,实际上这种侨汇经营的地域化色彩也反映出东南亚侨批业对于当地社会的适应。而这种灵活的经营方式正是其在与国民政府公营侨汇业的竞争中始终处于优势地位的关键性因素之一。

我们不妨看看下面的实例:

"创建广惠肇文兴信局告白:窃以开山难越,谁传天雁之书? 萍根徒飘空,击河鱼之帛。矧复乡原辽广道路分歧,纵驿使不惮传春,而洪乔几虞误事。又况锱铢匪易,付托良艰,此本号所以创兴,庶游子得而方便也□者。本号创设在单边街,寓于文行堂药店,专代汇寄唐山广、惠、肇等处书信、银两等,快捷无误。窃思南洋各埠梓里之旅处者不乏其人,此中获资欲寄回乡者每多,可虑道路既多迢递,而付寄宝甚艰难,且有居乡之人,则更不便于邮寄。因想闽、潮各籍,皆有信馆开设于南洋各埠,以代诸戚里□银回乡。惟我粤人则向无此业,是以本号特为开设□,仿闽、潮各信馆之例,以代诸君〔汇〕项回乡。其信资、汇费无不格外从廉,即远近乡落地方,亦无不专人寄到,所有银两务须限日交到,且必取回收条作据。庶慰客途兮望之心,并有又行堂担保银两,断无贻误。此诚于诸君有便,一则可免访人托寄,一则可无遗失之虞,而日甘□,不至有亏倚间免空悬望,高堂之菽水尽可无忧,倘诸君有赐愿者,尚肯惠临,不甚幸甚! 兹谨将付信汇银条款略登如左:

一诸君有付本局吉信者,必要照皇家信馆规矩粘贴士担,否则本局尽可代粘。该□若干照例收回，如寄至香港□信资分文不取。倘要转付省城四乡或各府县等处，必须公道面商给回使费与走带之人。

一诸君付寄银信，其银若干系某地某人所收，本局收函后，必给回凭单与寄信之人收执，倘有遗失银项等事，可执此单向本局追回。

一本局代诸君汇寄银项、书信，及银器，均有买殷实保家，以保无虞。

一本局代收诸君银信自叻到香港者，由一元至三十元，则每元取回水脚银二占；自三十一元至六十元，则每元取水脚银七〔占〕；自六十一元至一百元，则每元取回一占半。如在槟城汇寄，则寄费加二五〔算〕；在小白蜡汇寄，则寄费加五算；在大白蜡及吉隆等处汇寄，则加倍算。

一本局代收诸君银信到香港交者，则限二十天。有回头凭据交与寄信之人，如到省则限二十五日，其中或有加快亦属未定。因恐船期延搁，故特宽限日子，倘过期无收单寄至，则任付信之人到本局取回原银，断无有误。若取回原银后，其回头凭据方到，则前项乃需交回本局收返，以昭公道。

一本局代收诸君寄往四乡或外府县之银信，必要宽限日期因道途遥远与近埠不同，若果紧急要，本局专人带往，则道途使费需当面议。

一诸君付寄银信，其银多寡皆不能包在信内，另包封候本局看过有无低伪，然后照寄。

一诸君有意付银回唐，而本人或不能写信者，可将其信内如何写法，托本局之伴为之代写亦可。

一本局在各埠分设代理，如槟城则在大隆号，大白蜡则在毛边埠广生隆号，小白蜡则在安泰公司，吉隆则在琏二新公司，已上各家均系殷实之人，至香港、省城及各处乡间，则本局更派亲信之伴司理，并有文行堂担保银项，断无失漏之虞。

一本局不仅惟寄银项、书信，并可接单与诸君，有代办各处货物，断无贻误。

一诸君欲托本局□零碎物件，不论共银多寡，需照办单，先收加一定银，以昭彼此诚实。

一本局系由皇家信馆分设，原为便利梓里起见，非同半利者比故，信资特从廉计，以示公平。

大清光绪十三年丁亥八月二十八日，大英一千八百八十七年十月十四号。文兴信局谨启。"①

上文的文兴信局广告很清楚地说明了其企业侨汇经营方式。该信局（侨批局）之所以成立，是因为在新加坡已经有闽帮和潮汕侨批局经营侨汇，而广府地区缺乏相应机构。这些私营信局（侨批局）非英属新加坡政府邮局（即"皇家信馆"）。该信局不但替广府华侨汇款、寄递书信，也提供"代办各处货物"的服务，可见其经营的灵活性。其在东南亚不仅仅于新加坡一地设立企业，在马来亚各地都设立分号或代理商，如槟城、吉隆坡等地。

相比之下，外国银行所提供的服务就单纯得多，只限于华侨汇款，并不包括书信在内，也不可能像上述文兴信局那样代写书信并送交书信和汇款到侨眷居住的乡下：

"International Banking Corporation

万国银行

本行在纽约注册，实备资本美金三百二十万元，伸叻银五百八十万元。盈余款美金三百二十五万元，伸叻银五百八十万元。未经分配之溢利美金一百三十四万八千元，伸叻银二百四十万零七千元。总行设在纽约和路街五十五号，伦敦分行设在车什士稀三十三号，其余孟买、架喇、吉打、广州、宿务、汉口、香港、神户、小吕宋、勿爹迪、班拿马、北

---

① 《叻报》，1887年10月14日。

京、布杜堡辣地、旧金山、上海、天津、横滨、星嘉坡等埠均设有支行。本行与纽约国家银行有密切联系,故能兼办各埠之支行事务……本行办理一切外埠汇兑银业等事……

英一千九百十七年六月一号。本坡万国司理人旁氏谨白。"①

这是在新加坡的美国银行办理侨汇的广告,说明当时外国银行也在积极争取参与侨汇业务。但是它们所提供的服务与公营机构类似,也缺乏与私营侨批局等的竞争力。

除了海外私营侨汇企业外,在中国内地的私营侨汇企业也有这类广告。以下便是 1915 年广东台山《新宁杂志》上刊载的两份侨汇广告,一是私营的"汇益银号"广告,一是公营的"广东银行"广告:

"新昌汇款

WAI YICK MONEY BROKERS

SUN CHONG CITY

Sun Ning District

Canton China

启者本号开设在心昌祥发街,专做金银汇兑生意经有数年,屡蒙各梓里深信,历安无异,铭感殊深矣。所有恩(平)、开(平)、新(会)三县内地各埠银两无不汇驳通行。如各梓里在外洋有银付归,随写赤纸买担保由信馆付来小店,照时价纸水补回五成,至信口银两着伴亲送府上,快捷无误。若半途有意外之虞,如数赔足,决不食言。如有信,祈照番字付来,得收无误。至付赤纸后祈另付吉信乙封内书明该赤纸系香港某银行号数,诚恐失漏,俾得预于挂号追查,勿被他人夺取。伏望各梓里留心赐顾,是为厚盼。

司事人:谭承镇　谭文峰

---

① 《叻报》,1917 年 6 月 1 日。

民国四年　新昌埠祥发街汇益银号谨启。"①

"广东银行台山分行有限公司

The Bank of Canton，Ltd

113 Toi Sai Road

Toi Shan City，

Kwong Tung，China

本行开设二十余年，专营银行一切业务，汇兑驳通中外各埠，法定资本港银一千一百万元，收足港银八百六十六万五千六百元。总行设在香港德辅道中六号，分行设在广州、上海、汉口、旧金山、暹罗、台山城等处。如外洋侨胞有何委托交收之件妥为照办。诸君光顾备极欢迎。"②

从中我们可以看到私营侨汇业与公营机构对于侨汇经营方式的区别。私营的汇益银号并无海外分号，只要求海外汇款人将书信和支票寄到店里，就可以直接由该店派专人把汇款和信件转交到侨眷手中。而广东银行则是普通业态，在香港设立总行，在泰国、美国以及内地的广州、上海、汉口、台山等地设有分行，呈现典型的坐商形式。

我们还可以看看下面几个广告：

"富源银号

FOO YUEN BANK

Chick Hom 13

Hoi Ping District

Kwong Tung China

广东开平　赤坎上埠

①　《新宁杂志》1916 年第 9 期。
②　《新宁杂志》1935 年第 9 期。

盖自中外交际,国宝流通,南北两洋,华侨日盛,金钱周转,处处咸尚,讯通信息往还,人人尤爱便捷。所以本号同人特创银业汇兑找换金器玉石生意,接理外侨书信银两。出入公平,货价真实,给交纸水,照足时价,收取用金,从廉定额。黄童白叟,一一无欺,绿女红男,个个取信。谨登告白,以广招徕,深望垂青,交相利益。兹将门牌列下,请照挂号,邮寄无误。如蒙光顾,极表欢迎。

由五十元至五百元每百元除用三元

由六百元至一千元每百元除用二元

由一千一百元二千元每百元除用一元五毫

由二千一百元至三千元每百元除用一元(惠佣俱双毫计)

　　　　代收担保信件每封收费银一元

美洲　大埠　　　　　养元堂关崇权代理

　　　山多寸埠　　　新广东关崇瑶广州号　关崇初代理

南洋　日里沙湾　　　广章关启崇

广州　拱日中　　　　国源银号

香港　中环德辅道中　大原银号

富源银号总经理关国录、协理关鋆崇、关勋衮、关国梁谨启。"[1]

很显然,这是开平关氏家族的企业,无论在美洲还是东南亚,以及省、港、开平都由关氏族人开设联号经营侨汇和华侨书信。与同时期的另一银号相比,有很大的不同:

"赤坎长庆马路

万宝源银号

MUN　BOW　YUEN

CHICK　HOM　HOY　PING

---

[1]　《开平明报》1935 年第 14 卷第 46 期。

CANTON　CHINA

本号厚集资本,经营银业、汇兑、找换,附贮暗揭,接理外洋书信、银两,委伴送交快捷周到,自办十足金叶条兑换。特聘良工巧造中西时款首饰,精镶珠石器皿,兼专办各国名厂钟表,请名师精修钟表、唱机,价格相宜,如蒙惠顾,无任欢迎。

送信佣开列:

由五十元至五百元每百元收佣银三元未满五十元照五十元算

由五百元零一至二千元每百收佣二元

由二千零一元至四千元每百收佣一元五毫

由四千零一元至六千元每百收佣一元

由六千元以上每百收佣银五毫

……

代理处

金山大埠正和号

GINN　WALL

Grant　Ave

San Francisco Cal.

U. S. A.

四邑各埠　均有直接　驳汇远近　各乡均能　委伴送到"①

可见,该银号的经营面更广,除了常见的银行业务外,还有钟表、珠宝、首饰买卖等,而且其收费较富源银号更加低廉。共同之处是对于大额汇款比小额汇款有更多的汇费上的优惠,以吸引大额侨汇。

实际上,这种私营侨汇企业兼营汇款及送信以外的行业正是私营机构与公营机构竞争中的优势之一。这种情况直至中华人民共和国建

---

① 《开平明报》1935 年第 14 卷第 46 期。

立后仍然在海外持续,请看下列实例:

"捷丰公司

仰光海滨街门牌三九四号

KYAIT HONG & Co.,

General Merchant & Commission Agent,

No 394，Strand Road,

RANGOON,

电报挂号 CHATHONGCO

本公司专营印缅土产杂货及南暹粗幼红毛茶抹时烟盐茶瑞备茶心,货廉物美,价格公平,监理代兑代办,并接收民信汇兑。诸君光顾,担保满意,无论大宗零星,一律欢迎。此启。"[1]

"广顺昌商行

星加坡福建街门牌三十一号

电话:八五一六五,二六一三四

中西杂货　民信汇兑　通汇安全　布匹发行　旅业过载　快捷妥当"[2]

"延生和药行

彭亨关丹大街门牌九十六号

店东　黄绍朱

YAN SEN FOH DISPENSARY,

No. 96，MAIN STREET

KUANTAN，PAHANG.

---

① 陈兰生、陈孝奇:《缅甸华侨兴商总会四十周年纪念特刊》,仰光:旅缅华侨兴商总会,1951 年。

② 《客属年刊银禧纪念号》,新加坡,新加坡南洋客属总会出版,1956 年,第242 页。

专营中西药品祖国汇兑　自制虎骨膏黄猴膏发售"①

"宏昌参茸行汇庄

新加坡大坡大马路(海山街口)一九□号

CHOP FOONG CHONG

NO. 190, SOUTH BRIDGE ROAD, SINGAPORE. 1,

TEL：78521　CABLE ADDRESS：FOONGDEER

IMPORTERS ＆ EXPORTERS OF GINSENG ＆ DEER

HORNS.

经理　萧东初　副经理　萧钰屏

营业要目

参茸批发

关东鹿茸　土木人参　正庄丽参　花旗洋参　羚羊犀角

珍珠牛黄　猴枣麝香　清花玉桂　燕窝雪耳　一切幼药

参茸零售

专选上品　保证正货　欢迎光顾　取价公平　老幼无欺　如假

包换

民信汇兑

竭诚服务　信用卓著　手续简便　交款迅速　如蒙委托　驾临接

洽"②

"三元彰出入口商

新加坡福建街廿九及廿八号

电话：七三一八五/七三一八六

---

①　《客属年刊银禧纪念号》,第 247 页。

②　新加坡南洋客属总会：《南洋客属总会第 35/6 周年纪念刊》,新加坡,1967
年,第 24 页。

信箱：九六三　电报挂号：TRIDOL

SAN　NGIAN　CHONG

IMPORTERS AND EXPORTERS,

NO. 29－28 HOKIEN ST., SINGAPORE,

TEL：73185－73186

P. O. BOX：963CABLE：TRIBOL

经办华洋百货,监理银信汇兑;代理名厂镖笔,经营日常用品,增设旅游业务,特备旅游应用物品,货物齐备,价格廉宜,诸君光顾,无任欢迎。"①

"德兴隆金铺

马六甲板底街门牌十六号

电话：四八一五

TECK HING LOONG GOLD SMITH

No. 16,Kampong Pantei, Malacca,

Telephone No. 4815

金饰部

纯金饰品　制造趋时　珍珠玉石　配制精美

汇兑部

汇价公平　交款快捷　全国各地　均可汇达"②

可见在1950—1960年代的东南亚国家,除了专门的侨批局外,金铺、药店、进出口公司、普通商业公司都参与侨汇经营,成为公营的中国邮政和国家银行的侨汇海外代理商,这反映出新形势下海外侨汇业的变化。

---

① 《南洋客属总会第35/6周年纪念刊》,第49页。
② 《南洋客属总会第35/6周年纪念刊》,第90页。

从个人汇款金额来看,根据广东省邮政局统计,抗日战争前,每笔华侨汇款大多在法币 1 元至 1000 元之间不等,但大多数为 10 元以下的小额汇款,大额侨汇十分稀少。可知当时闽粤接收的东南亚华侨汇款主要是海外华侨的赡家性汇款,参见下表:

表 36　不同汇款额所占比例(单位:法币元)

汇款金额	占全部侨汇的比例
1—5 元	40%
5—10 元	30%
10—50 元	15%
50—100 元	8%
100—500 元	5%
500 元以上	2%

资料来源:广东省邮政厅档案,全宗号 29,目录号 2,卷号 655,广东省档案馆藏。

值得注意的是,据当时的广东省汕头邮政局调查,汇往汕头的来自东南亚的华侨汇款虽同为私营侨批局经营,但汇款方式却各不相同。在英属马来亚、新加坡一带,多先由侨批局为汇款人代垫资金,待回批到达后方才向汇款人索取款项。换句话说是借贷方式的汇款,与正规的银行和邮局完全不同。而在荷属印度尼西亚则大部分为现金交易,先付款后发寄,与普通邮政或银行汇款并没有区别。同样是侨批局经营的东南亚侨汇,在现金流方面有如此大区别十分耐人寻味:因其对于侨批局的资金流动方式和运营方式产生极大影响,而且不同的经营手法对于侨批局的信誉和长期经营有很大作用。

表 37　汕头市侨汇的汇款方式

地区	使用现金比例	贷款比例
英属马来亚	30%	70%

（续）

地区	使用现金比例	贷款比例
暹罗	40%	60%
法属印度支那	60%	40%
荷属东印度	90%	10%

资料来源：广东省邮政厅档案，全宗号29，目录号2，卷号655，广东省档案馆藏。

另外，我们注意到，当时在东南亚经济相对发达的国家和地区，侨批局较多地采用为华侨汇款客户预先垫付方式汇款，例如新加坡、马来亚、暹罗一带；而在印度支那和印度尼西亚则大多数都用普通的先付款后汇寄的办法。但无论何处，都有一定比例的借贷式侨汇，与公营机构相异，显示出私营侨批业经营的灵活性和竞争性。

近代侨汇的私营与公营事业的竞争实质是国际资本流动与政府管制的互动。国际资本的流动始终追寻收益最大化，因此不断采取各种方式逃避政府管制。私营的侨汇企业用各类手法经营，有些借助其他行业如药材、首饰、土特产、钟表等行业经营以规避国民政府的监管，另一些则利用境外支票（"戾纸"）及其在香港等地外汇市场交易来逃避政府管制。

事实证明，在一个开放的、完全竞争的市场上，公营事业与私营企业是无法竞争的。只有依靠行政垄断，依靠政府的力量。但行政垄断与真正的市场竞争最终形成的市场垄断有一根本差别：行政垄断通常是不考虑投入产出成本效益的。

四、侨汇与香港金山庄

侨汇即华侨汇款，一般指近代时期海外华侨通过各种公营或私营机构及个人以外币或中国本币从海外汇回中国内地的款项。在中国近代，侨汇曾经在中国经济特别是华南经济中扮演了一个极其重要的角色。它不仅维持和改善了闽、粤等省逾千千万万侨眷的生活,促进了沿海侨乡社会的经济发展和变迁,而且还起着维持近代中国国际收支平衡和金融流通的作用。据统计,在 1920 年代,中国侨汇额平均约占本国外贸入超额的三分之一,1928 年更占 81.7%。[①] 另外,在抗日战争时期,侨汇对于中国国际收支的意义更大。1931 年至 1935 年间,中国侨汇收入相当于全国进出口贸易逆差额的 38—96%。而 1936—1940 年间,侨汇额年年超出外贸入超,最高峰为 1940 年,侨汇总额相当于中国外贸逆差的 329%。[②] 换句话说,当时的中国经济除了借外债和西方援助外,主要依靠侨汇来平衡外贸赤字,由此可见侨汇的重要性。

香港由于其特殊的地理和政治原因,在近代侨汇运营中扮演了一个特殊的角色。它不仅成为近代中国侨汇的中转地,而且还为侨汇从外币转变为中国国币起了关键性作用。值得注意的是,不仅私营侨批业以香港作为侨汇的中转地,即便是国民政府的公营机构如中、中、交、农等国家银行和公营的邮政储金汇业局,也是以香港作为其侨汇的中转地,使香港在近代中国金融流通中发挥了巨大影响。

香港的作用体现在三个方面:

(1)香港是欧美和东南亚与广府地区之间侨汇最主要的转汇地

香港从地理、文化、语言上属于广府地区,近代开埠后,定居香港的居民多来自珠江三角洲,他们与原籍保持密切联系。此外,近代 95% 以上的美洲华侨来自广府地区,所以形成美洲华侨汇款以香港为中转地的机制。据统计,1920 年代,香港仅广府人经营的银号就有 380 余

---

① 陈争平:《1895—1936 年中国国际收支研究》,第 134—135 页。参见郑友揆:《中国的对外贸易和工业的发展(1840—1948)》,第 338—341 页。

② 侨务委员会编:《侨务统计》,1942 年,省政府侨务处与侨委会档案,全宗号 28,目录号 1,广东省档案馆藏。

家,大多数都从事侨汇收解业务。1945 年,由美国寄往香港的侨汇达 100 万美元,1946 年激增至 2460 万美元。[1]

在 1940 年代的中国,除公营行局外,私营的侨批局、银号、钱庄也被允许经营金融汇兑业务,包括内汇和外汇,内外汇的电汇、票汇和信汇均可以在金融市场上自由买卖,即汇单买卖。侨批局从国外华侨手中接收的实际上是外汇,但是按与汇款人的(合同)约定,它们在内地侨乡以中国货币(法币或金圆券)兑付给收款人。在这一过程中,若其通过中国官营银行或外国商业银行办理从外汇到内汇的汇兑,则均需按照官方汇率解付。由于近代中国法定货币持续下跌,在 1940 年代末更出现恶性通货膨胀,引发金融危机。而在金融管制之下,官方汇率与黑市汇率相差甚远,此举造成私营侨批业运营的巨额亏损,同时也给汇款的海外华侨和内地侨眷带来损失。例如,1944—1945 年,国民政府的中央银行挂牌官方汇率是 1 美元兑换法币 20 元,而市场价(黑市价格)则在 1 美元兑换法币 192—1705 元之间。[2] 故私营侨批业多以香港为中转地办理汇兑,再通过其他渠道将兑换成国币的侨汇转汇至广东内地。1946 年,广东省银行侨汇部在一份内部报告中说:"查华侨汇款大别分为两类:(一)侨民在外经营商业或国货之推销,其汇回货款,称为'商业汇款';(二)侨工月收入所得汇回养家,称为'家费汇款'。查商业汇款每笔数额颇大,汇回目的地多属本国通商口岸或大都市。此类商业汇款为负责吸收外汇之'中国'、'交通'银行所注重。至于家费汇款,乃小额汇兑,而汇回地点多属各县乡镇,素为中交两行海外行处所不注

① Wu, Chun-His, Dollars, Dependents and Dogma: Overseas Chinese Remittances to Communist China. The Hoover Institution on War, Revolution and Peace, Stanford, California: 1967, p127.

② Wu, Chun-His, Dollars, Dependents and Dogma: Overseas Chinese Remittances to Communist China. The Hoover Institution on War, Revolution and Peace, Stanford, California: 1967, pp. 186-187.

重者。故此项家费汇款遂为批局或民间汇兑局所接揽,此等批局接得汇款后,向例由彼等在港庄套回国币,转汇内地解付。此种习惯无论有无黑市存在,侨汇总难集中于国家银行也。"①1947年该行又在内部文件中透露:"年来侨汇大部分经由黑市汇回国内,既无法加以取缔,又不能作有效防止,惟有因势利导,使其自然流入于正常途径。查经营黑市侨汇之银号、金山庄或批信局,在业务方面如汇价较高、递送周妥、均有其独到之处,侨胞已安之若素。本行欲争取侨汇于此种银号、金山庄或批信局之手,已属不易。今后必须于服务上力求迅捷便利,以满侨眷之望。更须于汇价上不使侨胞吃亏,俾其乐于就我……如能尽量接近黑市,则本行亦可依照结进,以示优惠……如此经营黑市侨汇之银号、金山庄或批信局在汇价上已难占上风,竞争失其凭藉,黑市当可渐告戢止。"②广东省邮政管理局在1948年局务报告中也说:"总括而言,本年一月至四月份兑付各种侨汇款数,因国币通货膨胀,比较上年同期款数增加百分之三百,惟件数则减少百分之二百四十,显见本年度侨汇业务实比前衰退。考其衰退原因,既缘公价汇率与黑市汇率悬殊,侨资多逃避香港,然后由港折合国币转汇;复因南洋各当地政府多限制汇款出口,而批信局则多经营黑市逾额汇款,国家不易竞争。"③

　　由此可见,一方面,香港金融业的宽松环境使得国民政府的金融管制无法有效实施。但是其最根本原因是国民政府规定的国家行局官方汇价远远高于市场价,而国民政府又无力遏制通货膨胀。其结果,自然导致侨汇大量进入私营侨批业轨道,并进一步逃入香港。

----

①　广东省银行档案,全宗号41,目录号3,卷号284,广东省档案馆藏。

②　广东省邮政管理局档案,全宗号29,目录号1,卷号221,广东省档案馆藏。

③　广东省银行档案,全宗号43,目录号2,卷号1207,广东省档案馆藏。

私营侨批业选择香港为中转地的原因有五:一是香港邻近广东侨乡,又是自由港,资金进出及走私方便;二是香港为华南主要出入港口,进出货物均以港币结算,港汇需求很大;三是因法币和金圆券不断贬值,内地人民多以购买外汇外币以保值,甚至出现大规模资金南逃,以至港汇供不应求;四是港英当局允许外币与法币及金圆券的自由买卖;五是香港金融业发达,各国银行林立,业务触角遍及寰球。此外,海外华侨设立的私营侨批业大多在香港设立分支机构或代理商,结成完善的汇兑网络。私营侨批业将侨汇资金汇往香港后,便可以按市场汇率(黑市价)于香港或广东售出外汇,再换成法币或金圆券至侨乡解付。以新加坡的侨批局为例,它们向华侨收取新加坡元(侨汇)后,可交由中国或外国银行汇至该批局的香港联号;也可向中外银行购买港币汇票寄给其香港联号;又或者向中外银行购买新加坡元汇票寄给香港联号,由香港联号就地出售,换取港汇。至于从港汇转为法币或金圆券的方式也多种多样。例如解付地为台山,侨批局的香港联号取得港汇后,可直接将其交该局的台山联号,由后者在台山出售,换取法币或金圆券交付侨眷;也可就地卖出港汇,向中外银行或商号购买台汇,寄给台山联号,由后者凭单提取法币或金圆券付与侨眷。在实际操作中,侨批局的台山联号往往先备足头寸,当新加坡联号的侨批一寄到便立即解付侨款,而不必等待新加坡每笔款项抵埠才向侨眷解付。由于从新加坡汇来的每笔外汇都会存放到市场汇率出现较高的比价时才出售,这样汇出与解付之间常常会出现一个时间差。若台山侨批局联号头寸支绌,它可以就地高息吸收存款,先行分发。[①] 某些大侨批局还可以采用所

---

① 《关于禁止非法白银外运及买卖金银外币的规章办法来往文书,1948—1949 年》,财政厅档案,全宗号 4,目录号 2,卷号 23,广东省档案馆藏;《省政府关于金圆券、金银外币处理致省参议会的文书材料(1948—1949)》全宗号 4,目录号 5,卷号 36,广东省档案馆。

谓"逆支"方式,即当新加坡侨批局联号汇款到香港联号后,台山联号可开出由香港联号兑付的港币汇票就地出售,香港联号也可开出由新加坡联号兑付的汇票给需要到新加坡取款的商号,于是三地联号账面结清。在汇单买卖中,也有一些侨批局直接与上海商号联系,使上海资金经广东侨批局毫无踪迹地逃到香港。汇单买卖十分简便和灵活,只需通过秘密电报或一纸汇单,即可完成巨额的资金交易。采用这种方式的海外侨批局以新加坡、马来亚较多,印尼、泰国也有一部分,它们多以新加坡为中转地,先购买(新加)坡汇,再转购港汇、汕(头)汇等。这是由于东南亚地区乃至华南一带对(新加)坡汇需求较大的缘故。从侨汇流通角度分析,这是由私营企业(法人机构)经营而产生的侨汇中转。

(2)香港是东南亚与广东其他区域侨汇中转地

在广东省潮汕、兴梅、海南等侨汇区域,私营侨批业以侨批局和水客为主。它们在侨汇营运中,大多由东南亚联号委托当地银行或银号将所收集的侨汇经电汇或票汇发至香港联号,然后兑换成中国内地货币(法币及金圆券)转汇潮汕等地解付。具体途径分两种:一是在东南亚地侨批局用所收集的侨汇于当地购买在香港兑付的汇票,然后将此类汇票直接邮寄给潮汕、兴梅、海南地区的联号,由联号自行设法在内地黑市兑付成法币或金圆券并解交侨眷;二是委托东南亚的中外银行或银号将在香港兑付汇票邮寄给侨批局的香港联号,在香港换成法币或金圆券转送内地解付。据统计,1931—1936年间,经香港转汇的侨汇平均占全国侨汇总额的59.1%—67.1%。[①] 而抗战初期(至太平洋战争前),这一比例更高。到1946—1948年,经由香港转汇的侨汇占全

---

① 吴承禧:《厦门的华侨汇款与金融组织》,《社会科学杂志》1937年第8卷第2期,第208页。

国侨汇的百分比上升至80％。①

（3）香港是广东侨汇最主要的汇兑中心

作为转汇地，香港在近代广东侨汇中扮演了汇兑中心的作用，与上海作为中国近代内汇与外汇最大汇兑中心不同。由于近代侨汇主要以香港、新加坡为转汇地，而新加坡市场无法提供足量的法币及金圆券等中国法定货币，同时内地上海、广州、厦门等地受制于国民政府的金融管制政策，不利于私营机构以市场价自由兑换，因此香港自然成为最佳地点。而广府地区的私营侨批业也多设立香港联号或代理商，在香港金融市场上进行侨汇的汇兑。

表38　广州市侨批业一览表（1946年统计）

名称	地址	国内代理点	境外代理点
永昌叻庄	抗日东（今和平东）路50号	江门、信宜、容县等	新加坡、巴生、立啤、芙蓉、庇劳、怡保、吉隆坡、文冬、昔加木、加影、孟加林、文德甲
南华侨批局	恩宁路永庆大街7号	信宜县属东镇、北界、横茶、小水、又山、镇隆、石砚铺、金硐、排田、六九等，罗定、茂名和粤桂边境	香港、新加坡、吉隆坡、怡保
广东洪记南村华侨通讯处	梯云东路188号	龙归南村	
幸福华侨通讯处	抗日西（今和平西）路179号	人和圩	加拿大、南美洲、北美洲、澳洲、南洋等埠

---

① Wu，Chun-His，Dollars，Dependents and Dogma：Overseas Chinese Remittances to Communist China. The Hoover Institution on War，Revolution and Peace，Stanford，California：1967，p127. Wu，Chun-His. Dollars，Dependents and Dogma：Overseas Chinese Remittances to Communist China. The Hoover Institution on War，Revolution and Peace，Stanford，California：1967，p127.

（续）

名称	地址	国内代理点	境外代理点
保安和华侨通讯处	梯云东路 224	蚌湖	
德昌行广州分号	太平南(今人民南)路 125 号二楼	容县、罗定、清远、汕头、梅县、兴宁	吉隆坡、芙蓉、如叻武、马六甲、香港
利安号	桨栏路西荣巷 4 号	容县、罗定、汕头、清远、梅县、兴宁	
鸿福泽记	天成路 93 号	罗定、郁南、新兴、南宁、梧州、容县、柳州	新加坡、吉隆坡、香港
兆记叻庄	光复南路	江门、鹤山、清远、英德、曲江、阳山、连县	南洋、和丰、江沙、全宝、端洛、布先、太平、怡保、新加坡、香港
兆记叻庄	光复路青丘里	南海、信宜、新兴、云浮、台山、开平、恩平、番禺	
兆记叻庄	安里尾	花县、从化、高要、高明、罗定、三水、顺德、中山、东莞、增城、宝安、佛山、郁南、四会、广宁、信宜东镇一带	
侨商庄	永汉南(今北京南)路东横街 16 号		香港
正和堂	桨栏路西荣巷 30 号		香港
正均隆	桨栏路西荣巷 4 号		香港
华侨庄	大新路 233 号		新加坡、怡保、香港

资料来源:广州市地方志编纂委员会:《广州市志·华侨志》(第 18 卷),广州:广州出版社,1996 年,第 180 页。

　　近代广府地区的海外移民,大量定居在欧美等发达国家,因此其侨汇的运作与东南亚侨汇依赖私营侨批局或水客有所不同。"目前侨汇以美洲侨汇为最大宗,而美洲侨汇属于四邑者为最多。"[①]由于当地新

---

① 中国银行档案,全宗号 43,目录号 1,卷号 51,广东省档案馆藏。

式金融机构如银行、邮政发达,而且地理上距离中国太远,不利于水客和私营侨批局的运营。因此,在欧美的广府华侨大多采用汇寄支票方式自行汇款,并不经由私营侨批局。例如,在美洲侨汇流通中,美洲华侨一般直接向当地外国银行购买在美国兑付的美金支票或在香港兑付的港币汇票,再以挂号信的形式将其邮寄至国内亲属。其中美金支票也称通天晟(或晟纸),因为此类支票多是由美国的大通银行、运通银行及万国宝通银行所开发。这类票据在寄至国内收款人(侨眷)并经收款人背书后,可以转售与第三者,在市场上流通。① 值得注意的是,海外华侨所购外汇支票并不是在美国银行的国外部所购买的原币支票,而是在美国银行国内部出售的国内支票。换句话说,"通天晟不是国外汇兑所用的票据,而是国内汇款所有的方式流通在国外金融市场上"。② 此类支票的两个特点是:第一,面额以美元计算;第二,付款地点在美国国内。因此,一张通天晟的流通过程,是先由华侨个人从美国某银行购买,然后再邮寄到中国广府地区某一乡镇侨眷手中,再由该侨眷转售至本乡某商人或钱庄、银号,然后经过交易进入县城,再由银号、钱庄或商号集中一批同类票据交易至广州或香港,最后由需要到美国采购货物的进出口商或其他人持往美国向当地银行兑取现金。华侨之所以不买原币支票,是因为原币支票到了中国,须照官价兑成法币;到了香港,须照官价兑成港币。由此可见,通天晟是华侨为维护侨汇价值,将美国的国内票据变为国际票据使用的变通之举。华侨购寄港币汇票的方式可谓与购寄美金汇票的方式殊途同归,因为付款地点在香港,所取货币为港币,所以也达到了维护侨汇本身价值的目的。也有一些海外华侨直接将侨汇寄给香港侨批局,由后者将汇款通过内地联号转发内地收

---

① 《广东省的华侨汇款》,第 3 页。

② 《本行拟在檀香山设立机构的调查报告(1947—1948)》,广东省银行档案,全宗号 41,目录号 3,卷号 289,第 18—19 页,广东省档案馆藏。

款人。

从香港的私营侨汇业经营看,从业者有许多不同的经营方式。包括侨批局侨汇专营方式、主营商品进出口兼营侨批方式(金山庄)、主营客运兼营侨批方式、主营旅馆业兼营侨批方式、主营一般商品门市兼营侨批方式、主营银号货币兑换兼营侨批方式、主营金银首饰兼营侨批方式,等等。实际上,专营性质的侨批局在香港侨汇业并不占主导地位,倒是以其他商业特别是进出口贸易为主营业务,兼营侨批的商行数量和经营汇款额更多。从以下对香港部分广府批局的调查①可见一斑:

表 39　1956 年香港部分广府侨批业调查

商号名称	经营范围	汇款方式	汇款区域	每月汇款额
华昌行	进出口贸易、侨批	水客、中国银行	恩平——巴拿马、新加坡、马来亚	7000—8000
恒兴隆	中药材门市、出口贸易、侨批	中国银行	台山——美国、加拿大	10000
周溢堂	侨批	海内外联号、中行	开平——美国、加拿大	5000—10000
马荣韶	什货门市、侨批	海外联号、中行	台山——加拿大	2000—3000
潘百祥	进出口贸易、侨批	内地联号、中行	开平——南美、美国、加拿大、澳大利亚、新加坡、马来亚	10000
保安和	侨批	内地联号、中行	番禺——加拿大	100000
利源庄	侨批	内地联号、集友银行	新会——美国、加拿大	100000 港元
荣泰祥	贸易、侨批	中国银行	赤溪——秘鲁、古巴	2000—3000
南昌金铺	金饰、找换、侨批	内地联号、广东省银行	台山——美洲	500000—60000

① 货币单位为人民币元,广东省中国银行档案,全宗号 250,目录号 1,卷号 186,广东省档案馆藏。该调查于 1956 年,此时马来西亚和新加坡均尚未独立建国,仍为英属马来亚和英属新加坡;越南尚未统一。

（续）

商号名称	经营范围	汇款方式	汇款区域	每月汇款额
兆兴隆	进出口、侨批	古巴联号、中行	台山——古巴	30000
利亨银号	金饰、找换、侨批	海内外联号、中行、盐业银行	台山——加拿大、美国、中南美洲	600000港元
恒兴昌	侨批	内地联号、集友银行	台山——美洲、缅甸、新加坡、马来亚	400000
永昌	客运、侨批	海内外联号、华侨银行、道亨银行、恒生银行	中山——美国、中南美洲、加拿大	40000
永泰公司	贸易、侨批	内地联号	开平——美国、加拿大	10000
广安	侨批	内地联号、中行	番禺——加拿大、澳大利亚	40000
胜利庄	进出口、侨批	海内外联号、中行	台山——加拿大、美国	10000
南生号	客运、侨批	海内外联号、华侨银行、中国银行、广东省银行	广州——新加坡、马来亚	40000—50000
华侨旅店	旅馆业、侨批	海内外联号、中行	三水——新加坡、马来亚	10000
捷成庄	侨批	海内外联号、中行	新会——新加坡、马来亚	50000—60000
骏安公司	客栈、侨批	海内外联号、中行	惠阳、东莞——新加坡、马来亚	20000
祥安	进出口、侨批	海内外联号、中行	开平——新加坡、马来亚、美国、加拿大	8000—9000
祺生旅店	旅馆业、侨批	水客、中行	中山——新加坡、马来亚	30000—40000
公和庄	客运、侨批	海内外联号、中行	广州——新加坡、马来亚	10000
泗益栈	侨批	海内外联号、中行、广东省银行	恩平——新加坡、马来亚、委内瑞拉	80000—90000
均源	进出口、侨批	海内外联号、汇丰银行、中行	新会——新加坡、马来亚	25000—30000

（续）

商号名称	经营范围	汇款方式	汇款区域	每月汇款额
中兴旅店	客栈、侨批	海外联号、中行、广东省银行	三水——新加坡、马来亚、南越	不详
东亚贸易行	进出口、侨批	内地联号、中行	台山——美国、加拿大、澳大利亚	50000
刘芬记	侨批	内地联号、中行	台山——美国、加拿大、澳大利亚	110000—120000
天培公司	进出口贸易、侨批	海内外联号、中行	东莞——牙买加、南非	20000
兴记	进出口贸易、侨批	海内外联号、盐业银行	台山、广州——美国、加拿大、墨西哥	400000
大华银号	货币兑换、金饰、侨批	海内外联号、嘉华银行、国华银行	开平、广州——美国、加拿大	不详
广和泰	进出口贸易、侨批	海外联号、中行	新会、广州——中南美洲	20000
德记行	肉食公司、侨批	海内外联号、中行	台山——美国、加拿大	7000—8000
安康宁	百货食品药品门市、侨批	内地联号、广东省银行	台山——美国、加拿大、古巴	50000
昌盛金铺	房地产中介、侨批	内地联号、中行	台山——美国、加拿大	50000
年记	旅行社、侨批	内地联号、中行	台山——美国、加拿大	20000

资料来源：广东省档案馆藏档案。

　　值得注意的是，各侨批从业者在长期经营中，以香港为中心，编织了一个横跨大洋的汇兑网络，从而成功地与公营行局竞争。在1940年代末，中国通货膨胀加剧，侨汇大量逃向香港及内地黑市。1947年9月，中国银行闽、粤两分行经理联名上书国民政府财政部，称："海外华侨籍隶闽粤两省者，占全数百分之九十以上。每年汇入款项为数甚巨，不但侨眷聚居之区依以繁荣，即国家外汇收入一部分亦赖以平衡。是以闽粤两省对于侨汇业务极为注重。""惟自黑市外汇高涨，侨汇流入黑市日多,虽政府屡谋作有效防止,但利之所在,逃避如故。影响所及,本行侨汇数字日趋减缩,间接国家外汇来源亦因而减少。诚为严重问题。”“侨汇大部分系流入黑市,本行所经营者,仅占十分之一二而已。”①此外,中国银行在报纸上刊登文章公开承认:“近数月来,因美金黑市与官价相差渐远,华侨汇款逃避香港数目日增。”②这种侨汇(也是外汇)大量进入黑市而脱离政府管制,使得国民政府财政更加困难。对此,1947 年 9 月 19 日《广州报》上有一篇文章专门讨论了这个问题:“占全国百分之八十以上的华南侨汇问题,年来亦一月比一月的减少了。战前的侨汇收入,年约二亿至三亿法币,约合美金七千万至一亿元,每月收入总在六七百万美圆以上,去年初,一月份还有四百三十六万余美圆,至年底已降至一百一十万美圆,一年中减少了百分之七十五以上。至今年一月,更是一落千丈,退至五十万美圆,比上年十二月份再退百分之五十。至七月份已减至一十四万四千美圆,只及去年七月份的百分之三强。侨汇的减少,不用说是全部逃往香港去了。据最近数月来侨汇经外国银行或民信庄局而逃往香港的,据估计每月不下一千万美元之巨,这一个巨大的数字,正是我们一个最严重的损失。侨汇的逃避,主要原因是官价与黑市相差太远,通常总在二分一至三分二之间,如在今年外汇政策未变更前来说,黑市价每一美圆可换国币已达五万元,而官价还是一万二千元,这种无理的剥削,侨汇如何不在黑市中驳汇。”“八月份侨汇虽略增加,亦不过二百万美元。新办法之不尽如人意,是十分明显的了。”“至于侨汇,因牌价与黑市的差距,愈来愈大,当挂牌时,平衡会市价,尚属合理,但往后则牌价与黑市距离日远,现在每一美圆且已相差五六千元,所以新外汇办法是否可能吸收侨汇,实为极

---

① 中国银行档案,全宗号 43,目录号 2,卷号 1207,广东省档案馆藏。
② 中国银行档案,全宗号 43,目录号 1,卷号 201,广东省档案馆藏。

大疑问……而走私与侨汇逃避问题,亦将始终成为问题。"①在侨汇大量逃避香港后,国民政府在广东的公营行局叫苦不迭:"四邑本行向系专办侨汇,不及兼顾一般业务。战前一切条件适合,尚堪自给。惟自胜利后,因政治影响,经济未能稳定,外币汇率官价与黑市相距悬殊,大部侨汇均逃避香港,而本身业务因之逐渐减少。"②

表 40　广东侨汇逃避现象(单位:万美元)

| 月份 | 1946 年 | | 1947 年 | | 1948 年 | |
	逃避数	占总数%	逃避数	占总数%	逃避数	占总数%
1	582.8	96%	512.6	84%	595	98%
2	403.8	66%	472.8	78%	595	98%
3	407.5	67%	446.4	73%	599.3	98%
4	230.8	38%	451	74%	603.6	99%
5	283.7	47%	503.7	83%	605.7	99%
6	329.3	54%	533.8	88%	609.1	100%
7	372.9	61%	556.6	91%	608.5	100%
8	294.9	48%	430.7	71%		
9	369.1	61%	548.4	90%		
10	375.9	62%	547.2	90%		
11	429.1	70%	396.9	65%		
12	420.7	69%	539	88%		
共计	4500.5	61.5%	5939.1	81.1%	4216.2	99%

　　资料来源:《闽粤两行对于加强吸收侨汇之建议》,中国银行档案,全宗号 43,目录号 2,卷号 1207,广东省档案馆藏。

五、近代侨汇与五邑侨乡市镇化趋向

　　与全国其他地区的侨乡相比,广东五邑侨乡一向有强烈的市镇化

---

① 汕头邮局档案,全宗号 86,目录号 1,卷号 843,广东省档案馆藏。
② 中国银行档案,全宗号 43,目录号 1,卷号 201,广东省档案馆藏。

或曰城市化的趋向,即近代以来乡村社会的市镇化走向。表现在乡村民居建筑格局、乡村市场发育、乡村流通货币、乡村文化与传统、乡间民俗民风以及乡民价值观的市镇化取向,这也是五邑地区成为国内独具特色的近代侨汇区域的原因。

从五邑侨乡的乡村民居建筑来看,著名的开平碉楼及其类似建筑①就是近代时期当地的归侨、侨眷在西方近代建筑的影响下,结合当地特点创作出来的。这些建筑一方面采用中国内地乡村少见的多层楼宇的建筑方式;另一方面,还大量使用近代从国外引入的水泥钢筋等材料进行构筑施工。此外,还在修筑房屋中大量采用西方城市建筑中的雕塑、廊柱、亭台等这些并非乡村生活必需的外在装饰物作为建筑的组成部分,充分展示了近代五邑乡村社会城市化的影响。一方面,城市化的建筑给五邑乡村带来新奇的变化,其舒适的实用功能也为人们渐渐接受,引起众多资金充裕者仿效和攀比;另一方面,建筑的城市化趋向,也为乡村走向集镇和小城区打下基础,由此带来居民迁徙和市场的集中和发育。

乡村市场发育的情况更是显而易见的事实。在近代,五邑地区原有的乡村集市逐渐发展成为小城镇和类似的市集,如开平赤坎镇、台山端芬镇汀江圩等就是典型事例。这些市镇有些从一开始建设就是以市场为中心,建立一个常年进行商业贸易交换的地点,与近代商业城市发端完全一样。如果说赤坎镇建立与关、司徒两姓的市场垄断与竞争相联系,那么汀江圩则从最初建立就计划向所有人开放,以形成一个公共社会生活空间。在向政府申请时,主事者就公开宣称:"我汀江流域,纵横约二十余里,各姓聚族而居者,逾二万人。在此流域中,并非绝无圩

---

① 除了碉楼以外,许多别墅式样的洋楼(当地又称为"庐"或"居楼")也同样如此。

市,惟是规模陈旧,设施简陋,殊不足以餍各姓人之欲望,而供各姓人之回旋;其组织狭隘,支配于一姓一族势力之下,充塞宗法社会空气,更不容各姓人以自由回旋之余地……有见及此,以为各姓人有急起共组新市场之必要。"从而可以使"客商往来,交通称便。至治安平静,尤为天然良好之市场"。① 这种明确的建立公共社会空间的意识,的确表现出近代城市化在五邑地区的深刻影响。

在五邑乡村,由于长期保持与大批海外乡亲的各种联系,以及大量归国华侨及侨眷的存在,乡村社会生活也出现与传统社会极不相同的情景。一方面,许多家庭因为主要劳动力迁徙海外,主要依靠来自海外的侨汇为生;另一方面,大量乡民走入城镇,从事商业贸易、服务业、手工业和运输业劳动。"仰给洋米,倘舟楫偶断,炊烟立断。"②这样使得本地农业生产地位下降,而商业、服务业极其发达,出现典型的消费性乡村和集镇。久而久之,越来越多的乡民在观念、意识形态上认同于城市化生活,一旦有可能便趋于脱离农村向城市或集镇迁徙。在大众的社会意识方面,也逐渐放弃了传统的士农工商等级划分,而将营商作为自己的理想,将乡村田地视为补充甚至是累赘。尤其是海外乡亲衣锦回乡或汇入大量侨汇,使得乡民的价值观发生根本变化:"宁邑地本瘠苦,风俗素崇简朴。自同治以来,出洋之人多获资回华。营造屋宇,焕然一新。服御饮食,专尚华美。婚嫁之事,犹斗靡夸奢,风气大变。"③这种价值观的变化,驱使更多的乡民走向海外和内地城市,也加速了乡村社会进一步走向城市化。

五邑侨乡的城镇化在近代的加速,体现在乡村社会生活的许多方

---

① 民国公牍,转引自张国雄:《岭南五邑》,北京:三联书店,2005 年,第 148页。

② 郑德华:《台山侨乡成因及其剖析》,《台山文史》1987 年第 4 辑。

③ 李平书:《宁阳存牍》,光绪二十四年粤东省刻本。

面。例如,语言方面吸收大量的英语和其他外语词汇,形成粤语地区特有的外来语,如"的士"、"朱古力"、"呔"等等。衣食住行等各方面也发生各种变化,西服革履取代原来的长袍马褂,自行车、摩托车、汽车、火车取代原来的牛车、马车、人力车,电灯、电话逐渐引进,西餐、西点、冷饮和西医、西药也渐渐渗入乡村社会,改变了原有的乡村生活。

究其原委,在于近代五邑地区旅外乡民以北美特别是移居美国居多,而且主要是在美国各个城市特别是大中城市经营商业为主,或者在工厂、服务业就业。在长期定居北美生活后,深受欧风美雨的熏陶,西化程度较深。而近代东南亚华侨华人因移居地城市化程度不及北美,且不少身为种植园、矿山苦力,并非居住在国外城市中,对于城市生活并无太多体验,因此没有像五邑华侨华人那样为祖籍地带来强烈的市镇化趋向,这也就是五邑侨乡与国内其余侨乡最大的区别之一。

从金融流通领域方面观察,近代五邑侨乡的金融业包括银号、钱庄、票号和金山庄异常发达,且深入乡村,这是五邑乡村近代社会的一个突出特点。而且,这些金融业的聚集点并不总是与当时的政府行政中心重合,而是依据侨汇和商业流通渠道自然形成,江门的兴起就是非常典型的例子。下面是抗日战争胜利后,新会县政府对于当地主要从事汇兑信托特别是涉及侨汇的银号、钱庄的统计,我们可以从中观察到不少有价值的现象:

表 41　新会县钱银行庄统计表(1947 年)①

商店名称	利安隆银号	营业地址	江门镇常安路二十三号
司理人姓名	林钜	年龄	五十五岁
籍贯	新会		

① 广东省政府财政厅档案,全宗号 4,目录号 1,卷号 252,广东省档案馆藏。

（续）

现有资本额	四千万元正
开业年月日	（民国）廿一年三月廿三日
经营业务	汇兑信托
营业概况	历向办理葵、柑、橙农业生产事业，及柑皮、葵扇出口、商业各贷款，暨商业、粮食、日用品物运销之汇兑业务，代接收侨汇。光复后，充实资本，迁江门扩展复业。

1947 年			
商店名称	华信银号	营业地址	江门镇太平路
司理人姓名	何仲乔	年龄	六十四岁
籍贯	新会		
现有资本额	国币五千万元正		
开业年月日	（民国）廿三年二月十四日开业		
经营业务	汇兑信托		
营业概况	历向办理乡、镇、保合作事业贷款，葵、柑、橙农业生产事业贷款，商业、粮食、日用品物运销之汇兑业务，暨代接收侨汇。光复后，充实资本，扩展复业。		

1946 年 11 月 10 日			
商店名称	怡兴银号	营业地址	江门镇新市路四四号
司理人姓名	董芳璇	年龄	四十四岁
籍贯	新会		
现有资本额	国币贰千万元正		
开业年月日	（民国）廿四年八月廿九日		
经营业务	银业		
营业概况			

1947 年 2 月 8 日			
商店名称	达祥银号	营业地址	江门镇新市路
司理人姓名	钟耀南	年龄	五十四岁
籍贯	新会		

（续）

现有资本额	国币五千万元正		
开业年月日	(民国)廿三年一月廿六日江门沦陷停业,卅五年六月一日复业。		
经营业务	汇兑信托		
营业概况	历向办理代侨眷接收侨汇,及侨眷乡村农业生产贷款,暨商品运销之汇兑。光复后,充实资本复业。		
商店名称	民信银号	营业地址	江门镇(战前)在新宁路开设今在太平路复业
司理人姓名	何宏基	年龄	三十六岁
籍贯	新会		
现有资本额	五千万元正		
开业年月日	(民国)十五年二月廿日开业,战乱停业。至卅五年十一月十五日复业。		
经营业务	汇兑信托		
营业概况	历向办理代收侨汇,及侨眷与其农村生产事务贷款,葵业生产、柑皮出口、暨日用品运销之贷款及汇兑业务。复员后,充实资本,扩展复员。		
申报事项	本号纯属侨资组合,设立当经依时申报在案。候至去年十一月前,始接侨外股东汇款复业,故办理侨眷及其农村生产救济事业较多。职是之故,于江门陷敌之际,被敌伪搜刮发掘,教为零乱不堪,全铺地面无一处完整……		
商店名称	钜昌银号	营业地址	江门镇仓后路
司理人姓名	李奕芳	年龄	五十四岁
籍贯	新会		
现有资本额	陆千万元		
开业年月日	(民国)十六年四月一日		
经营业务	汇兑贷款		
营业概况	历向经营葵农耕农生产贷款,及代本县各乡侨眷收领侨汇,暨办理恩、开、新、台、鹤、南路广州、香港各地运销日用必需品之汇兑。因民廿八年江门沦陷停业。光复后,于卅四年十月复业。		
申报事项	一……二、本号开设拾余年,资金流通遍及五邑、南路省港各地。且代本县各乡侨眷向银行收领侨汇,沟通远近。对于金融流通,不无贡献,地方金融关系密切一节,请由县政府证明。		
1947 年			

（续）

商店名称	泰兴银号	营业地址	江门镇常安路
司理人姓名	刘全	年龄	三十岁
籍贯	新会		
现有资本额	四千万元正		
开业年月日	(民国)廿三年三月五日开业,江门沦陷停业。至卅五年二月十日复业。		
经营业务	汇兑信托		
营业概况	历向办理侨眷贷款,托收汇款,及经营日用品运销之汇兑,暨商业、葵农商贷款业务。光复后,充实资本,扩展复业。		
商店名称	生兴银号	营业地址	江门镇常安路
司理人姓名	阮享	年龄	五十六岁
籍贯	?		
现有资本额	国币四千万元正		
开业年月日	(民国)七年十月六日开业,江门沦陷停业。至卅五年九月三日复业。		
经营业务	汇兑信托		
营业概况	历向经营南路糖、油行商贷款,代收侨汇转给侨眷,及日用品运销之汇兑业务。光复后,充实资本复业。		
商店名称	大昌银号	营业地址	江门镇钓台路
司理人姓名	吴人和	年龄	四十二岁
籍贯	新会		
现有资本额	六千万元正		
开业年月日	(民国)廿年八月五日开业,战乱停业至卅五年九月十日。		
经营业务	汇兑信托		
营业概况	历向办理葵农生产、葵商、暨日用品运销之汇兑,及贷款,及代侨眷收汇款等业务。光复后,充实资本复业。		
商店名称	会丰银号	营业地址	江门镇新市路
司理人姓名	钟毓南	年龄	四十七岁
籍贯	?		
现有资本额	四千万元正		

（续）

开业年月日	（民国）十三年八月十三日开业，江门沦陷停业至卅五年二月十日。		
经营业务	汇兑信托		
营业概况	历向经营代侨眷收侨汇，及侨眷乡村之生产事业贷款，暨商业贷款、日用必需品运销之汇兑业务。光复后，充实资本复员。		
商店名称	民安银号	营业地址	江门镇（战前）在新市路开张，今在太平路复业
司理人姓名	黄新	年龄	四十三岁
籍贯	新会		
现有资本额	五千万元正		
开业年月日	（民国）廿年十二月十七日开业，因战乱停业。至卅五年一月十日复员。		
经营业务	汇兑信托		
营业概况	历向办理侨眷贷款，代接汇款，及日用品运销之汇兑，葵农、柑农、橙农生产事业贷款业务。光复后，充实资本复业。		
商店名称	致生银号	营业地址	江门镇太平路
司理人姓名	张静波	年龄	？
籍贯	？		
现有资本额	五千万元正		
开业年月日	（民国）廿四年一月一日开业，江门沦陷停业。至卅五年二月十五日复业。		
经营业务	汇兑信托		
商店名称	国民银号	营业地址	江门镇常安路
司理人姓名	吴永长	年龄	三十五岁
籍贯	新会		
现有资本额	五千万元正		
开业年月日	（民国）廿二年一月十六日开业，江门沦陷停业。至卅五年二月十五日复业。		
经营业务	汇兑信托		
营业概况	历向经营日用必需品运销之汇兑，及农村果菜生产事业贷款，代侨眷接收侨汇，并贷款接济侨眷等业务。光复后，充实资本复业。		
商店名称	天祥银号	营业地址	江门镇钓台路
司理人姓名	廖廷栋	年龄	五十五岁
籍贯	新会		

（续）

现有资本额	六千万元正
开业年月日	（民国）十七年四月十二日在江门常安路开业，江门陷敌停业归乡。至国土重光，于卅四年十一月在钓台路复业。
经营业务	汇兑信托
营业概况	历向专办代侨眷收汇款，并贷款与侨外眷属从事农村生产业，暨柑农、蔗农、葵农、橙农生产贷款，经营日用主要品如糖、面、生油、生猪、牲口运销之汇兑，商业信用放款。光复后，充实资本，扩展营业。

从上表可见，上述私营银号、钱庄以经营侨汇业为主要业务，而其中的达祥银号根本就是"侨资组合"。换句话说，也就是以华侨资本为后盾经营华侨汇款。应该指出，上述所列的银号、钱庄还仅仅是当地经营侨汇业的一部分大商号，资本都在 2000 万元以上，更多的中小金融企业未曾列入，可见当地近代私营金融业的繁荣。不仅如此，甚至连政府公营机构业也往往需要借助私营金融业在当地开展侨汇业务。如中国银行就与台山的端芬银号签订过代解侨汇合约："查敝处前以解付本县七区侨汇数字庞大，为便利该地侨眷收款起见，尝于本年一月间，商得该地信用素著之端芬银号立约代解侨汇。计自委托代解以来，平均每月约在壹亿捌千万元左右，侨眷称便。"①仅仅端芬银号一家就可以代解如此巨额的侨汇，可见当时私营侨汇业的经营规模巨大，且经营十分活跃。

五邑各地长期大量流通境外货币、支票及汇票，也是近代五邑社会乡村经济的一大特色，这也是当地金融业和外汇兑换业发达的原因之一。由于近代城市化的影响，加上地理上临近香港、广州等大的金融贸易中心，五邑地区的华侨汇款呈现出与国内其他地区迥然不同的特色：既不是依靠公营银行、外资银行或邮局，也不是依靠私营民信局、批信局运送交投。而是基本上以境外支票、汇票等方式直接将侨汇汇入乡间，

---

① 中国银行广州分行档案，全宗号 43，目录号 1，卷号 301，广东省档案馆藏。

再经由遍布城乡的各类私营金融企业,如银号、钱庄等,直接与收汇的侨眷个人进行汇兑买卖,由此出现大量外币在当地城乡普遍流通的情形。即便是在抗日战争结束后,国民党政府严厉打击民间外汇流通的情况下,当地仍有大量地下钱庄经营相关买卖,而外汇黑市的存在与国民党政权发行的法定货币急剧贬值的双重作用下,境外货币在五邑城乡广泛流通成为大众应付恶性通货膨胀的有效手段。当时的中国银行就在给台山、开平、恩平、新会等县政府的报告中抱怨说:"台城非法经营银钱业者计 104 家,目前仍暗中派店伴向四乡经营黑市业务。""台山物价不断上涨,影响民生至巨。当地政府对管制工作殊欠积极。""各商场以外币交易买卖者仍昌盛。"①尤其值得注意的是,报告中提到的地下钱庄"向四乡经营黑市业务",说明这些私营金融企业的触角早已伸入乡村。1947年,中国银行闽粤分行经理孟越祥、王振芳在一份内部报告中也透露:"通天凫系一种国外外商银行所发之原币汇票,实为外商银行承做之变相侨汇,广州及四邑各地颇多发现。四邑经营黑市汇兑之银号常派人往各乡镇,向侨眷收兑。而侨眷亦颇有以此项通天凫换购金饰或日用品,致大部分均辗转流入上述经营黑市银号之手。"②

侨汇给近代五邑乡村带来的影响是多方面的,不仅表现在社会风貌上面,而且还会因为侨汇涌入的数量多少影响当地物价和治安。1948 年 1 月 4 日的《现象报》便以"四邑侨汇畅通,游资集中购产业价比穗为高"为题,报道当地的情况:"昨据三埠水客谈称:现因侨汇已通,四邑坐拥巨资者,多用以购买产业,以致三埠、台城一带之屋业,售价比穗港两地尤高。而田亩方面,村口田竟昂至万元港元一亩,中等者亦可值五六千元。至由三埠来往港穗之轮渡,因走私充斥,航业所获极丰。

致为匪垂涎，打单函件，无月无之。因此各轮渡实行互相联航，添购水龙轻机小钢炮等，以为自卫。又因轮渡所添置军械及装修等费用，俱间接取诸搭客身上，故取费日昂。"①可见当时四邑②一带侨汇数量大增，导致房地产价格狂涨，甚至已经高于广州和香港，而且耕地价格也随着侨汇数量增加而上涨。并且，侨汇的大量涌入还引起航运业的兴旺和盗匪对于航运交通的窥伺，其连锁反应非常广泛。

从时间上看，五邑侨乡的市镇化在清末民初已经萌动，出现新式市镇的兴起、侨眷乡民向国内大中城市的迁移定居、侨刊乡讯的大量出现、侨汇以支票汇票及外钞支付流通，以及乡间民居建筑格局和居住模式的改变、乡村生活的市镇化等等现象。当地社会生活的市镇化，使得侨眷家庭逐渐脱离农耕劳作，经济上长期依赖海外侨汇或租佃收入，形成消费型乡村社会，从而给社会带来一定的负面影响。从根本上说，近代五邑侨乡这种市镇化走向并非本土社会经济发展的产物，而是外来经济与文化的影响，同当地乡民大量移居海外戚戚相关，却与当地的工业化、现代化并不同步，在侨乡周边区域并无此类现象，使侨乡的市镇化产生孤岛效应，无法推进整个地区经济社会的发展。甚至即使在五邑侨乡内部，侨眷与非侨眷家庭也有很大差别，导致所谓"炫耀性消费"行为的出现。此类行为实则为乡间社会地位认同的方式，并非完全无意义的消费行为。

六、澄海东里的海外移民与侨汇

1985 至 1987 年，因为参加某课题研究，我曾经在广东省台山县、

---

①　广东邮政管理局档案，全宗号 29，目录号 2，卷号 96，广东省档案馆藏。

②　"四邑"本指广东省台山、新会、恩平、开平四县，为广东著名侨乡。中华人民共和国成立后，设江门市，下辖"四邑"（台山、新会、恩平、开平四县），后一度裁撤江门市。几经废立后，1983 年广东省再次设立江门市，并入鹤山县（原属佛山），是为江门"五邑"。

新会县和澄海县进行过侨乡田野调查,收集了一批侨乡人口的国际迁移资料。后来由于个人原因退出了该课题组,加上本人的多次迁居,上述资料大多散失。近日翻检旧笔记,发现若干与当年田野考察相关的资料,故略为整理发表,以为学术界提供和保存研究资料。近年来,学术界对于社会史、区域史的兴趣日增,各类研究成果层出不穷,惟田野考察与文献结合尚感不足。有鉴于此,笔者尽量对原始资料不加裁剪,以保持原貌。下列各图表中的空白是因为当时未曾得到相关信息,并非笔者删减的结果。

本文资料来自广东省澄海县东里镇。该镇位于澄海县城东北约12公里,位于韩江支流的出海口,明清著名的粤东大港口樟林港便在此地。东里是澄海 13 个建制镇之一,总面积 34.92 平方公里,人口62623 人(1986 年),当地大部分地方地势平坦,属冲积平原。

表 42　澄海东里镇第 1 居民组海外移民统计①

内地户主姓名	性别	职业	年龄(岁)	家庭人口	海外户主姓名	性别	年龄(岁)	移居地	职业	家庭人口	与内地户主关系	出国定居时间	曾回国时间
章XX	女	家庭妇女	53	1	陈XX	男	55	泰国	职员	1	夫	1931 年	1940 年
陈XX	男	农民	34	4	陈X	男	56	新加坡	职员	5	父	1946 年	
刘XX	女	农民	35	4	林XX	男	51	泰国	职员	6	伯	1939 年	1948 年
纪XX	男		21	6	纪XX	男		泰国	工人	4	祖父		
林XX	男	农民	59	5	林XX	女	53	泰国	工人	6	妹	1947 年	1975 年

---

①　此为抽样统计,居民组系按照当时"管理区"划分,全镇分成 16 个管理区。笔者原记录中,在表 42 及表 53 上方注记"70.5.20.",表 46、表 52 和表 57 下方均注有"填报时间 1970 年 5 月 20 日"字样,似为原始数据统计时间。但仔细核对,该日期却与表内个别数据不能吻合,如有林 XX 于 1975 年曾回国探亲的记录,姑存疑。

表43 澄海东里镇第2居民组海外移民统计

内地户主姓名	性别	职业	年龄（岁）	家庭人口	海外户主姓名	性别	年龄（岁）	移居地	职业	家庭人口	与内地户主关系	出国定居时间	曾回国时间
陈XX	男	农民	35	6	陈XX	女	56	泰国	工人	7	姊	1935年	
朱XX	男		60	9	朱XX	女		泰国	工人	6	妹		
刘XX	男		67	3	刘XX	女		泰国	工人	5	妹		
陈XX	男		52	7	林XX	女		泰国	工人	10	岳母		
李XX	女		14	1	许XX	男		泰国	小贩	9	兄		
陈XX	男		51	2	郑XX	男		泰国	工人	7	妻舅		
沈XX	男	农民	37	6	沈XX	男	60	新加坡	小贩	1	父亲	1928年	
陈XX	男		53	11	陈XX	男		新加坡	小贩	1	兄		
洪X	男		52	6	李XX	女		泰国	小贩	5	姑		

表44 澄海东里镇第3组海外移民统计

内地户主姓名	性别	职业	年龄（岁）	家庭人口	海外户主姓名	性别	年龄（岁）	移居地	职业	家庭人口	与内地户主关系	出国移民时间	曾回国时间
陈X	男	农民	64	1	陈XX	女	35	新加坡	工人	5	女	1948年	
纪XX	男	农民	46	8	纪XX	男	76	新加坡	小贩	1	父	1894年	
黄XX	男	农民	29	4	黄XX	男	53	泰国	工人	6	父	1945年	

表45 澄海东里镇第4居民组海外移民统计

内地户主姓名	性别	职业	年龄（岁）	家庭人口	海外户主姓名	性别	年龄（岁）	移居地	职业	家庭人口	与内地户主关系	出国移民时间	曾回国时间
黄XX	男	农民	49	6	陈XX	女	68	泰国	工人	1	祖母	1933年	
吴XX	男		43	9	吴XX	男		新加坡	小贩		兄		
陈XX	男		32	9	陈XX	男		泰国	店员	4	兄		
陈XX	男		70	5	陈XX	男		泰国	工人		兄		
吴XX	女		59	7	黄XX	男		泰国	工人	1	夫		
吴XX	男		51	8	吴XX	男		新加坡	小贩	5	兄		
同上	同上		同上	同上	吴XX	男		泰国	工人	6	兄		

表 46　澄海东里镇第 5 居民组海外移民统计

内地户主姓名	性别	职业	年龄（岁）	家庭人口	海外户主姓名	性别	年龄（岁）	移居地	职业	家庭人口	与内地户主关系	出国定居时间	曾回国时间
黄XX	女		56	2	丁XX	男		泰国	工人	1	夫		
黄XX	男		40	6	李XX	女		泰国	手工业者	3	母		

表 47　澄海东里镇第 6 居民组海外移民统计

内地户主姓名	性别	职业	年龄（岁）	家庭人口	海外户主姓名	性别	年龄（岁）	移居地	职业	家庭人口	与内地户主关系	出国定居时间	曾回国时间
洪XX	男	农民	57	6	洪XX	女	49	印尼	小贩	6	妹	1945 年	
倪X	男	农民	56	7	倪XX	男	71	新加坡	工人	10	兄	1926 年	
同上	同上	同上	同上	同上	倪XX	男	69	泰国	工人	4	兄	1925 年	
陈XX	男	农民	57	4	陈XX	女	34	越南	工人	3	女	1948 年	
同上	同上	同上	同上	同上	陈XX	男	52	越南	小贩	4	兄	1938 年	
吴XX	男	农民	55	5	吴XX	男	58	泰国	工人	5	兄	1940 年	
同上	同上	同上	同上	同上	吴XX	男	69	新加坡	小贩	6	兄	1928 年	
许XX	男	农民	36	7	许XX	男	70	泰国	工人	2	父	1933 年	
同上	同上	同上	同上	同上	许XX	男	46	泰国	工人	4	叔	1935 年	

表 48　澄海东里镇第 7 居民组海外移民统计

内地户主姓名	性别	职业	年龄（岁）	家庭人口	海外户主姓名	性别	年龄（岁）	移居地	职业	家庭人口	与内地户主关系	出国定居时间	曾回国时间
陈X	男	农民	40	4	翁XX	女	68	泰国	家庭妇女	15	母	1945 年	
同上	同上	同上	同上	同上	陈XX	女	57	泰国	小贩	6	姊	1945 年	
陈XX	男	农民	37	2	陈XX	男	63	泰国	工人	3	父	1946 年	

表 49　澄海东里镇第 8 居民组海外移民统计

内地户主姓名	性别	职业	年龄（岁）	家庭人口	海外户主姓名	性别	年龄（岁）	移居地	职业	家庭人口	与内地户主关系	出国定居时间	曾回国时间
陈XX	男		60	6	陈XX	男		泰国	商人	3	弟		
柳XX	女		48	3	李XX	男		泰国	商人	1	夫		
郑XX	男		38	7	郑XX	男		泰国	工人	1	兄		
同上	同上		同上	同上		女	?	越南	商人	25	祖母		
郑XX	男		40	3	郑XX	男		泰国	工人	1	兄		
同上	同上		同上	同上	郑XX	男		泰国	工人	1	兄		

表 50　澄海东里镇第 9 居民组海外移民统计

内地户主姓名	性别	职业	年龄（岁）	家庭人口	海外户主姓名	性别	年龄（岁）	移居地	职业	家庭人口	与内地户主关系	出国定居时间	曾回国时间
郑XX	男		46	13	郑XX	男		泰国	小贩	10	兄		
李XX	男		37	8	李XX	男		印尼	工人	3	兄		
池XX	男		24	3	池XX	男		柬埔寨	工人	10	父		
池XX	男		45	8	池XX	男		新加坡	商人	1	父		
邱XX	男		23	1	邱XX	男		新加坡	工人	1	父		

表 51　澄海东里镇第 10 居民组海外移民统计

内地户主姓名	性别	职业	年龄（岁）	家庭人口	海外户主姓名	性别	年龄（岁）	移居地	职业	家庭人口	与内地户主关系	出国定居时间	曾回国时间
陈XX	男		45	6	陈XX	男		柬埔寨	商人	6	兄		
王XX	男		40	8	王XX	男		泰国	商人	9	父		
陈XX	男		29	5	陈XX	男		泰国	工人	10	叔		

表 52　澄海东里镇第 11 居民组海外移民统计

内地户主姓名	性别	职业	年龄（岁）	家庭人口	海外户主姓名	性别	年龄（岁）	移居地	职业	家庭人口	与内地户主关系	出国定居时间	曾回国时间
陈XX	女		45	3	吴XX	男		泰国	工人	5	夫		
黄XX	女		42	4	黄XX	男		泰国	工人	3	弟		
许XX	女		41	4	林XX	女		新加坡	商人	1	母		
黄XX	女		72	6	林XX	男		泰国	工人	7	子		

表 53　澄海东里镇第 12 居民组海外移民统计

内地户主姓名	性别	职业	年龄（岁）	家庭人口	海外户主姓名	性别	年龄（岁）	移居地	职业	家庭人口	与内地户主关系	出国定居时间	曾回国时间
李XX	男		56.	9	李XX	男		新加坡	工人	2	弟		

表 54　澄海东里镇第 13 居民组海外移民统计

内地户主姓名	性别	职业	年龄（岁）	家庭人口	海外户主姓名	性别	年龄（岁）	移居地	职业	家庭人口	与内地户主关系	出国定居时间	曾回国时间
李XX	男		38	7	李X	男		新加坡	职员	1	父		
李XX	女		43	6	郑XX	男		新加坡	商人	14	夫		
黄XX	男		54	4	黄XX	男		南越①	小贩	14	弟		
黄XX	男		30	5	黄XX	男		泰国	职员	4	叔		
林XX	女		37	6	刘XX	男		泰国	小贩	10	伯		

表 55　澄海东里镇第 14 居民组海外移民统计

内地户主姓名	性别	职业	年龄（岁）	家庭人口	海外户主姓名	性别	年龄（岁）	移居地	职业	家庭人口	与内地户主关系	出国定居时间	曾回国时间
陈X	男	农民	32	4	张X	男	54	柬埔寨	工人	5	父	1927 年	

① 指越南南方，此记录提示本资料原始统计时间确为 1970 年，在越南尚未重新统一之时。

（续）

内地户主姓名	性别	职业	年龄（岁）	家庭人口	海外户主姓名	性别	年龄（岁）	移居地	职业	家庭人口	与内地户主关系	出国定居时间	曾回国时间
张XX	男		42	10	张XX	男		泰国	工人	1	父		
张XX	男		44	3	张XX	男		新加坡	商人	11	叔		
同上	同上		同上	同上	张XX	男		新加坡	工人	5	叔		
同上	同上		同上	同上	张XX	男		新加坡	工人	2	叔		
李XX	男	农民	67	10	李XX	男	60	印尼	商人	9	弟	1940年	

表56 澄海东里镇第15居民组海外移民统计

内地户主姓名	性别	职业	年龄（岁）	家庭人口	海外户主姓名	性别	年龄（岁）	移居地	职业	家庭人口	与内地户主关系	出国定居时间	曾回国时间
陈XX	男		55	6	陈XX	男		泰国	工人	6	弟		
吴XX	男		44	6	吴XX	男		泰国	工人	10	父		
江XX	男		42	9	江XX	女		泰国	手工业者	1	姑		
陈X	女		66	1	黄XX	女		泰国	工人	1	姑		
张XX	女		82	1	黄XX	男		泰国	职员	8	子		

表57 澄海东里镇第16居民组海外移民统计

内地户主姓名	性别	职业	年龄（岁）	家庭人口	海外户主姓名	性别	年龄（岁）	移居地	职业	家庭人口	与内地户主关系	出国定居时间	曾回国时间
陈XX	男		35	5	陈XX	男		泰国	职员	8	父		
林XX	女		45	5	陈XX	男		新加坡	工人	1	夫		
马XX	男		41	5	马XX	男		泰国	职员	5	父		
余XX	男		60	6	余XX	女		泰国	小贩	4	妹		

综观以上各表数据，我们可以发现几个有意义的现象：

一、当地乡民移居国外主要集中于泰国和新加坡两地，占全部国外定居的87％，其余13％也都在东南亚，而且仅仅分布在东南亚3个国家，即印尼、越南、柬埔寨。见下表：

表 58　东里镇乡民海外移居地分布

移居国	泰国	新加坡	柬埔寨	越南	印尼	合计
移民家庭数	48	19	3	4	3	77
占全部移民家庭比例	62.3%	24.7%	3.9%	5.2%	3.9%	100%

这种移居地高度集中的现象十分突出,表明当地乡民在海外也习惯于按照地缘和血缘关系集中定居。这种现象一直延续到笔者调查的时间,即 20 世纪 80 年代。其中的改变只是原来前往越南、柬埔寨和印尼的定居者改向欧美,参见表 59。

原因是 1965 年、1975 年及其以后发生的印尼、越南和柬埔寨的大规模反华排华、驱赶华侨华人事件,使得乡民不再考虑将上述国家作为移居地。与此同时,大批原居住在越南、柬埔寨的华侨华人再次移民去到欧美国家,使后来以家庭团聚方式移民的乡民也随之到达欧美定居。此外,随着中国的改革开放,一批年轻学子以留学方式出国,其移居地也多选择欧美国家,因此表现出与过去有所不同的特点:移居地分布更加广泛。

表 59　澄海县 1981—1985 年国际迁移的移居地分布

移居国	泰国	新加坡	美国	加拿大	厄瓜多尔	澳大利亚	马来西亚	日本	法国	荷兰	西德	英国	瑞士	合计
移民人数	1094	148	16	15	9	7	6	3	2	2	1	1	1	1305
占总移民数%	83.8	11.3	1.2	1.2	0.7	0.5	0.5	0.2	0.2	0.2	0.1	0.1	0.1	100

资料来源:侨乡调查笔记。

就澄海县而言,东里、澄城、隆都、上华是该县海外移民最多的 4 个镇。据 1986 年统计,澄海全县海外移民(现定居海外者)共 559888 人(包括移居香港、澳门 92071 人在内),其中东里有 71374 人,澄城

113838 人,隆都 103872 人,上华 121560 人;该县移民最少的新溪镇仅
624 人。[①] 可见该县向海外移民虽然普遍,但分布极不平衡。据当地
侨务部门统计,1950—1985 年,澄海经批准合法向海外的移居者共计
14538 人。就移居地而言,该县移民最主要的移居地在东南亚国家,尤
其是泰国。在全部 559888 位移民中,有 345600 人定居泰国,占总数的
61.7%,比例之大,实在惊人。参见下表:

表 60　东里镇的海外移民地域分布

移居地	泰国	新加坡	马来西亚	越南	印尼	柬埔寨	老挝	菲律宾	美国	英国	加拿大	缅甸	法国	其他
人数	30151	14217	1814	1208	1827	1213	620	80	924	513	843	381	1000	1360

二、当地乡民移民出国高峰期间在 20 世纪 20—40 年代,占全部已
知出国定居年代者的 96%。实际上只有 1 人是在此时间段以外(1894
年)。当然由于资料不完整,这一结论可能不完全与实际相符。但从侨
眷与海外亲属的年龄推论,此结论大致不会与事实相去太远。

三、从已知出国时间的 24 位海外乡民统计,乡民出国时最大年龄
为 43 岁,最小仅 1 岁,平均出国定居年龄为 23.8 岁,可见移民均为青
壮年劳动力(见表 61)。

表 61　东里镇移民出国定居年龄统计

年龄	1—9 岁	10—19 岁	20—29 岁	30—39 岁	40—49 岁	合计
人数	1	6	9	7	1	24
占总人数	4%	25%	37.5%	29.2%	4%	100%

长期以来,这种移民模式影响到侨乡劳动力的结构,造成移民数量
较多的侨乡劳动力特别是青壮年劳动力缺乏的情况,从而进一步影响

---

① 澄海县地方志编纂委员会:《澄海县志》,广州:广东人民出版社,1992 年,
第 155 页。

到当地经济结构和发展。参见下表:

表 62 1981—1985 年澄海县国际迁移的年龄分布

年龄(岁)	人数			比例(%)		
	合计	男性	女性	合计	男性	女性
总计	1305	723	582	100	100	100
15 以下	28	15	13	2.10	2.07	2.23
16—30	327	188	139	25.10	26.01	23.90
31—45	259	189	70	19.80	26.14	12.02
46—59①	340	257	83	26.10	35.54	14.25
59 以上	351	74	277	26.90	10.24	47.60

资料来源:侨乡调查笔记。

四、定居国外的乡民以男性为主,妇女留在家乡的比例较大,尤其是夫婿、父亲、兄弟单独或携子女出外时,妻子、母亲、姊妹多留守乡间。因此带来侨眷家庭男性劳动力缺失、需靠侨汇为生的近代以来侨乡经济的一个显著特点。而海外乡民多务工或为普通职员,收入在移居地属中等偏下水准,因此多不能汇回投资性巨资侨汇,以致形成近代以来广东侨汇以普遍小额赡家汇款为主,而又长期维持、地理分布相对集中的情形。而侨汇的长期、大量、地域集中的现象,也使得澄海侨批业在1850 年至 1950 年间在地方金融方面一枝独秀。② 随着 1950 年代以后澄海县民向海外大规模移居时代的结束,以及国内外政治经济形势的变化,汇往当地的侨汇日益减少,影响到本地华侨华人眷属的就业状况。过去长期脱离生产、依靠侨汇为生的侨眷也不能不尽量就业,以维

---

① 女性为 46—54 岁,55 岁以上入下一组统计。

② 1920 年代澄海侨批款已经超过法币 1 亿元,1930 年代即超过 2 亿元。抗日战争前,澄海有侨批局 30 余家,主要经营澄海与东南亚国家之间的侨汇。1950 年代以后,侨汇锐减,1951 年全县侨汇仅 131.5 万美元,以后长期维持 100—200 万美元的较低水平。

系生活,从而大大改变了侨乡原有的就业模式,使侨乡经济结构发生变化。

侨汇的变化影响到侨乡经济结构的变化不仅表现在 50 年代开始的乡民普遍就业上,也体现在 1979 年以后,侨汇逐渐增加并改变进入方式,成为侨乡个体和私营经济、三资企业的投资资本上面。从澄海县情况来观察,1979 年出现中华人民共和国成立后侨汇收入的最高峰,达 616.2 万美元,随后即锐减。据调查,由于中国改革开放政策的实施,侨汇逐渐蜕变。除少量侨汇仍通过邮政、银行等汇入当地外,其余大都以境外投资或随身携带方式进入侨乡,成为当地个体和私营企业、三资企业的创业资本,由此带动侨乡经济的巨大变革。

表 63 澄海县海外移民职业分布(1987 年调查数)

职业	工人或店员	种植业	商人	职员	政界	文化学术界	其他
比例(%)	23.2	3.9	76.8	10.6	0.6	4.7	20.2

资料来源:侨乡调查笔记。

笔者在前次发表的文章①中,对广东省澄海县东里镇调查得到的资料情形已经有所介绍。本文系该次调查所得的另一批数据资料,由于原件散失严重,不易加以利用。但考虑到其仍有相当的学术价值,故陆续整理发表,以为学术界提供参考。该批资料同样来自澄海东里,但其调查单位为"居民组",与前次材料中的"生产队"不同,显示其非农业人口的特征,当属街镇居民。另外,该批资料的填报时间依然为 1970 年 5 月 20 日,与前次完全相同,可见两者出自同一次统计,因此可以互相参照。

---

① 袁丁:《澄海东里的海外移民——侨乡调查手记》(1),《亚太研究》2001 年第 1 期,第 25 页。

表 64 澄海东里海外移民统计(居民 7 组)①

国内户主姓名	性别	年龄(岁)	人口	国外户主姓名	性别	侨居地	职业	人口	与国内户主关系
张XX	女	64	2	池XX	男	柬埔寨	工人	28	子
张XX	同上	同上	同上	池XX	男	越南		4	五叔
张XX	同上	同上	同上	池XX	男	越南		4	七叔
张XX	同上	同上	同上	池XX	男	越南		8	八叔
陈XX	女	65	1	肖XX	男	泰国	商人	7	任
刘XX	男	32	7	同上	同上	同上	同上	同上	舅父
蔡XX	女	80	4	许XX	男	新加坡	工人	6	子
丁XX	男	67	5	丁XX	男	泰国	商人	10	兄
张X	女	37	6	池XX	男	越南	商人	8	叔
陈XX	女	58	1	池XX	男	越南	商人	9	叔
徐XX	女	33	2	丁XX	男	泰国	工人	3	姑
沈XX	女	53	7	蚁XX	男	柬埔寨	职员	4	夫
杨XX	女	77	3	蚁XX	男	泰国	职员	8	子
杨XX	同上	同上	同上	蚁XX	男	泰国	工人	11	子
陈XX	女	51	2	黄XX	男	泰国	商人	1	夫
陈XX	女	51	2	黄XX	男	泰国	商人	2	子
夏XX	女	61	1	黄XX	男	泰国	工人	4	子
李XX	女	78	3	陈XX	男	泰国	职员	7	子
李XX	同上	同上	同上	陈XX	男	新加坡	N	4	女
郑XX	女	69	5	徐XX	男	越南	职员	10	子
郑XX	同上	同上	同上	徐XX	男	越南	职员	4	子
张X	女	56	3	林XX	男	越南	职员	1	夫
林XX	女	72	6	洪XX	男	泰国	职员	8	子
蔡XX	女	71	1	欧XX	男	泰国	职员	7	子

① 原表上方注记时间为"1970 年 5 月 20 日"。各表中"N"表示无资料。"南越"指统一前的越南南方。

（续）

国内户主姓名	性别	年龄（岁）	人口	国外户主姓名	性别	侨居地	职业	人口	与国内户主关系
刘XX	女	74	2	陈XX	男	泰国	职员	4	子
蓝XX	女	54	5	池XX	男	柬埔寨	工人	1	夫
蓝XX	同上	同上	同上	池XX	男	柬埔寨	N	11	伯
吴XX	女	47	1	王XX	男	泰国	商人	5	夫
欧XX	女	50	4	池XX	男	越南	商人	17	子
吴XX	男	76	5	吴XX	男	泰国	商人	8	子
张XX	女	75	1	丁XX	男	泰国	商人	10	夫
杨XX	女	77	1	丁XX	男	泰国	工人	6	子
刘XX	女	60	5	池XX	男	泰国	工人	9	夫
王XX	女	72	7	王XX	男	泰国	商人	8	子
王XX	同上	同上	同上	王XX	男	泰国	小贩	5	子
郑XX	男	33	5	郑XX	男	新加坡	商人	3	父
张XX	女	57	1	池XX	男	越南	小贩	1	子
杨XX	女	52	1	池XX	男	柬埔寨	小商	15	夫

表65　澄海东里海外移民统计（居民8组）

国内户主姓名	性别	年龄岁	人口	国外户主姓名	性别	侨居地	职业	人口	与国内户主关系
黄XX	女	87	2	宋XX	男	泰国	商人	14	子
林XX	女	74	2	郑XX	男	印尼	商人	3	子
刘XX	女	74	2	陈XX	女	泰国	工人	3	女
洪XX	女	78	3	叶XX	男	泰国	工人	12	子
陈XX	女	52	1	张XX	男	新加坡	工人	1	夫
林XX	女	61	1	章XX	男	泰国	商人	12	夫
陈XX	女	60	1	李XX	男	泰国	工人	1	夫
林XX	男	72	6	林XX	男	泰国	商人	28	弟

表 66　澄海东里海外移民统计(居民 9 组)

国内户主姓名	性别	年龄（岁）	人口	国外户主姓名	性别	侨居地	职业	人口	与国内户主关系	出国定居时间
张XX	男	62	5	洪XX	男	泰国	工人	23	侄	
许XX	男	23	2	许XX	男	新加坡	工人	10	伯	
刘XX	女	43	1	陈XX	男	印尼	小贩	22	夫	
黄XX	女	66	8	肖XX	女	印尼	职员	7	女	
黄XX	女	73	1	陈XX	男	新加坡	职员	6	子	
纪XX	男	71	8	纪XX	男 66	新加坡	小贩	20	兄	1943 年
徐XX	女	91	8	肖XX	男 32	泰国	职员	12	孙	1956 年
纪XX	女	73	1	纪XX	女	泰国	工人	16	妹	
黄XX	女	86	1	黄XX	男	泰国	商人	12	兄	
陈XX	女	66	6	邱XX	男	新加坡	小商	23	叔	
陈XX	女	83	1	张XX	男	泰国	商人	17	子	
林XX	女	62	7	张XX	男	泰国	小贩	11	子	
蚁XX	女	67	3	陈XX	男	泰国	职员	11	夫	
郑XX	女	41	6	洪XX	男	泰国	职员	9	祖父	
林XX	女	72	3	陈XX	男	泰国	职员	7	子	
沈XX	女	31	7	池XX	男	越南	工人	2	兄	
陈XX	女	56	4	池XX	男	新加坡	工人	11	子	
肖XX	女	56	5	黄XX	男	泰国	工人	1	夫	
纪XX	男	49	7	纪XX	男	新加坡	小贩	1	父	
王XX	女	58	1	黄XX	男	泰国	职员	5	夫	
郑X	女	59	4	刘XX	男	柬埔寨	工人	1	夫	
杨X	女	47	5	林XX	男	泰国	职员	1	夫	

表 67　澄海东里海外移民统计(居民 10 组)

国内户主姓名	性别	年龄（岁）	人口	国外户主姓名	性别/年龄（岁）	侨居地	职业	人口	与国内户主关系	出国定居时间
黄XX	女	63	3	张XX	男 64	泰国	工人	9	夫	1939

（续）

国内户主姓名	性别	年龄（岁）	人口	国外户主姓名	性别/年龄（岁）	侨居地	职业	人口	与国内户主关系	出国定居时间
李XX	女	48	1	刘XX	男	泰国	工人	1	夫	
林XX	女	56	1	陈XX	男	新加坡	商人	1	夫	
陈XX	女	59	5	黄XX	男	柬埔寨	商人	5	子	
陈X	女	63	1	王XX	男	泰国	工人	6	夫	
陈X	同上	同上	同上	王XX	男	泰国	工人	6	子	
林X	女	57	6	李XX	男	印尼	商人	11	夫	
林X	同上	同上	同上	李XX	男	印尼	商人	5	叔	
黄XX	女	53	1	陈XX	男	泰国	商人	1	夫	
黄XX	女	54	1	陈XX	男	泰国	商人	5	夫	
陈XX	女	51	1	蚁XX	男	柬埔寨	商人	9	夫	
李XX	女	85	2	陈XX	男	泰国	商人	6	子	
李XX	同上	同上	同上	林XX	女	泰国	N	6	媳	
李XX	同上	同上	同上	陈XX	男	泰国	商人	10	孙	
刘XX	女	77	5	姚XX	男	泰国	职员	6	子	
吴XX	男	42	3	吴XX	男	泰国	商人	4	兄	
黄XX	女	71	4	李XX	男	新加坡	商人	7	子	
杨XX	男	31	5	黄XX	女	泰国	工人	4	母	
陈XX	女	55	1	李XX	男	印尼	商人	16	夫	
罗XX	女	49	1	刘XX	男	泰国	商人	3	子	
李XX	女	49	1	陈XX	男	泰国	商人	3	夫	
李XX	同上	同上	同上	陈XX	男	泰国	商人	10	伯	
李XX	同上	同上	同上	陈XX	男	泰国	商人	1	侄	
李XX	同上	同上	同上	陈XX	男	泰国	商人	4	伯父	
陈XX	男	53	2	陈XX	男	泰国	小贩	10	兄	
王XX	女	39	7	刘XX	女	泰国	工人	1	母	
陈XX	女	37	3	蚁XX	男	泰国	N				

（续）

国内户主姓名	性别	年龄（岁）	人口	国外户主姓名	性别/年龄（岁）	侨居地	职业	人口	与国内户主关系	出国定居时间
陈XX	同上	同上	同上	蚁XX	男	泰国	N	8		
张XX	女	14	1	张XX	男	泰国	N	7	叔	

表 68　澄海东里海外移民统计(居民 13 组)

国内户主姓名	性别	年龄（岁）	人口	国外户主姓名	性别/年龄（岁）	侨居地	职业	人口	与国内户主关系	出国定居时间
纪XX	男	42	6	李XX	女	马来西亚	商人	17	母	
黄XX	女	74	1	陈XX	男	越南	职员	5	子	
陈XX	女	87	1	陈XX	男	新加坡	小贩	5	子	
肖XX	男	79	4	肖XX	男	越南	商人	13	子	
林XX	女	56	1	张XX	男	泰国	职员	1	夫	
林XX	女	70	1	李X	男46	泰国	小贩	6	子	1938
郑XX	女	38	4	蚁XX	男62	泰国	商人	29	父	1923
纪XX	女	80	1	陈XX	男57	印尼	商人	7	子	1931
林XX	女	70	1	陈XX	男51	印尼	商人	7	子	1937
蚁XX	女	68	2	林XX	男51	柬埔寨	商人	4	子	1938
林XX	女	54	2	洪XX	男	新加坡	工人	1	夫	
蚁XX	女	57	1	张XX	男	泰国	商人	7	子	
陈XX	男	44	6	陈XX	男	新加坡	工人	6	父	
张XX	女	34	2	张XX	男	泰国	工人	1	弟	
林XX	女	71	1	陈XX	男	泰国	工人	9	子	
林XX	同上	同上	同上	陈XX	男	泰国	工人	11	子	
林XX	同上	同上	同上	陈XX	男	泰国	农民	33	伯父	
林XX	同上	同上	同上	陈XX	男	泰国	商人	14	叔	
陈XX	女	46	3	张XX	男	泰国	商人	5	伯父	
陈XX	同上	同上	同上	张XX	男	泰国	商人	3	叔	
陈XX	同上	同上	同上	张XX	男	新加坡	商人	9	叔	

（续）

国内户主姓名	性别	年龄（岁）	人口	国外户主姓名	性别/年龄（岁）	侨居地	职业	人口	与国内户主关系	出国定居时间
李XX	女	51	3	张XX	男	泰国	工人	7	夫	
黄XX	男	70	8	黄XX	男	印尼	农民	15	子	
陈XX	女	60	1	黄XX	男	泰国	职员	8	夫	
杨XX	女	77	8	陈XX	男	泰国	商人	4	子	
杨XX	同上	同上	同上	陈XX	男	马来西亚	商人	15	子	
彭XX	女	52	1	洪XX	男 54	新加坡	商人	3	夫	
林XX	男	41	4	林XX	男	泰国	职员	4	弟	
陈XX	女	50	2	张XX	男	泰国	失业	1	夫	

表69　澄海东里海外移民统计(居民14组)

国内户主姓名	性别	年龄（岁）	人口	国外户主姓名	性别/年龄（岁）	侨居地	职业	人口	与国内户主关系
叶XX	女	43	3	陈XX	女	柬埔寨	工人	1	姑母
马XX	女	50	3	藩XX	男	泰国	商人	16	夫
陈XX	男	68	2	林XX	女	马来西亚	商人	10	妻妹
张X	女	76	4	陈XX	男	泰国	工人	5	子
马XX	男	29	8	马XX	男	马来西亚	工人	5	叔
吴XX	女	37	4	刘XX	女	泰国	工人	6	母
陈XX	女	58	5	庄XX	女	泰国	工人	21	母
蔡XX	女	56	1	林XX	女	泰国乌汶	工人	1	姑母
蚁XX	女	77	6	吴XX	男	新加坡	工人	3	叔
蚁XX	同上	同上	同上	吴XX	男	新加坡	工人	3	夫
林XX	女	41	6	陈XX	男	泰国	工人	9	伯父
林XX	同上	同上	同上	陈XX	男	泰国	工人	8	伯父
林XX	女	59	2	陈XX	男	马来西亚	商人	10	夫
陈XX	女	41	7	苏XX	女	南越	小贩	5	姑母
陈XX	同上	同上	同上	林XX	男	柬埔寨	商人	7	老叔

（续）

国内户 主姓名	性别	年龄 (岁)	人口	国外户 主姓名	性别 /年龄 (岁)	侨居地	职业	人口	与国内 户主关系
（国内无人）				彭XX	女	新加坡	手工业者	5	N
欧XX	男	42	7	欧XX	男	印尼	商人	9	父
陈XX	女	61	5	林XX	男	越南西贡	商人	1	叔
陈XX	同上	同上	同上	林XX	男	越南西贡	商人	8	叔
张X	女	69	1	陈XX	男	柬埔寨	工人	4	子

表70　澄海东里海外移民统计(居民15组)

国内户 主姓名	性别	年龄 (岁)	人口	国外户 主姓名	性别	侨居地	职业	人口	与国内 户主关系
吴XX	女	57	4	杜XX	男	泰国	工人	24	夫
吴XX	同上	同上	同上	杜XX	男	泰国	工人	1	伯
黄XX	男	38	8	黄XX	男	越南	商人	7	兄
黄XX	同上	同上	同上	黄XX	男	泰国	工人	6	兄
杜XX	女	72	1	许XX	男	泰国	店员	3	夫

　　尽管数据不全,但我们仍然可以将以上各表数据与前文①中澄海东里16个生产队农业户口的移民特点加以对比。不难发现,相对于农业户来说,非农户口的国际迁移数量更多,而且分布面更为广泛。移居各国的比例不完全相同,但大致上与澄海全县的国际迁移特点类似,呈现出移居地高度集中的特点。其国外定居地全部在东南亚,泰国占半数以上。见下表:

表71　东里乡民(非农户口)移居国外统计

移居国家	泰国	新加坡	越南	柬埔寨	印尼	马来西亚	合计
移民家庭数	87	19	16	12	10	5	149
占全部移民 家庭比例	58.4%	12.8%	10.7%	8%	6.7%	3%	100%

---

①　《澄海东里的海外移民——侨乡调查手记》(1),第25页。

我在前文中曾提出:在东里镇,"当地乡民移民出国高峰期间在20世纪20—40年代",由于资料不完整,此推论尚未可以证实。但就上述调查所得(参见表71),结论仍然未变。这一时期,中国国内时局动荡,乡村经济不景气,促使大批乡民迁移海外谋生。而当时出入境较为容易,也是其中原因之一。从上述资料看,前文所说的东里海外"移民均为青壮年劳动力"结论仍可得到支持。长期以来,这种以青壮年为主的移民模式影响到广东侨乡的劳动力结构,造成移民数量较多的侨乡缺乏劳动力特别是青壮年劳动力的状况,进而影响到当地的农业、手工业、工业和商业的发展,从而进一步影响到侨乡经济的结构和发展。

从海外乡民的职业分布看,与出国前相比,二者之间有比较大的区别。这与乡民的移居地通常为东南亚大中城市,而笔者所调查的东里镇原居地大致为乡村社会有关。而且,中国海外移民的普遍规律是在海外大中城市就业,以脱离原来的农民或小乡镇居民身份为主要目标。因此职业身份的转换非常普遍,东里镇的海外乡民也不例外。

另外,在前文中笔者曾指出,东里镇"定居国外的乡民以男性为主,妇女留在家乡的比例较大。尤其是夫婿、父亲、兄弟单独或携子女出外时,妻子、母亲、姐妹多留守乡间。因此带来侨眷家庭劳动力缺失、需要靠侨汇为生的近代以来侨乡经济的一个显著特点"。从上述调查结果看,此推论依然成立。

值得注意的是,近代时期,广东澄海是全省侨汇最集中区域之一。邹金盛在《潮帮批信局》一书中,曾列举若干发往东里的侨批封,包括1938年泰国曼谷的林锦臣通过当地荣盛利信局汇给其母(住在樟林南社更棚脚狮头巷)"光银"30元[1];1943年泰国曼谷徐锦臣通过当地振

---

① 邹金盛:《潮帮批信局》,香港:艺苑出版社,2001年,第219页。

泰丰批信局汇给其子——居住在澄海县东里国萃锦街的徐兆临法币200元[1]；1946年泰国曼谷的潘炎昌给妻子——居住在澄海县樟林埠仙里社的陈氏法币1万元[2]；1947年徐兆临从泰国曼谷通过正成秋批局汇给东里乡翠锦街徐科泉法币60万元[3]；1948年徐兆临从泰国曼谷通过当地泰源亨银信局汇给东里乡翠锦街徐科泉法币1000万元[4]；1958年泰国余巧连通过曼谷和和银信局汇给其弟——樟林乡余狗仔港币50元[5]。在邹藏侨批中，有泰国曼谷陈亚澳给其妹——东里陈和清的信若干，其中一信附汇款法币8元，另一信附汇款法币20元，并写道："承接来函，内容领悉。至言及秋松来暹一事，实余不赞成。缘因现在暹政府入口税增加，每人须纳贰佰余元，请勿来为妙。兹附上光洋20元，至时查收。内抹出10元分大妗，又抹出10元分细妗。"[6]可见其也只是小本生意。从大量侨批带来的小额汇款看，前文所述东里"海外乡民多务工或为普通职员，收入在当地属中等偏下。因此多不能汇回巨资。以致形成近代以来广东侨汇以小额赡家汇款为主，而又长期维持的情形"的结论亦可成立。

澄海东里乡民这种移民方式对于当地经济影响甚大，特别是对于年长而又单身的女性而言，侨汇收入几乎是其唯一的收入来源。而东里镇海外乡民多务工或为普通职员，收入在移居地属中等偏下水准，因此多不能汇回投资性巨资侨汇。由此形成近代以来广东侨汇普遍以小额赡家汇款为主，而又长期维持、收汇地域空间分布相对集中的情形。

---

① 《潮帮批信局》，第70页。

② 《潮帮批信局》，第248页。此时法币已经贬值，1万元实际价值并不大，以后更遭遇恶性通货膨胀。

③ 可见当时徐兆临业已移居泰国。《潮帮批信局》，第684页。

④ 《潮帮批信局》，第92页。

⑤ 《潮帮批信局》，第105页。

⑥ 参见杜桂芳：《潮汕侨批》，广州：花城出版社，1999年，第54—57页。

而侨汇的长期、大量存在和地域高度集中的现象,也使得澄海侨批业在1840年至1950年间在地方金融方面一枝独秀。

1840年,原籍澄海县东湖镇的华侨黄继英在新加坡创办"致成批馆",并委托黄松亭在汕头建立侨批业联号"森峰号",开通了海外与内地的正式民间侨汇渠道。[①] 以后黄继英又亲自回乡开设致成批馆内地分号,加强了与内地的联系。抗日战争前,澄海县共有侨批局30余家,主要经营澄海与东南亚国家之间的侨汇。1920年代,澄海全县侨批款已经超过法币1亿元。1930年代,即超过法币2亿元。1950年代以后,侨汇锐减,1951年全县侨汇仅131.5万美元,以后长期维持100—200万美元的较低水平。1950年代以后,澄海县县民向海外大规模移居时代的结束,加上国内外政治经济形势的变化,汇往内地的侨汇日益减少,影响到本地华侨华人眷属的就业状况。过去长期脱离劳动生产、依靠侨汇为生的侨眷也不能不尽量在本地就业,以维系基本的生活,从而大大改变了侨乡原有的就业模式,使侨乡的经济结构发生了变化。

侨汇的变化影响到侨乡经济结构的变化不仅表现在50年代开始的乡民普遍就业上,也体现在1979年以后,侨汇逐渐增加并改变进入方式,成为侨乡个体和私营经济、三资企业的投资资本上面。从澄海县的情况来观察,在1979年出现中华人民共和国成立后侨汇收入的最高峰,总数达到616.2万美元,随后即锐减。据调查,个中原因是中国改革开放政策的实施,汇往侨乡的侨汇逐渐改变了进入方式与性质。除少量侨汇仍采取传统方式通过邮政、银行等部门汇入当地外,其余大多以境外投资或随身携带方式流入侨乡,成为当地个体企业、私营企业和三资企业的创业资本,进入了生产领域,由此带动侨乡经济的巨大变革。

---

① 此时中国尚无官方侨汇经营机构。

七、新会三镇赵氏海外移民与侨汇

笔者在前两篇文章中,已经提到 1985 年夏至 1986 年春,因为参加侨乡课题研究,我曾经在广东新会、台山等地进行田野调查,收集了一批资料。后来因中途退出了该课题组,故未能利用这些资料进行相关研究。以后该批资料大多散失,深感遗憾。近来在清理旧笔记时无意发现尚存的若干笔记,细细品味,感觉其仍有一定价值。因此略加整理发表,以为学术界同行共享。

表 72 广东省新会县海外移民调查

序号	姓名	性别	出生年份	出国前家庭住址①	移居地/职业	移居年代②	与祖籍地的联系	备注
1	赵 X 芳	男	1951	古井公社崖东乡慈溪村	美国檀香山	1959		
2	赵 X 珍	女	1927	沙堆独联鹅溪里	加拿大	不详	1960 年代曾回国探亲	
3	赵 X	男	1903	三江公社联丰大队	马来西亚沙捞越/工人	不详	1960 年代曾回国探亲	
4	赵 X 磅	男	1897	三江公社恒美悦意里	印尼泗水	不详	1960 年代曾回国探亲	
5	赵 X 高	男	1915	三江恒美滋德里	印尼泗水/木工	不详		
6	赵 X 波	男	1921	三江公社联丰大队	印尼泗水/工人	不详	1960 年代曾回国探亲。侄女在联丰	

---

① 本表中地名系新旧地名混用,部分地名沿用 1980 年代初的县—人民公社—大队—生产队—居民组的行政划分,也有用今名如 XX 乡、XX 村者。新会县的人民公社制度改变发生在 1983 年底,调查时仍有许多地方沿用旧称,此表不予更改。

② 指出国定居的时间,下同。

（续）

序号	姓名	性别	出生年份	出国前家庭住址	移居地/职业	移居年代	与祖籍地的联系	备注
7	赵X	女	1894	环城公社城南大队南头里	美国三藩市	不详	1960 年代曾回国探亲	姊在香港
8	赵X培	女	1918	古井洲朗玉洲村	南洋①	1953		一向在乡从事家务及务农
9	赵X	女	1896	三江公社官田村隆和里	马来西亚沙捞越/种胡椒工	不详	1960 年代曾回国探亲。子在乡	
10	赵X儿	女	1950	古井公社龙田村	美国	不详	1960 年代曾回国探亲	
11	赵X裕	男	1910	三江公社联丰大队	马来西亚沙捞越/工人	不详	1960 年代曾回国探亲。兄在乡	
12	赵X满	女	1925	古井沙堆南安一村	加拿大温哥华	1957	子在乡	夫在加拿大
13	赵X凤	女	1931	古井沙堆独联南门村	英国	1955 年,夫同往		小学 6 年。② 一向在乡务农
14	赵X喜	女	1888	三江洋美营新村	新加坡	1959		初为小贩,后做家务
15	赵X瑛	女	1920	新会	美国纽约/洗衣工	1951		小学 6 年。婚后做家务
16	赵X朋	男	1928	三江恒美五联组	印尼日里	不详	1950 年代曾回国探亲	
17	赵X大	男	1899	沙堆独联鹅溪里	古巴	不详	1950 年代曾回国探亲	

---

① 指东南亚地区,具体国家不详,下同。

② 指其出国前文化程度,下同。

（续）

序号	姓名	性别	出生年份	出国前家庭住址	移居地/职业	移居年代	与祖籍地的联系	备注
18	赵X荣	男	1917	古井霞路下联	美国	不详	1950 年代曾回国探亲	
19	赵X	女	1920	三江公社洋美村第二生产队	印尼日惹市	不详	1960 年代曾回国探亲	
20	赵X	女	1953	古井乔林村	加拿大安大略省湿比厘	1956年,母、妹同往。	1960 年代曾回国探亲	小学 5 年
21	赵X容	女	1950	古井公社龙田村	美国	不详	1960 年代曾回国探亲	
22	赵X乐	男	1941	沙堆独联鹅溪里	美国	不详	1960 年代曾回国探亲	
23	赵X珍	男	1889	沙堆独联鹅溪里	美国	不详	1960 年代曾回国探亲	
24	赵X珍	女	1949	沙堆独联鹅溪里	加拿大	不详	1960 年代曾回国探亲	
25	赵X艮	女	1946	沙堆独联鹅溪里	加拿大	不详	1960 年代曾回国探亲	
26	赵X莲	女	1933	古井梅角东安乡	古巴湾城/托儿所工作	1959年	子在广州、香港,夫在乡。	幼时做家务
27	赵X嫦	女	1954	古井长竹乔林村	加拿大安大略省	1956年,母、妹同往	父在乡	
28	赵X堂	男	1934	古井霞路五福里	加拿大	1955年		小学。一向在乡务农
29	赵X丽	女	不详	古井公社竹湾村	美国	不详	1960 年代曾回国探亲	
30	赵X	男	1907	古井霞路村	新加坡武吉芝律/工人	1961年		小学 2 年。从小在乡务农。29 年出国,一向在新加坡做工

（续）

序号	姓名	性别	出生年份	出国前家庭住址	移居地/职业	移居年代	与祖籍地的联系	备注
31	赵X佑	男	1903	古井霞路田寮里	新加坡	1955年	母、妻在乡	8—38岁在乡务农，39—51岁在新加坡做工，52岁回国（11月28日）二子在新加坡
32	赵X升	男	1924	古井田亨村	委内瑞拉	1958年	母、妻在乡	8—14岁读书，后在乡务农。父在新加坡
33	赵X跃	男	1949	古井崖东慈溪村双联里	新加坡	1959年		
34	赵X堂	男	1900	三江公社联丰大队	印尼泗水/工人	不详	1950年代曾回国探亲。子在乡	
35	赵X瑞	男	1908	三江公社联丰大队仁和里	美国纽约/工人	不详	1950年代曾回国探亲。侄在乡	初中
36	赵X保	男	1898	三江联和乡联丰大队仁和里	加拿大/洗衣工	不详	1950年代曾回国探亲。侄在乡	初小
37	赵X韶	男	1896	三江恒美大康里	菲律宾	不详	1960年代曾回国探亲	
38	赵X平	男	1913	三江公社联丰大队	印尼泗水	不详	1960年代曾回国探亲。堂兄在乡	
39	赵X休	男	1908	三江恒美五联组	印尼日里棉吉利	不详	1960年代曾回国探亲	
40	赵X珍	男	1947	沙堆独联鹅溪里	美国	不详	1950年代曾回国探亲	

（续）

序号	姓名	性别	出生年份	出国前家庭住址	移居地/职业	移居年代	与祖籍地的联系	备注
41	赵 X 康	男	1943	沙堆独联鹅溪里	美国	不详	1960 年代曾回国探亲	
42	赵 X 兴	男	1937	古井霞路田寮里	加拿大	1957年，父同往	1950 年代曾回国探亲	初中。自小在乡务农，20 岁出国
43	赵 X 兰	女	1931	古井霞路田寮里	新加坡	1955		一向在乡务农
44	赵 X 林	男	1914	山崖东乡慈溪村	美国纽约/洗衣工	不详		初中
45	赵 X 泰	男	1950	古井霞路五福里	英国伦敦	1962		
46	赵 X 玻	男	1910	古井公社竹湾大队	美国	不详	1950 年代曾回国探亲	
47	赵 X 全	男	1918	三江恒美悦意里	印尼泗水	不详	1960 年代曾回国探亲	
48	赵 X 同	男	1903	三江恒美五联组	印尼日里	不详	1960 年代曾回国探亲	
49	赵 X 芳	女	1954	古井长竹乔林	巴西	1966年，母、兄同往		
50	赵 X 达	男	1941	三江塘下里	加拿大温哥华	1959年	父母在乡	一向读书。祖父母在加拿大
51	赵 X 元	男	1898	沙堆独联鹅溪里	美国	不详	1960 年代曾回国探亲	
52	赵 X 文	男	1898	沙堆独联鹅溪里	美国/餐馆工作	不详	1960 年代曾回国探亲	
53	赵 X 其	男	1913	新会汇沅街	印尼泗水埠/酒房工作	不详	母在乡	12 岁时和母亲卖水果为生，14 岁出外工作。子、妻在海外

（续）

序号	姓名	性别	出生年份	出国前家庭住址	移居地/职业	移居年代	与祖籍地的联系	备注
54	赵X	男	1907	三江公社联丰大队	占罗大埠①/工人	不详	1960年代曾回国探亲。父在乡	
55	赵X良	男	1945	三江恒美滋德里	印尼泗水	不详	1960年代曾回国探亲。侄在乡	
56	赵X	女	1889	三江沙岗村	马来西亚沙捞越泗里街	1961年		一向务农，后因夫早丧，遗子女3人无法度日，遂携子女出国谋生。1948年回乡务农至1961
57	赵X爱	女	1917	三江良德冲	马来西亚沙捞越	1953年		1936年结婚随夫往南洋种胡椒，1939年回乡务农至1953
58	赵X英	女	1935	古井慈爱慈溪村	新加坡	1952年		一向在乡务农及家务
59	赵X萍	女	1942	古井孖州大兴里42号	特立尼达和多巴哥	1959年		父母在外。1950—59年读书，后在乡务农
60	赵X稳	女	1915	古井下路田寮里	印尼	1952年，子女同往		

---

① 此地点不详，可能是指暹罗（今泰国）或印尼某地。

（续）

序号	姓名	性别	出生年份	出国前家庭住址	移居地/职业	移居年代	与祖籍地的联系	备注
61	赵X琦	女	1924	古井公社长沙村中里	美国	不详	1960年代曾回国探亲。母在乡	
62	赵X良	男	1905	古井公社竹湾村	菲律宾	不详	1960年代曾回国探亲。父亲赵X盖在乡	
63	赵X良	男	1905	古井公社竹湾村	菲律宾/工人	不详	1960年代曾回国探亲。父亲赵X美在乡	
64	赵X福	男	1929	古井龙田村	加拿大	不详	1960年代曾回国探亲。母在乡	
65	赵X森	男	1903	古井竹湾村	古巴/工人	不详	1960年代曾回国探亲。父赵X全在乡	
66	赵X海	男	1898	古井竹湾村	哥伦比亚	不详	1960年代曾回国探亲。妻在乡	
67	赵X璧	男	不详	古井竹湾村	加拿大/工人	不详	1960年代曾回国探亲。媳在乡	
68	赵X怀	男	1908	古井霞路下联	南洋	不详	1960年代曾回国探亲	
69	赵X法	男	1927	古井霞路上联	南洋	不详	1950年代曾回国探亲	
70	赵X玉	女	1908	三江联和丰仁和里	美国纽约/衣帽公司工人	不详	1950年代曾回国探亲。堂兄妹在乡	
71	赵X盛	男	1945	三江联和丰仁和里	美国纽约/太平洋衣帽公司	不详	1950年代曾回国探亲。堂兄弟在乡	

（续）

序号	姓名	性别	出生年份	出国前家庭住址	移居地/职业	移居年代	与祖籍地的联系	备注
72	赵X考	男	1895	古井霞路下联	古巴	不详	1960年代曾回国探亲	
73	赵X隆	男	1888	古井霞路下联	美国	不详	1960年代曾回国探亲	
74	赵X寅	男	1900	三江公社联丰大队	印尼泗水/工人	不详	1960年代曾回国探亲。兄赵X弼在乡	
75	赵X龙	男	1907	三江公社联丰大队	印尼泗水/工人	不详	1960年代曾回国探亲。父赵X策在乡	
76	赵X遍	男	1897	三江公社联丰大队	印尼泗水/工人	不详	1950年代曾回国探亲。父赵X维在乡	
77	赵X平	男	1915	三江公社联丰大队	马来西亚沙捞越/工人	不详	1960年代曾回国探亲。叔父赵X天在乡	
78	赵X妻	女	1919	三江公社联丰大队	印尼加拉畅埠/工人	不详	1960年代曾回国探亲	
79	赵X元	男	1953	古井龙田村	加拿大	不详	1960年代曾回国探亲。母在乡	
80	赵X君	男	1933	古井乔林村	美国/商人	不详	1960年代曾回国探亲	小学6年
81	赵X	男	1886	古井慈溪下联里	澳大利亚悉尼	不详	1960年代曾回国探亲	
82	赵X寄	男	1915	三江公社联丰大队	印尼雅加达/工人	不详	1960年代曾回国探亲。媳在乡	
83	赵X沧	男	1920	三江公社联丰大队	印尼加苏罗埠/工人	不详	1950年代曾回国探亲。媳在乡	

（续）

序号	姓名	性别	出生年份	出国前家庭住址	移居地/职业	移居年代	与祖籍地的联系	备注
84	赵X乐	男	1903	三江公社联丰大队	马来西亚芙蓉埠/工人	不详	1960年代曾回国探亲。妻在乡	
85	赵X惠	男	1910	三江公社联丰大队	印尼加拉吨埠	不详	1960年代曾回国探亲。媳在乡	
86	赵X南	男	1913	三江公社联丰大队	印尼加拉吨埠	不详	1960年代曾回国探亲。媳在乡	
87	赵X桓	男	1891	沙堆独联鹅溪里	加拿大/餐厅	不详	1950年代曾回国探亲	
88	赵X培	男	1904	三江恒美星拱里	印尼泗水	不详	1960年代曾回国探亲	
89	赵X务	男	1913	三江公社恒美星拱里	不详	不详		

以上材料为新会县1950—1960年代出国或曾经在1950—1960年代回国的海外华侨华人的个人资料。除了第53号赵X其来自县城、第7号赵某来自环城镇、第15号赵X瑛不详外，其余全部来自新会县城以南的三江、古井、沙堆三镇（公社）。这三个乡镇与环城镇自北向南相连，与今斗门县境连接。除有公路通往外地，这三镇的居民还可以乘船顺着通向崖门水道的潭江出海，对外交通方便。

显而易见，表列人名均为赵姓，客观上成为新会赵氏海外移民的考察。但这是因为记录残缺的缘故，并非刻意而为之，也并不是专门就某一大姓而进行的调查。赵姓在新会是第六大姓，1985年全县赵姓人口共计31503人。赵氏系宋宗室后裔，多集中聚居在新会县沙堆镇的鹅溪，古井镇的慈溪、竹湾、乔林里，三江镇及环城区、会城镇。其中三江镇的联和、新江，古井镇的慈溪、霞路、古井等乡村的赵姓均在1000人以上（1985年）。

本次考察涉及的时间段,主要是 1950—1966 年之间出国定居,或以前已经出国定居、此时期内曾经返乡探亲者。

在 1985 年,新会县总人口是 83.04 万,其中归侨侨眷 21.93 万人。据统计,原籍该县的海外华侨华人有 22.97 万人,是中国著名侨乡之一。①

根据上述不完整的移民资料,我们可以发现一些有意义的现象:

一、以上基本上都是第一代移民,在新会出生,已婚者占多数。其中有几位是二次移居,即早年曾经出洋谋生,后回国定居,1950—1960 年代再次移民出国。移民多为个人行为,全家或连同其他亲属一道移民的情形并未形成常例。

二、当地移民海外的乡民主要定居地是美洲和东南亚,特别是移居美国、加拿大、印度尼西亚、新加坡、马来西亚等国家者为多。除了移居地不详的 2 人外,以上列名的 87 人中,以移居国划分、按人数多少计算列前 3 位的分别是:印度尼西亚 22 人,占总数的 25.3%;美国 21 人,占总数的 24.1%;加拿大 14 人,占总数的 16.1%。以地区计,东南亚(包括印尼、新加坡、马来西亚、菲律宾和"南洋"在内)合计 41 人,占总数的 47.1%;而北美(美国、加拿大)共 35 人,占总数的 40.2%;拉丁美洲(古巴、巴西、哥伦比亚、委内瑞拉、特立尼达和多巴哥)则居第三位,共计 8 人,占总数的 9.2%;3 个地区合共占 96.6%,可见当地移民在海外的地域分布有很高的集中度(见表 73)。

表 73　移居地分布

移居国(地区)	移民人数	占移民总数的比例
美国	21	24.1%

---

① 新会县地方志编纂委员会:《新会县志》,广州:广东人民出版社,1995 年。

（续）

移居国（地区）	移民人数	占移民总数的比例
加拿大	14	16.1%
古巴	4	4.6%
巴西	1	1.1%
哥伦比亚	1	1.1%
委内瑞拉	1	1.1%
特立尼达和多巴哥	1	1.1%
印度尼西亚	22	25.3%
马来西亚	7	8%
新加坡	6	6.9%
菲律宾	3	3.4%
南洋	3	3.4%
英国	2	2.3%
澳大利亚	1	1.1%
合计	87	100%
不详	2	——

从该县全县普查情况来看，1989 年全县总人口 85.54 万人，祖籍新会的华侨华人共计 28.36 万人，其分布为美洲 16.75 万人，欧洲 10.3 万人，大洋洲 0.72 万人，该县归侨侨眷 24.25 万人。① 与我们调查的地域相比，乡民移居欧洲者数量偏少，可能反映了不同乡镇的海外移民分布不同。

1908 年完成的光绪《新会乡土志》说："邑城内外多业蒲葵，其设肆本境及贩运外埠者，可二百家。远出营运者，以北方中乐都一带为多，

---

① 新会县地方志编纂委员会：《新会县志续编》，广州：广东人民出版社，1998 年，第 450 页。

大约占全部民数十之三。此三分中往南洋者,又居一焉。南方崖东、西各乡民多侨南北美洲,然工多于商,以巨富著者无几也。"①调查中的三江、古井、沙堆三镇均在新会崖门水道的东面,即新会崖东之地。从上面的统计看,当地旅居国外的乡人主要集中在东南亚和南北美洲。其中美洲移民合计约占移民总数的一半,而且的确是"工多于商",富户不多,可见该志的记载十分准确。

三、多数海外乡民与家乡仍保持一定联系,甚至有将直系亲属如父母、妻子、儿女留在乡下,自己独自一人在海外谋生的情形。说明迁移海外者在国外的经济状况并不特别好,这与他们在国外的职业分布相关联。当然不能排除一部分人的"两头家"背景,即可能在海外另有家室,笔者在调查中曾经记录过确凿的"两头家"资料。

四、相当多的新会海外移民在国外从事体力劳动,如洗衣工、工厂工人、种植园工人、餐馆侍应等,属于普通蓝领阶层,在国外当地收入应属中下水平,但高于新会本土务农所得,因此长期以来不断有众多乡民出外谋生,以求得更高收入。

五、海外新会乡民多数在出国前居住于乡村,受教育时间短,文化程度普遍较低,多从事农耕或家务劳动,这对他们在海外的就业有相当大的影响。这一事实或者可以解释他们在海外多属劳工阶层的原因:因为调查所得基本为第一代移民及其眷属资料。

六、有记录可查的 24 人中,出国定居时最年长者为 72 岁,最年幼者仅 2 岁,移民出国平均年龄为 29.75 岁,而中位数为 24 岁。79％的乡民出国时年龄在 10—39 岁之间,可见当地移民以青壮年劳动力为主。见下表:

---

① 谭镳等:光绪《新会乡土志》,卷1,1908 年粤东编译公司铅印本。

表 74　移民出国时年龄统计

年龄	数量	比例
0—9 岁	3	12.5％
10—19 岁	6	25％
20—29 岁	5	20.8％
30—39 岁	6	25％
40—49 岁	0	0
50—59 岁	2	8.3％
60 岁以上	2	8.3％
合计	24	100％

七、妇女出国的情形较为普遍，共有 27 人，占总数的 30.3％。甚至有妇女孤身一人前往海外，夫婿及子女留在家乡，或者是妇女携带子女前往国外定居谋生的情形，这是 20 世纪侨乡发生的新变化。妇女的大量移民出国，改变了海外华人社会中性比例严重失调的情况，减少了华人与当地其他民族通婚的现象，带来海外华人社会的稳定化和内向化。在某种意义上，对中华文化在海外的延续和发展起了很大作用，也促使华侨社会从原来的移民社会逐步演化成定居社会。这是一个值得注意的现象。

八、上述的移民结构（第一代移民、青壮年劳动力为主、家乡多有亲属、在国外多从事体力劳动）使之与家乡保持一定的联系，并经常从移居地汇款至家乡赡养家人。因此可以理解为何近现代广东侨汇长期存在，而其中又以小额赡家汇款为主。就新会以及四邑整体而言，近代侨汇以美洲为多，是因为移居美洲者逾半，而美洲劳工收入普遍高于东南亚的缘故。

据统计，1951 至 1985 年间，新会全县共收到侨汇 21216 万美元，平均每年 608 万美元。其中最低年景为 1951 年的 50 万美元，最高为

1980 年的 2570 万美元。[①] 在中华人民共和国成立后,新会侨汇收入受国际形势和中国国内政策的影响极大。中华人民共和国成立初期,由于西方对中国的封锁,特别是美国和加拿大禁止对华汇款,加上海外华侨华人尚不了解中国政府的政策和人民币信用,使得侨汇减少。1951至 1957 年,全县共收汇 817 万美元,年均 117 万美元。以后,随着国内形势稳定,人民币信用逐步建立,汇款额也逐渐增加。1958 年至 1965年,全县收汇 1804 万美元,年均 225.5 万美元,上升近一倍。1966 年至 1975 年全县共收汇 7281 万美元,年均 728 万美元。[②] 这一时期,中美关系改善,美国取消对华汇款禁令,新会可以直接与美加通汇,使侨汇大幅度增加。中国改革开放后,侨汇更达到一个空前高度,但旋即迅速下降。见下表:

表 75　1979—1992 年新会县侨汇统计(单位:万美元)

年份	侨汇额
1979	2336.4
1980	2570
1981	不详
1982	不详
1983	1445.7
1984	778.8
1985	346.9
1986	392
1987	264
1988	163
1989	97

①　《新会县志》,第 115 页。
②　《新会县志续编》,第 315 页。

（续）

年份	侨汇额
1990	159
1991	250
1992	242

1984 年以后新会县侨汇数量的迅速减少，并非侨汇的真正减少，实际上是侨汇改变了进入内地的方式：由过去的汇款方式改为直接携带或以投资方式进入内地。由于改革开放的不断深入，新会乡民进出国境变得越来越方便，而海外亲属来华也更加方便，加上中国外汇管理制度的变化，促使海外乡民改变了汇款方式。另外，随着乡镇企业和三资企业在广东的兴起，越来越多的海外乡民也以投资方式取代以往汇款方式赡养国内眷属，这是变化的另一重要原因。但是，就全县非贸易外汇收入看，侨汇仍然是主要部分，长期保持在 90% 以上。参见下表：

表 76　1986—1992 年新会县外汇收入统计①（单位：万美元）

年份	合计	贸易收入	非贸易收入小计	侨汇收入
1986	6627.5	6229.78	392.72	392.27
1987	3534.37	3264.12	270.28	264.31
1988	4838.06	4661.14	176.92	162.89
1989	4840.78	4728.61	112.17	96.60
1990	4934.58	4753.95	180.63	159.32
1991	6563.16	6280.37	282.79	250.09
1992	7949.37	7675.43	273.94	242.17

由此可知，虽然侨汇收入变化很大，但至今仍是县外汇收入的重要来源之一。

---

① 《新会县志续编》，第 316 页。

八、从新发现的口供纸谈起

近日，一个偶然的机会，笔者在江门旧货市场淘到近代华侨口供纸原件，又在江门五邑华侨华人博物馆看到若干口供纸实物，细细品味，认为应当引起学界同人的注意。

口供纸是近代广东侨乡特别是四邑地区侨乡的一种特有地方文献。其产生的原因极其特殊，故其存在的时间不长，仅仅半个世纪左右。从目前所发现的口供纸来看，它分为中英文两种，多采用对答形式，也有单独使用第一人称叙述的。其内容主要是赴美移民者应付美国海关与移民局检查之用，所以涉及范围主要是家庭背景以及周围社区情况。

1882年，美国国会通过第一个全国性排华法案，规定停止从中国输入劳工，只允许外交官、学者、学生、商人和旅行者在美国短期逗留，还禁止所有华人加入美国国籍。以后，排华法案层出不穷，变本加厉，将所谓华侨"劳工"的范围扩大到一般文职人员、经理、店主、采购员、供销员、记账员、会计、出纳、学徒、医生、餐馆和洗衣店老板、厨师、小贩等等，严禁这些华人入境；并且不准已经在美国的华人劳工申请家眷前往美国，只允许在美国出生的华人移民入境，使得侨乡向美国的移民几乎完全中断，侨眷因此苦不堪言。

1906年初，美国旧金山发生大地震，并引发大火，意外地给赴美华人移民开辟出一条新路。由于当地警察局和移民局档案毁于地震带来的大火，因此一部分来往于中美之间的华商开始利用这个缺口，为希望移民美国的亲属编造在美国出生的理由，使得四邑侨乡家眷得以成功移民。很快，美国华侨和四邑乡民发现可以制作假口供，帮助希望移民美国的亲友和乡人以美籍华人直系亲属或在美国出生者的直系亲属名义移民美国。于是口供纸便应运而生，逐渐从个别村落扩展到四邑各地,最后扩展到几乎整个珠江三角洲流域,但仍以四邑地区为主,因该地区海外移民以美国居多。周敏在《唐人街——深具社会经济潜质的华人社区》一书中,便提到她在纽约曾经访问过一位 92 岁高龄的唐人街退休商人,告诉她自己曾经以假冒方式将儿子和侄子申请入美的经历:"每次我回中国,我申报又生了一个儿子,并领取出生证。这样,我把小儿子和两个侄子带到纽约来"。①

笔者所得一份口供纸是英文件,附有原信封,由 Yee Dip Yee 寄自美国加利福尼亚州旧金山,信封上面的英文以花体字手写,书法漂亮,显系有相当英文基础者所书,另外又用中文竖写一行:"祈交余习之先生收用。"信封上还有长方形英文登记戳("REGISTERED")并以手写"24"表明是某种挂号邮件,但信封上并无中国国内地址,信封背面沿着封口骑缝盖有 1916 年 7 月 8 日的旧金山挂号邮戳,显然这是近代民信局以"总包封寄"方式寄回侨乡的信件。因为信封上面并无附寄钱款的字样,且其中家信已失,不知是否附有从美国寄来的美元现金或支票、汇票等。现存信封内是一份英文式样的口供纸,因前面部分保存完整,清楚地揭示出其来源和内容。

从这份口供纸的前面部分可以了解到,它来自美国加利福尼亚天使岛(1910 年以后华人赴美国,需在加州天使岛接受海关和移民局检查和检疫)的海关移民记录,时间为 1915 年 9 月 13 日,原文以英文打字机打出,是当地移民官对编号♯14586/2-10 名叫 HOM YOW 的来自中国的新移民进行询问的实录。左上方还有另一个日期注记为"1915 年 8 月 17 日",应当是首次聆讯的日期。根据记录,HOM YOW 是一位美国华人的儿子。从事聆讯的美国移民官员为 J. H. MeCall,

---

① 周敏:《唐人街——深具社会经济潜质的华人社区》,北京:商务印书馆,1995 年,第 50—51 页。

翻译是 CHIN JACK，速记员为 W. A. FOSTER。开头写明是宣誓后
证词的再次聆讯，并说明是以四邑方言进行中文翻译，而翻译者本人的
母语亦为四邑方言，说明中文翻译和新移民均为来自广东的华人。

该口供以一问一答的对话体方式记录了移民检查与 HOM YOW
之间的对话，内容包括移民本人的基本情况、其父母情况和家庭情况等
等。从中可知，HOM YOW 自称出生在光绪二十三年三月二十日①，
时年 19 岁，未婚。但是 HOM YOW 并未回答出生在哪里的问题，而
移民官也居然没有进一步追问，却在申请者年龄下面注记："申请人看
来比他自称的年龄显得更老。"其父亲为 HOM CHUNG，居住在美国
亚利桑那州菲尼克斯市（凤凰城）。

口供纸发明和日益广泛流传后，大批四邑乡民源源不断地以直
系亲属方式申请移民美国，最终引起美国当局的注意。由此美国海
关和移民局加强了对于从中国前往美国的新移民的检查，不但在口
岸扣留时间长达数周，而且多方留难和询问，力图从生活的细节中寻
找蛛丝马迹，以发现众多并非美国华人直系亲属的冒名顶替者，然后
拒绝其入境移民。从这份移民局记录中，就可以看到移民官对 HOM
YOW 提出了许多令常人难以理解的极其琐细的家居生活细节的询
问。譬如"你家在中国有多少间房子？""房子中如果有桌子，它们放
在什么地方？""你家里有多少张桌子？""这些桌子是做什么用途的？"
"你家墙上有画吗？""你家里有台阶吗？""你家地板是用什么铺成
的？""你家养狗吗？""你出生后你家养过狗吗？""你家养猫吗？"等等，
此类提问显然意在与申请人父亲先前留在移民局相关记录进行对
比，以找出不一致之处。倘若移民并非此美国华人子女，回答此类问

---

① 　原记录注明"1897 年 3 月 22 日"，其实不确，因为 HOM YOW 所说的日
期应为农历日期，其计算年龄也是按照中国传统以虚岁计算。

题显然容易露出马脚。除了关于家居细节的询问,移民官员还十分重视对于与 HOM YOW 父亲相关问题的询问。围绕他父亲在中国和美国的活动,移民官提出了一系列问题,包括"你父亲上次回中国是什么时候?""他回国时去了你们家族墓地吗?""他曾经几次去为祖先墓地上坟?""他去上坟时带了什么祭品?""上坟时带了金钱或蜡烛吗?""你们怎样到达坟地?""还有什么人同你一起上坟?""你们在坟地待了多久?""在你父亲上次回国时你与他去了 CHUOK HOM 市场吗?""你与父亲经常通信吗?""你父亲上次返美以后与你通过多少封信?"等等。据 HOM YOW 回答,他父亲在光绪三十四年回国探亲,宣统元年(1909)返回美国,在民国二年(1913)给他写过两三封信,民国三年(1914)给他写过 4 封信并寄一些钱回来,今年(1915)只给他写了 1 封信。另外,民国 2 年以前,HOM YOW 的长兄在家,经常与父亲通信,云云。这份资料极其真实,其出处无可怀疑,但是作为移民局的原始记录,它如何到了华人移民家信中,因为缺乏相关信件和材料,现成为一桩悬案。

另一份口供纸为中文件,用毛笔书写在 10×15 厘米规格的黑色软皮面笔记本上。第一页题作:"耳聋口供纸"、"民国廿二年二月初七日起"。另写"能走几派"4 字于旁,不知道其所指。若按照当下的流行语言解释成"能到(美国)多神气",倒有些现代潮流的味道。"耳聋"的意思应是单边口述之意,故非问答形式。另外,日期后注"起"字,也许表明该日期是抄录者开始抄写该口供纸的日期。该份口供纸采用第一人称方式写成,有 42 页,每页 5—6 行,每行约 10 字,从右向左竖排书写,全文无标点,有断句。从笔迹分析,主要内容为一人所书写,最后 4 页则系他人所写,至少有 3 人笔迹,且多用钢笔,既无标点,又无断句,内容亦不同。

我们不妨看看其内容:

"我名锦瑞，字宗求，今年 41 岁[①]，系光绪七年三月十二日出世[②]，花旗在加粉省山地古里埠出世。我三兄弟，无姊妹。我九岁同父母、胞弟清余返唐山。""我胞兄陈君入努约做生意，胞兄陈君，大我十五年。我胞兄陈君光绪廿二年返过唐山，时我十六岁。住一年之久，返花旗。至廿三岁，在香港搭船咸水埠，入满地可埠，搭车入钵显利关，同我胞弟一齐入关，时系 1903 年。大约八月尾入关，九月十二日出关。系我胞兄陈君做证人，我来花旗之时，大约三月尾，忘记搭乜船名，官府名节利。我十七岁交婚，光绪廿三廿正月十五日。我老婆省城人女，姓梁。我交婚时，佢无父母，亦无兄弟姊妹……""我四个仔个个出世之后，我来花旗。我可[③]老婆住在省城十八甫，唔得号数。我来到花旗一年，寄银回家起屋，迁居新宁冲林村，系三关[④]屋。我胞兄胞弟我不曾同佢又书信来往，因我同佢相打过。""我胞兄无老婆仔女，我胞弟有老婆，唔知佢有几多仔女。因佢住在新宁冲菱洞。""我父亲名陈正，我母亲姓邓，俱死了。我之后交婚。我十五岁佢死了，葬于白木葫，离冲菱洞二甫[⑤]路。我想返唐山。我收香港葆华昌德辅道 300—30 门牌。[⑥]"

以上为陈锦瑞自述其家世和经历。据上文，陈氏在美国加利福尼亚出生，9 岁回国，17 岁在广州结婚，23 岁重返美国，在台山乡下育有 4 个儿子。其在台山家乡兴建房屋所需款项系从美国汇寄而来，即上文所称"寄银回家起屋"。从这份口供纸语气看，这是陈锦瑞在离开美国

---

① 　原文多以苏州码记数字。
② 　原文如此。按光绪七年推算，民国二十三年显然不止 42 岁。
③ 　原文如此。应系"和"字笔误。
④ 　原文如此。应系"间"字笔误。
⑤ 　原文如此。
⑥ 　这应当是其回国后所使用的通信地址。近代时期，邮政业务尚无法覆盖广大乡村，广东侨乡多利用批信局或商号作为转信及汇款机构。四邑一带则多利用香港银号、钱庄及进出口商（金山庄）传递信件及款项。参见下文。

时对美国移民局官员的陈述,其间详细谈到家乡子女的情况,显然是为以后申请家人赴美团聚埋下伏笔。

而下文则是其四个儿子的陈述,数子陈述不一,内容相近,均与身世、个人经历相关,有些加上家居和村庄周边环境的描述:"我父亲名陈锦瑞,字宗求,今年四十一岁,现在花旗波市顿三号夏利臣街。我唔知父亲做乜,我寄信俱交此处为通信处。""我出世之时住省城,系母亲咁讲。我叔清余同我父亲返过花旗,大约早十七廿之久,系母亲咁讲。我父亲离家来花旗共计有十七廿,未曾返过唐山。""我父亲每年有两次或三(次)银寄归交母亲。俱交香港葆华昌转交。""我从来在葫美村观佐祖祠堂读书,右边祠堂初学,左边祠堂中学。一间祠堂分两办①读书。我初入学堂九岁,读至民国八年尾无读,廿二岁无读书,在家游荡过日。""我在广东省城十八甫出世。我父亲花旗寄银回,为命我母亲起屋,迁居冲林村新宁,系早十六年迁居,光绪卅一年二月初一日入伙。我村近水边,有树木在村之后背……我村对面向出沙坦市墟,每逢十五日墟期。""我村前边系禾田,取来耕种。"更有甚者,在口供纸最后几页上,还附有一张简图,描画出自家房屋在村子的具体方位,并注有"番人"和"唐人"的时间对比:"番人,一千九百廿一年"(应当是与首页的"民国廿二年"相对照),"番人,六月廿一日过关","唐人,五月十七日过关";"番人,六月十四日入关","唐人,五月廿日入关"。但是后面的几个日期似乎是记录其他亲属行踪:"民国十二年出世,名炳华","锡祥番人1922年八月卅一号由波城起乘搭俄国皇后船廿八八月到港",等等。显然是记录相关亲属来往美国和家乡的时间,以备参考。

这份"耳聋口供纸"与前一份英文文献不同,它在旧货市场上与其余四个笔记本同时出现,除了口供纸外,另四册为账簿和普通记事本,

---

① 原文如此。应系"半"字笔误。

外观基本相同,可以断定为同一家族所有物。其中的账簿似乎是银信的流水账:开头便是"桃珠信一封,银贰拾元,另物一包""孔椿付""如好收信一封,银贰拾元正,另信皮一扎""孔焕付"等等。[①] 据此推理,该批材料的原所有者极有可能系四邑一带经营银号、钱庄兼营海外银信的店主。另外,"耳聋口供纸"是包括在广东台山家乡的四个儿子的自述,不仅仅是其在美国的父亲的"口供"。

口供纸的创作,大抵先由定居美国的亲属依据在移民局问答的情况写出,然后寄回家乡,让准备移民者熟记,以备入关时回答移民局官员提问。口供纸发展到后期,逐渐为侨乡人们辗转抄录,作为移民对付美国当局的"教科书",并且根据自身的背景加以再创作,添加自己家庭的情况,这样就与原先的口供相差甚远,其真实度也就打了折扣,在利用时不能不留意。1950 年代初,美国移民局开始采用验血等方法检查中国移民,口供纸作用逐渐消失,慢慢地变成了文物。

综上所述,口供纸一类的乡土文献,是中外人士共同创作的产物,它不仅反映了近代海外华人的生活场景,更映照出侨乡人们的生活及其与外界的联系。它作为广东侨乡特有的一种地方文献,值得我们在研究中加以注意。

---

① 此账册当另行探讨。

后　记

　　本书中选择的是作者历年来有关华侨华人研究的论文,大多数文章与海外华侨华人及广东侨乡密切相关,所有文章此前都在海内外各类期刊或论文集里公开发表过。其内容涵盖近代中国侨务与华侨关系问题、侨汇的流通及影响、近代东南亚华侨商会建立的历史进程、东南亚华侨华人社会与华侨华人信仰的变迁、有关华侨史料的解析,以及广东潮汕和四邑侨乡的田野考察。相对而言,书中选取的文章主要集中在近代华侨华人历史方面,因此未能收入作者关于东南亚研究的学术论文,这反映了作者近年来学术研究的部分旨趣。虽然这些研究并非作者全部学术关注点,大致与作者近年来承担的各类国家哲学社会科学及广东省哲学社会科学课题相关。其中,2012年底启动的广东省大型文化工程"广东华侨史"项目在各方面为作者的相关研究提供了很大帮助。特别是由本人主持的、于2013年立项的广东省哲学社会科学特别委托项目"世界视野下的广东近代移民潮"(项目批准号:GD13TW01—1)给予了作者极大支持,在此深表谢意!"广东华侨史"项目作为一个整体,目前仍在进行中,故部分成果未能纳入,期待能尽快与读者见面。

　　近年来,中国学术研究的大环境上,无论是政府的重视程度、经费的投入、资料的获取、出版的便利等方面,相比过去都有了极大的改善。

但是归根结底,学术研究毕竟不是短平快的工程,需要学者长时间专注地投入很大的精力和体力。在大多数情况下,即便学有所成,学术研究也未必能让学者自身发家致富、过上舒适的生活,历史学研究尤其如此。为此,我要感谢妻子文红和小女婧婧,正是因为有了她们长期的鼓励和支持,我才能在华侨华人史研究方面坚持数十年。此外,我要感谢其余家人和同事们对我一如既往提供的帮助,他们的帮助让我能心无旁骛地从事学术研究。我还要郑重感谢历史系各位领导为本书出版多方谋划、出资出力和热情支持。感谢中山大学国际问题研究院(南海战略研究院)各位同仁为我分担各项行政管理和科研事务,让我可以有大量时间读书写作和出国调研。感谢博士研究生朱祺、张绍兵等日常为我办理各种琐事,使我最终拿出这本不成样子的小书。

袁丁

2018 年 12 月 12 日于中山大学